Consejos para tu hogar para dummies

Karolin Küntzel

para dummies

Edición publicada mediante acuerdo con Wiley Publishing Inc.
...For Dummies y los logos de Wiley Publishing, Inc. son marcas registradas utilizadas bajo licencia exclusiva de Wiley Publishing, Inc.

Título original: *Haushaltstipps für Dummies*

Grupo Planeta
Avda. Diagonal, 662-664
08034 - Barcelona

ISBN: 978-84-329-0594-0
Depósito legal: B. 3.638-2020

Primera edición: mayo de 2020
Preimpresión: pleka scp
Impresión: Huertas Industrias Gráficas, S. A.

Impreso en España - *Printed in Spain*
www.dummies.es
www.planetadelibros.com

Consejos para tu hogar

para **dummies**®

RESUMEN DE LOS SÍMBOLOS DE LAVADO Y PLANCHADO

Símbolos de lavado y cuidado	Significado
	Lavar a mano. Temperatura recomendada del agua 20-30 °C para tejidos delicados como la lana y la seda.
	Programa de lavado normal con indicación de temperatura. En el barreño se incluye la temperatura máxima de lavado.
	Programa de lavado para prendas delicadas con indicación de temperatura. No llenar del todo el tambor de la lavadora y reducir las revoluciones del centrifugado.
	¡No lavar!
	Se puede planchar.
	Planchar a baja temperatura (máximo 110 °C). Programa de planchado: fibras sintéticas o nailon.
	Planchar a temperatura moderada (máximo 150 °C). Programa de planchado: lana, seda y tejidos mixtos.
	Planchar a alta temperatura (máximo 200 °C). Programa de planchado: algodón y lino.
	¡No planchar!

CONSEJOS PARA COMBATIR LAS MANCHAS

- ¡Frotar siempre con suavidad!
- Actuar antes de que la mancha se seque.
- Frotar con suavidad de la parte exterior a la interior. Así la mancha no se agrandará.
- Por si acaso, aclarar con agua fría.

RESUMEN DE LOS SÍMBOLOS DE SECADORA

Símbolo	Significado
	Secar con un programa para prendas delicadas: temperatura baja (máximo 60 °C) y programa de corta duración. No llenar mucho la secadora.
	Secado normal a temperatura de hasta 80 °C.
	¡No meter en la secadora!

TRATAMIENTOS CONTRA LAS MANCHAS MÁS FRECUENTES

Tipo de mancha	Tratamiento
Café	Café negro: agua caliente. Café con leche: agua fría y jabón de hiel.
Grasa (mantequilla, margarina)	Frotar con jabón de hiel, dejar que actúe y aclarar con agua templada.
Huevo	Eliminar la clara con agua fría con sal. Espolvorear la yema con sal, dejar que se seque, cepillarla y lavar la prenda.
Kétchup	Aclarar con agua fría, frotar con jabón de hiel y lavar.
Lápices de colores	Aplicar alcohol sin diluir, aclarar con agua templada y lavar.
Pintura y barniz	Aplicar disolvente.
Mostaza	Rascar, aplicar un tapón de amoniaco y aclarar con agua caliente. Aplicar otro tapón a las manchas resistentes antes del lavado.
Óxido	Rociar con zumo de limón, dejarlo actuar y aclarar.
Resina	Despegar las gotas y diluir la resina restante con aguarrás o con un quitamanchas.
Sangre	Aclarar con agua fría; en caso de necesidad, introducir en agua con sal.
Té	Aclarar con agua templada, tratar con jabón de hiel y lavar.
Vino tinto	Absorber la humedad, aclarar la mancha varias veces con agua mineral, espolvorearla con sal y, una vez seca la prenda, retirar la sal. Quitar las manchas restantes con alcohol de quemar.

Consejos para tu hogar

para **dummies**®

¡La fórmula del éxito!

- Un tema de actualidad
- Un autor de prestigio
- Contenido útil
- Lenguaje sencillo
- Un diseño agradable, ágil y práctico
- Un toque de informalidad
- Una pizca de humor cuando viene al caso
- Respuestas que satisfacen la curiosidad del lector

¡Este es un libro *...para Dummies*!

Los libros de la colección *...para Dummies* están dirigidos a lectores de todas las edades y niveles de conocimiento interesados en encontrar una manera profesional, directa y a la vez entretenida de aproximarse a la información que necesitan.

Millones de lectores satisfechos en todo el mundo coinciden en afirmar que la colección *...para Dummies* ha revolucionado la forma de aproximarse al conocimiento mediante libros que ofrecen contenido serio y profundo con un toque de informalidad y un lenguaje sencillo.

www.dummies.es
www.facebook.com/paradummies
@ParaDummies

¡Entra a formar parte de la comunidad Dummies!

El sitio web de la colección *...para Dummies* está pensado para que tengas a mano toda la información que puedas necesitar sobre los libros publicados. Además, te permite conocer las últimas novedades antes de que se publiquen y acceder a muchos contenidos extra, por ejemplo, los audios de los libros de idiomas.

Desde nuestra página web, también puedes ponerte en contacto con nosotros para comentarnos todo lo que te apetezca, así como resolver tus dudas o consultas.

También puedes seguirnos en Facebook <www.facebook.com/paradummies>, un espacio donde intercambiar impresiones con otros lectores de la colección, y en Twitter (@ParaDummies), para conocer en todo momento las últimas noticias del mundo *...para Dummies.*

10 cosas divertidas que puedes hacer en www.dummies.es, en nuestra página de Facebook y en Twitter @ParaDummies

1. Consultar la lista completa de libros *...para Dummies.*
2. Descubrir las novedades que vayan publicándose.
3. Leer en exclusiva los primeros capítulos.
4. Suscribirte a la Newsletter de novedades editoriales.
5. Trabajar con los contenidos extra, como los audios de los libros de idiomas.
6. Ponerte en contacto con la editorial y con otros lectores para intercambiar opiniones.
7. Participar en concursos y ganar premios.
8. Publicar tus propias fotos en la página de Facebook.
9. Conocer otros libros publicados por el Grupo Planeta.
10. Informarte sobre promociones, descuentos, presentaciones de libros, etcétera.

Descubre nuestros interesantes y divertidos vídeos en nuestro canal de Youtube: www.youtube.com/paradummies
¡Los libros Para Dummies también están disponibles en e-book!

Sumario

Sobre la autora

Karolin Küntzel es autónoma y trabaja como entrenadora, docente y escritora. Escribe libros de divulgación para niños y adultos y tiene un blog con una amiga sobre temas de naturaleza (`www.hallimasch-und-mollymauk.de`).

A lo largo de su vida se ha mudado más de diez veces y ha vivido en pisos de alquiler, amueblados y subarrendados, y también en sus propias casas. Sabe lo que es vivir en una casa grande con mucho espacio y en pequeños apartamentos de una habitación con una diminuta cocina. Cada hogar era diferente y requería un cuidado y organización distinto. Lo único que siempre ha mantenido es el orden, la limpieza y el lavado, aunque con los años ha ido perfeccionando su técnica y aumentando su eficiencia. Lo que más le gusta es cocinar y hornear y, lo que menos, planchar; y prefiere tender la ropa antes que poner el lavavajillas.

Introducción

¡Bienvenidos a *Consejos para tu hogar para Dummies*! Este libro se dirige a muchas personas, pues trata un tema que nos acompaña desde que somos pequeños. Crecemos en un hogar y, tarde o temprano, aprendemos a realizar pequeñas tareas como poner el lavavajillas o pasar la bayeta por la mesa, además de mantener ordenada nuestra habitación. En algún momento nos vamos de casa y formamos nuestro hogar —solos, con amigos o con nuestra pareja—. A partir de ese momento, somos, en menor o mayor medida, responsables de que la casa funcione y de que se realicen las tareas del hogar. Como muy tarde, en ese instante la mayoría de las personas se dan cuenta de cuántas cosas hay que controlar y solucionar en el hogar. Todo comienza cuando tenemos que acondicionar nuestra vivienda para instalarnos en ella y no acaba ni de lejos con la elección del detergente apropiado para la lana. Sobre este tipo de grandes y pequeños retos trata este libro.

Acerca de este libro

Consejos para tu hogar para Dummies está repleto de información acerca del hogar. Aborda cuestiones relativas a la decoración, la limpieza y el orden, la colada y los detergentes necesarios; ofrece consejos para combatir las manchas y los parásitos del hogar; diferencia un estor y una persiana de lamas; ofrece listas de tareas para la primera vivienda y, además, incluye algunas recetas sencillas y económicas.

Si echas un vistazo en librerías o bibliotecas, verás montones de estanterías repletas de libros sobre cómo llevar una casa y otros temas de este manual. Por ello, *Consejos para tu hogar para Dummies* no puede abordar en profundidad cada tema, pero te proporcionará una buena visión general sobre el cuidado del hogar y verás claramente los aspectos más relevantes.

Convenciones de este libro

Puedes leer *Consejos para tu hogar para Dummies* de cabo a rabo, pero solo te lo recomiendo si eres un "novato" o "novata" total en esto del mantenimiento del hogar y si piensas organizar tu casa en breve. Al resto de los lectores os propongo picotear de aquí y de allá por aquellos capítulos que os parezcan más útiles según vuestra situación. En este sentido, el índice os servirá para orientaros y encontrar lo que estáis buscando.

También puedes usar el libro como un manual de consulta, ir al índice alfabético para buscar términos concretos y consultarlos en las páginas indicadas. Algunos términos aparecen en varios contextos, así que en alguna ocasión puede que tengas que acudir a varios capítulos para encontrar la respuesta a tus dudas.

En la chuleta resumen encontrarás los temas más frecuentes del cuidado del hogar —lavar y combatir las manchas—. Puedes sacarla del libro y poner junto a la lavadora hasta que te aprendas los programas de lavado o cuál es la mejor forma de declarar la guerra a cada tipo de mancha.

Lo que no tienes por qué leer

Cada capítulo es independiente del resto y se comprende por sí mismo. Si solo te interesa un tema, no tienes por qué leer el apartado entero ni el libro completo. Lo mismo sucede con las tablas en gris que se incluyen en el texto, que contienen información general y adicional referente a cada capítulo. No debes leerlas para comprender el contenido del capítulo.

Suposiciones sobre los lectores

La colección *... para Dummies* está pensada para quienes quieren informarse sobre materias interesantes sin tener que recurrir constantemente a un diccionario de extranjerismos. Los lectores de los libros *... para Dummies* quieren iniciarse en un tema de manera competente y amplia, pero sin perder el tiempo.

El hecho de que tengas en las manos *Consejos para tu hogar para Dummies* podría deberse a alguna o varias de las siguientes razones:

- Hasta ahora, no has prestado demasiada atención al cuidado del hogar y te gustaría hacerte una idea de lo que implica.
- Dentro de poco dejarás el hogar de tus padres y tu madre te ha regalado este libro para que te sirva de ayuda.

- Has estado viviendo durante mucho tiempo con alguien que se encargaba de las tareas del hogar y ahora, que vives solo, quieres aprender a controlar tu hogar.
- No diferencias el carbonato sódico del bicarbonato sódico y nunca sabes qué productos eliminan los malos olores. Así que necesitas un manual de consulta.
- No te gustan las tareas del hogar y buscas consejos para realizar estas pesadas actividades en el menor tiempo posible.
- Tus amigos te han lanzado una indirecta al regalarte este libro por tu cumpleaños. Y el caso es que tu casa tampoco está tan desordenada

Independientemente de si te has sentido identificado con alguna de estas afirmaciones o de que ninguna coincida contigo, *Consejos para tu hogar para Dummies* te ayudará a llevar una casa. Quizá le eches un vistazo de inmediato o no lo hagas hasta que dudes entre lux y lumen. ¿Crees que eso nunca te va a pasar y que no vas a necesitar este libro? Regálaselo a alguien que pueda llegar a utilizarlo por alguno de los motivos mencionados.

Cómo se organiza este libro

El objetivo de este libro *... para Dummies* es ofrecerte una visión general del cuidado del hogar.

Parte I. No hay nada como el hogar

Esta parte te ofrece una visión rápida del libro. Muchos de los temas que se abordan más tarde se mencionan aquí con el fin de que te hagas una idea de lo que te espera. Además, esta parte se ocupa de aspectos del hogar relativos a la salud. En el segundo capítulo obtendrás consejos sobre cómo realizar las tareas del hogar sin descuidar tu espalda y sobre utensilios del hogar ergonómicos; asimismo, podrás averiguar cómo, pese a las alergias, puedes sentirte bien en tu casa. El tercer capítulo te ofrece consejos sobre el uso de herramientas. Aquí aprenderás qué debe haber en una caja de herramientas, cómo se maneja un taladrador y cómo se pone un taco, cómo se repara un desagüe y cómo embellecer tu casa gracias a la pintura y al papel pintado.

Parte II. Uso y organización de las estancias

Esta parte te enseñará a organizar tu vivienda para que quede confortable. Este amplio marco se divide en tres capítulos. El cuarto presenta las estancias de una vivienda y explica la función de cada una, así como las posibilidades de acondicionarlas con gracia y suficiente espacio de almacenaje. El quinto capítulo expone todas las opciones para vestir una ventana, sus funciones y las posibilidades que estas ofrecen para decorar una habitación. El sexto y último capítulo te conducirá a través de la desconcertante variedad de iluminación y te ofrecerá una panorámica sobre los diferentes tipos de intensidad luminosa, lámparas y sus posibilidades de instalación.

Parte III. Limpiar y ordenar

Esta parte se centra en un tema desagradable (o al menos eso piensa la mayoría de la gente sobre las tareas del hogar relacionadas con la limpieza y el orden).

En el séptimo capítulo harás un alto en la historia y te enfrentarás al concepto de la limpieza y el desarrollo de la higiene en el hogar. Aprenderás a identificar los parásitos y agentes patógenos más importantes que podrías encontrarte al manipular alimentos, y averiguarás cuáles son tus opciones para protegerte de ellos. En el octavo capítulo te familiarizarás con los productos de limpieza y sus componentes y, cuando lo acabes, sabrás aplicarlos de modo efectivo. Además, aprenderás a limpiar ventanas sin rallar los cristales, así como a diferenciar productos de limpieza de marca o de marca blanca.

¿Qué sería de los productos de limpieza sin los utensilios adecuados para fregar, pasar el paño o barrer? ¡No servirían de nada! Por eso el noveno capítulo se dedica, entre otros asuntos, a los trapos, las escobas y las fregonas. También te indicaré qué aparejos necesitarás en el hogar y cuáles te facilitarán el trabajo. El capítulo 10 se centra en los planes de limpieza para cada estancia según el tiempo del que dispongas.

También hay un capítulo que cruza la puerta del hogar: el capítulo 11 se centra sobre todo en el cuidado del exterior del hogar —caminos, terrenos, balcones y terrazas—. Te explicaré cómo mantenerlo todo bajo control y en orden, así como qué utensilios te serán más útiles.

La limpieza sin orden es difícil de conseguir, por lo que los capítulos 12 y 13 giran en torno a estos dos temas. Aprenderás a identificar utensilios organizadores para la cocina y el armario ropero y te darás cuenta de lo liberador que puede ser deshacerse de los trastos viejos que ya no usas.

Parte IV. Textiles y ropa: lavado y cuidado

En esta parte, tu ropa es la protagonista. Se presenta una panorámica sobre los programas de lavado más habituales de una lavadora y los detergentes necesarios para la colada, así como su dosificación (capítulo 14). Te enterarás de cómo debes cuidar los distintos materiales, desde los tejidos sintéticos hasta la lana, cómo plancharlos y conservarlos (capítulos 15-18). Además, te ofrecen las claves para arreglar tus prendas y actuar eficazmente contra las manchas.

Parte V. Mi primer hogar

Mudarte a tu primer hogar es un gran paso hacia el camino de la independencia. El capítulo 19 te acompañará un trecho. Te enterarás, entre otras cosas, de qué debes hacer para gestionar tus finanzas de forma eficaz y de qué documentos oficiales y seguros necesitarás cuando te mudes. Además, te ofreceré algunos consejos para acondicionar tu hogar. Las listas de tareas para equipar tu cocina te aclararán qué necesitarás para empezar con buen pie. En este contexto, las explicaciones sobre el consumo energético y los electrodomésticos podrán serte útiles, así como aprender a almacenar los alimentos correctamente (capítulo 20).

Crear un hogar suele ir a la par con cuidar de uno mismo. Por eso, en esta parte te ofrezco un capítulo que te presentará los conocimientos básicos para cocinar, hornear y hacer conservas. ¡Gracias a las recetas del capítulo 21, si quieres podrás aplicar de inmediato tus nuevos conocimientos!

Parte VI. Los decálogos

Por último, en esta parte recibirás veinte consejos. Los primeros diez se centran en el orden de la casa, y los últimos te presentan diez productos para combatir las manchas.

Iconos usados en este libro

CONSEJO

Este símbolo indica un consejo. Aquí obtendrás información adicional e indicaciones para ponerla en práctica.

ADVERTENCIA

Si ves este símbolo, ve con cuidado y lee atentamente el texto que haya junto a este símbolo.

RECUERDA

Este símbolo indica un recordatorio, indicación o información relevante que deberías considerar.

INFORMACIÓN TÉCNICA

Este es el experto. Te revela sus conocimientos y te explica cuestiones complejas.

Y ahora, ¿qué?

Después de leer la introducción, ha llegado el momento de profundizar en los secretos del cuidado del hogar. Dado que *Consejos para tu hogar para Dummies* se estructura en bloques, puedes empezar por cualquier parte o capítulo.

1 No hay nada como el hogar

EN ESTA PARTE . . .

En estos capítulos averiguarás cómo conseguir que tu casa se convierta en un dulce hogar. ¡Enfréntate a los desafíos y elimina la suciedad, las montañas de ropa y el desorden!

En esta parte también te enterarás de cómo puedes evitar las malas posturas y sus consecuencias, así como las caídas por las escaleras y los alérgenos.

Aprenderás a purgar los radiadores, desatascar tuberías y pintar las paredes.

EN ESTE CAPÍTULO

¿Quién se ocupa de la casa y qué hay que hacer?

Confort, orden y limpieza en la vivienda

Apañarte en tu primer hogar

Capítulo 1

¿Esas pequeñas tareas del hogar...?

A algunos les encanta hacer las tareas del hogar, a otros les resultan indiferentes, mientras que otros las aborrecen con toda el alma. Pero, dado que a la mayoría le gusta vivir en una casa ordenada y confortable, tarde o temprano todos terminan por fregar los platos y desfilar por las habitaciones con el aspirador. ¡Bien! ¡Seguid así!

En casa siempre hay muchas cosas por hacer y eso no tiene fin. Pero ¿quién se ocupa de estas tareas? Si vives solo, sin duda serás tú. En un piso compartido o si vives en pareja, al menos podéis repartir las tareas según las "preferencias". Si te estás instalando en tu nueva casa, lo normal es que te esperen muchas tareas nuevas.

Ocuparse de las tareas del hogar es trabajar en casa

"Las pequeñas tareas del hogar se resuelven solas, dice mi marido", cantaba la cantante alemana Johanna von Koczian en la década de 1970. Aquel éxito, que se burlaba de la actitud de marajá de los maridos, se convirtió en el himno de las amas de casa. Pese a que el reparto de roles no ha cambiado mucho hasta hoy y las mujeres todavía cogen el trapo con más frecuencia que los hombres, a estas alturas los hombres saben que las tareas del hogar no se resuelven solas. Además, la cifra de viviendas unipersonales sigue creciendo y quien vive solo se tiene que ocupar de todo. Al menos en la mayoría de los casos.

Las labores domésticas son, por definición, las tareas del cuidado y mantenimiento del hogar. Y con esto se abre la caja de Pandora: el cuidado del hogar consiste, sobre todo, en el desempeño de una serie de tareas domésticas —muy variadas—. Cocinar, limpiar, hacer la colada, planchar, fregar los platos y recoger forman parte de ellas. Resolver estas tareas lleva tiempo, más del que quisiera la mayoría de la gente.

INFORMACIÓN TÉCNICA

Según las estadísticas, las madres que trabajan a tiempo completo y que viven en un hogar con su pareja e hijos invierten diariamente 3.01 horas en el cuidado del hogar. Los padres que trabajan a tiempo completo, en cambio, solo dedican 2 horas a dichas tareas. Si las mujeres trabajan media jornada, dedican incluso el doble de tiempo que los hombres en el hogar.

No es de extrañar, pues, que si se dedican tantas horas diarias al cuidado del hogar, la mayoría de la gente considere que limpiar y ordenar la casa sea una labor muy pesada. Sería mejor que tuviéramos más tiempo libre y pudiéramos disfrutar de ese tiempo en compañía de los amigos y la familia. ¡Cierto! El deseo de invertir menos tiempo en las tareas del hogar tampoco es poco realista, dicen los expertos del cuidado del hogar. Solo dependería de realizar dichas tareas de un modo más efectivo y con la técnica adecuada. Al fin y al cabo, nuestras abuelas invertían menos tiempo en cuidar de sus hogares pese a la falta de medios técnicos.

Ponte cómodo

Cuando estás en casa, seguro que no solo quieres limpiar y ordenar cosas, sino que querrás ponerte cómodo y disfrutar de un ambiente acogedor. Si este término te resulta totalmente burgués y te recuerda al viejo sofá de tu abuela con sus tapetitos, busca en el diccionario la palabra danesa *hyggelig*. Puede que este término no te resulte tan anticuado, pero se refiere a lo mismo: cómodo, acogedor, agradable, confortable, armonioso.

Independientemente de si vives en tu casa, en la habitación de un piso compartido o en una residencia de estudiantes, hay muchas posibilidades para que te acomodes de manera *hyggelig*. Una vivienda será confortable gracias a los muebles y su disposición, los colores, la iluminación, los textiles y accesorios como velas o cuadros. El que te guste más un estilo opulento y alegre o prefieras un estilo más puro depende de ti. Lo importante es que el conjunto de los muebles y los colores sea armonioso. ¿Un ejemplo? Un escritorio de estilo *Biedermeier* destacará más solo que si lo sitúas junto a un aparador moderno. También una pared de color lila resultará más elegante si limita con otra pared blanca o gris en lugar de limitar con otra de color amarillo chillón.

Algo parecido sucede con la luz. Si es demasiado fría, resulta sobria y negativa, pero si la lámpara luce con tonos cálidos, a la mayoría de las personas le resultará agradable. Junto con el tono de la luz, la claridad también es decisiva para que una estancia resulte acogedora o sombría. Determinante es también, además, el tipo de lámparas que utilices y cómo las dispongas en la habitación. La luz indirecta suaviza el ambiente; la luz directa realza muebles y cuadros, pero también es muy buena para leer.

Declara la guerra al caos y a la suciedad

¿De qué sirve la casa más bonita y mejor construida en una buena zona, si uno no puede ver el suelo por la cantidad de cosas que hay tiradas por todas partes, o si la basura y los cacharros sucios apestan hasta clamar al cielo y, por todo eso, a nadie le apetece quedarse allí? Lo reconozco, he sido exagerada; pero si no eres constante a la hora de limpiar y mantener el orden, la casa se vendrá abajo, el ambiente acogedor se irá al traste y lo mismo sucederá con la motivación en cuanto contemples la montaña de ropa sucia pendiente de lavar. Por eso es mejor no llegar a ese punto.

No te preocupes. Con los productos y utensilios de limpieza adecuados, su correcta aplicación y un plan para organizar qué estancias y superficies y en qué orden hay que limpiar, lo tendrás todo bajo control sin problema. Y dado que la higiene no funciona si no se mantiene el orden, te ofreceré indicaciones para facilitarte ambas tareas.

Si no te gusta limpiar las ventanas y no lo haces con frecuencia, no tiene mayores consecuencias más allá de que las vistas no serán buenas. El caso de la colada es diferente, pues probablemente no tengas ropa suficiente como para no lavarla en semanas. ¡Coge tu ropa sucia y métela en la lavadora o llévala a la lavandería más cercana!

Pero meter en la lavadora toda la ropa sucia de golpe no es una buena idea. ¡Toca clasificarla! Pero ¿cómo? Por decirlo de un modo sencillo, pon lo similar con lo similar. Esto se refiere tanto a la temperatura a la que se puede lavar cada prenda, como al color de las mismas. Suena complicado, pero se aprende enseguida, porque aquí también se aplica lo de que la práctica hace al maestro (de la colada). Familiarízate con los detergentes, los programas de lavado y el tratamiento de los distintos textiles y manchas, y podrás disfrutar de tu ropa durante mucho tiempo.

Lo mismo se aplica en el caso de la plancha. La próxima vez que tus camisas o blusas salgan arrugadas de la lavadora, plánchalas en lugar de fruncir el ceño. Y aquí hay que tener en cuenta lo siguiente: programar la plancha con la temperatura recomendada y comenzar por las superficies pequeñas (puños, cuellos, bolsillos) para terminar por las grandes. Sencillo, ¿no?

CONSEJO

En todas las tareas relacionadas con la colada, la etiqueta de las prendas será tu mejor aliada. En ella siempre figurará la temperatura recomendada de lavado y planchado.

EN ESTE CAPÍTULO

- ¡Todo depende de la postura correcta! Prevenir los problemas de espalda
- ¡La seguridad es lo primero! Evitar accidentes y otros peligros
- Alergias, ¡cuidado! Declarar la guerra a los ácaros del polvo y al polen

Capítulo 2
Sano y salvo

Muchas de las tareas del hogar han de resolverse a diario, lo que hace que debas organizarte de la manera más sencilla posible. Tirar de una pesada aspiradora vertical por las habitaciones no es divertido y, además, carga las articulaciones; si friegas los platos y planchas con la espalda sistemáticamente curvada, tarde o temprano te dolerá. Eso no es bueno, pero mucho más peligrosos son los pequeños descuidos que pueden provocar accidentes graves en el hogar. Por ello es importante identificar las fuentes potenciales de riesgo y, en la medida de lo posible, eliminarlas. Algo menos peligroso, pero no por ello sin consecuencias para la salud, son el polen, los ácaros del polvo y las esporas. Nunca se erradican del todo, pues ninguna casa es estéril. Sin embargo, existen medios y formas para mantener a raya a estos pelmazos.

Mantener la postura: trabajar sin descuidar la espalda

Seguro que ya lo has oído alguna vez: cuando se realizan las labores del hogar —y no solo entonces—, hay que mantener la espalda lo más recta posible. Pese a que la mayoría de las personas lo saben, se les suele olvidar en el día a día. Esto se debe, en parte, a la rutina cotidiana en la que algunas tareas se realizan casi como si fuéramos sonámbulos y, en parte, a algunos aparatos e instalaciones, que no facilitan un trabajo ergonómico (o solo en cierta medida). Sin embargo, se pueden realizar las tareas de casa cuidando nuestra espalda, incluso más que en el trabajo de oficina, pues puedes moverte de diferentes maneras, utilizas diferentes grupos musculares y cambias de postura con frecuencia.

Las condiciones que se dan para mantener una espalda sana a pesar de, o debido a, las tareas del hogar no son tan malas. Así puedes sacarles partido:

- **Variedad:** Distribuye tu trabajo de manera que no tengas que permanecer en una misma postura demasiado tiempo. Por ejemplo, no planches de pie durante horas, sino que puedes sentarte un rato para cambiar de postura. Las prendas pequeñas, como las camisetas de los niños, puedes plancharlas sentado en una silla.
- **Relajación:** Cuando estés de pie, relájate. Las rodillas deberán estar ligeramente dobladas y con un pie delante del otro. Ve cambiando de vez en cuando la pierna de apoyo y eleva un poco un pie sobre un taburete. Al fregar los platos, abre la puerta del armario inferior y apoya un pie allí. Eso alivia los discos intervertebrales y previene la lordosis. Si, además, mantienes la espalda y los hombros rectos, ¡lo harás perfecto!

INFORMACIÓN TÉCNICA

Permanecer de pie inmóvil durante mucho tiempo es agotador, tanto que los oficiales de guardia, que tienen que cuadrarse durante horas, pueden llegar a desmayarse.

Productos que parecen hechos para ti

Además de la libertad en la distribución de las tareas, lo que más contribuye a proteger tu espalda son los productos adecuados y las alturas de trabajo correctas. Compra productos ergonómicos, planifica una nueva cocina a medida o modifica la que tienes para que no tengas que encorvarte al trabajar en casa.

- Al comprar utensilios para la cocina, el hogar o la limpieza, procura que se adecúen a ti. Para cada estatura, existe un aparato adecuado o una altura de instalación correcta. Es más agradable usar un horno situado a la altura de los ojos que uno que esté en el suelo, y una tabla de planchar de altura regulable que te permita planchar con la espalda recta, la protegerá. Existen mangos telescópicos para escobas, fregonas y limpiacristales que puedes adaptar a tu estatura, y al comprar un aspirador lo recomendable es que tenga ruedas giratorias y un tubo de aspiración lo suficientemente largo.

RECUERDA

El palo de una escoba, de una fregona o de un limpiacristales es suficientemente largo si te llega debajo de la barbilla. Lo mismo sucede con el tubo de aspiración de un aspirador.

- Si vas a diseñar una nueva cocina, instala la encimera a una altura a la que te resulte agradable trabajar. Este truco te ayudará a determinar la altura correcta: ponte recto y dobla el brazo por el codo hasta formar un ángulo recto. La encimera estará a una altura óptima para ti si está unos cinco o diez centímetros por debajo del brazo doblado.
- También puedes sentirte cómodo sin tener que instalar una cocina nueva. Ten a mano un pequeño taburete para llegar a todo sin retorcerte y así siempre verás qué hay al fondo.

Levantar, cargar, agacharse

Los mejores utensilios no sirven de nada si uno no sabe cómo usarlos para no cargar la espalda. Los siguientes consejos te ayudarán:

- Almacena los objetos pesados de uso cotidiano —como, por ejemplo, la vajilla— bajo la encimera o en el estante inferior de un armario superior. Las alturas situadas por encima de tu hombro te cargarán innecesariamente la espalda.
- Si vas a levantar algún elemento pesado como una caja con bebidas, dobla las rodillas y mantén la espalda recta. Trabaja desde las piernas, no desde la espalda.
- Cuando lleves el aspirador o la tabla de planchar de una habitación a otra, pégatelos al cuerpo. Si los alejas del cuerpo, la carga te resultará más pesada.
- Evita trabajar levantando la cabeza, ya que tirarás demasiado de las cervicales y puedes llegar a marearte o perder el equilibrio. Para colgar cortinas o limpiar lámparas, usa una escalera para tener el objeto a la altura de los ojos.

- Si usas el aspirador de mano para retirar las migas y das un paso hacia delante, estirarás la espalda automáticamente.
- Al colocar las cosas en la bandeja inferior del lavavajillas, pon una rodilla en el suelo. Con el otro pie, da un paso adelante. Así la espalda y las cervicales seguirán estiradas.
- Pon la palangana o el cesto de la colada a una altura mayor si vas a limpiar algo o a tender la ropa.
- Pasa el aspirador con una postura recta y muévete en diferentes direcciones dando pasos grandes y cargando el peso sobre la pierna de delante. Ve hacia delante y hacia atrás para ampliar el radio.

Caída libre: cómo evitar los típicos accidentes domésticos

Cada año se producen en España casi un millón de accidentes domésticos. Es una cifra superior a la de los accidentes de tráfico. Asusta y asombra, pues la mayoría de las personas consideran que su hogar es un lugar exento de peligros. En casa, uno se siente seguro y a salvo y no cuenta con que allí vaya a producirse una desgracia. ¡Esa es la cuestión!

Esa supuesta seguridad hace que la gente no se ocupe de determinadas cosas. "Ay, ese cable lleva tiempo colgando del techo. ¡Debería arreglarlo!", o "Sí, la alfombra se mueve, pero ya lo sé y tengo cuidado". Estas expresiones son típicas y muestran lo relajados que están algunos con el tema de su seguridad. Claro, la mayoría de las acciones del hogar se han hecho miles de veces y estamos familiarizados con ellas. Todos los movimientos están calculados... hasta que algo sale mal. Uno se distrae un momento, se estresa, está con la cabeza en la oficina o solo quiere hacer tal cosa un momentito... Y entonces puede resultar peligroso.

ADVERTENCIA

No intentes colgar unas cortinas en el último momento y "por narices". No viertas agua hirviendo cuando tengas el teléfono entre la oreja y el hombro. No bajes corriendo por unas escaleras con calcetines. No arregles una lámpara sin quitar la luz.

Los accidentes domésticos son muy distintos. A continuación se exponen los más importantes según su frecuencia.

Caídas

Escaleras, esquinas dobladas de una alfombra, suelos resbaladizos, objetos tirados por el suelo y una mala orientación en la oscuridad pueden provocar una caída. Alrededor del 85 % de los accidentes domésticos pertenecen a esta categoría.

Así vivirás con mayor seguridad:

- » Cómprate una escalera ligera con certificado de seguridad y tenla a mano. ¡Úsala siempre! No te subas a un taburete tambaleante, una silla de cocina, una mesa o similares.
- » Coloca la escalera de manera segura. Es peligroso que la base sobre la que la colocas no sea uniforme o que no haya suficiente espacio como para abrirla del todo.
- » No te inclines demasiado sobre la escalera; podría caerse. No intentes alcanzar un objeto al que no llegas. Bájate de la escalera, colócala en una posición mejor y súbete de nuevo.
- » Sujétate siempre con una mano. Si necesitas usar una herramienta, llévala en una bolsa o en un cinturón de herramientas.
- » Pega al suelo las esquinas que se doblan de las alfombras con cinta de doble cara.
- » Coloca una base antideslizante bajo las alfombras que se mueven de su sitio.
- » Usa la barandilla cuando subas o bajes las escaleras y, cuando lleves algún bulto, no pierdas de vista los escalones.
- » Despeja las zonas de paso antes de irte a dormir para no tropezar en la oscuridad con un juguete o un zapato.
- » Procura una iluminación que te permita encontrar el camino al baño o a la cocina sin tropezar en mitad de la noche.
- » No tengas cables en mitad de la habitación, sino mejor detrás de armarios o mesitas de noche.
- » No pises las baldosas mojadas del baño con los pies descalzos. Seca enseguida la humedad del suelo y, si lo necesitas, asegura también la bañera o la ducha contra posibles caídas. En las tiendas encontrarás alfombrillas con ventosas o adhesivos antideslizantes.

Heridas cortantes

Cualquier tipo de cuchillo, los abrelatas, las tapas afiladas de las latas o los trozos de vidrio de un vaso roto pueden cortarte. Por eso, cuando manipules objetos afilados, concéntrate en ello y evita distracciones.

Así puedes minimizar el riesgo de hacerte un corte en el hogar:

» Mantén los cuchillos en un lugar seguro. Un portacuchillos en el que introducir el filo del cuchillo de forma segura es muy práctico. O una barra magnética en la que disponerlos en fila y a la vista. Un cajón en el que los cuchillos se amontonan de cualquier manera los unos sobre los otros es un riesgo.

ADVERTENCIA

Se debe advertir a los niños del peligro de objetos peligrosos como cuchillos o tijeras. Las heridas y quemaduras se encuentran entre los tipos de heridas más frecuentes que se tratan en el servicio de urgencias de las clínicas infantiles. Protege a tus hijos en casa y mantén fuera de su alcance cualquier objeto que pueda entrañar un riesgo.

» Utiliza el cuchillo adecuado según la necesidad. Un cuchillo para tomates no se te escurrirá sobre la superficie lisa de la fruta, y con el cuchillo para el pan cortarás también la crujiente corteza de forma segura y sin esfuerzo.

» Usa cuchillos afilados. No es cierto que si te cortas con un cuchillo poco afilado la herida no será tan mala. Al contrario. Las heridas provocadas por un cuchillo afilado se curan mejor porque el corte es más limpio. Además, es más difícil que un cuchillo afilado se te escurra de la superficie que quieres cortar.

» Cuando pongas los cuchillos en el escurridor o en el cesto del lavavajillas, ponlos boca abajo, pues de lo contrario es fácil que te cortes al cogerlos.

» Pon un paño húmedo bajo la tabla de cortar y no se moverá con tanta facilidad.

» Si no puedes acabar de quitar la tapa de una lata, no se te ocurra hacerlo con los dedos. Es menos peligroso que introduzcas el mango de una cuchara entre la lata y la tapa, y la dobles hacia arriba.

» Los trozos y los vidrios de la vajilla o los vasos rotos es mejor que los barras con la escoba y los tires directamente al cubo de la basura. Utiliza el aspirador para eliminar los fragmentos restantes.

Quemaduras y escaldaduras

Qué fácil es que una cazuela con agua hirviendo se nos escurra o que el vapor de un hervidor de agua nos abrase la piel. Cuando manipules comida hirviendo y vapores calientes, ten esto en cuenta:

- Si vives con niños, protege la placa de cocción con un protector. Este impedirá que los pequeños puedan alcanzar alguna olla caliente o que lleguen a tocar la placa cuando está encendida.
- Nunca dejes a un niño sin vigilancia en la cocina mientras la placa de cocción esté caliente. Asegúrala con un seguro para niños para que no puedan encenderla.
- Cuando viertas líquidos en ebullición, nunca pongas la cabeza sobre la cazuela. Sus vapores arden. Usa agarradores para sujetar la cazuela con seguridad.
- Cuando levantes la tapa de una cazuela, hazlo por la parte más alejada de ti. Así, si sale una nube de vapor, estarás fuera de la zona de peligro.
- Dispón el hervidor de agua de forma que los niños no puedan tirar del cable y los adultos tampoco tropiecen con él.

ADVERTENCIA

Si se produce un accidente, enfría de inmediato la piel quemada o escaldada durante varios minutos con agua fría (unos 15-20 °C). Si la superficie afectada es muy grande, ve al médico.

Intoxicaciones

En muchos hogares hay toda una artillería de productos de limpieza y, con frecuencia, la mayoría son perjudiciales para la salud. Mira la etiqueta de advertencias de tus productos de limpieza. Algunos productos para limpiar baños y los productos antical son corrosivos; los quitamanchas, como el disolvente para barnices, son inflamables. Pero también los medicamentos, los alimentos, así como unas setas recogidas por uno mismo pueden producir una intoxicación.

Así puedes protegeros a tu familia y a ti:

- Guarda los productos de limpieza en sus envases originales y nunca metas estas sustancias en tarros de mermelada o en recipientes neutros. Aunque les pongas una etiqueta en la que indiques el contenido, el riesgo de que se produzca una confusión es demasiado grande.

- Si es posible, utiliza productos de limpieza que no sean muy perjudiciales para la salud y mantenlos fuera del alcance de los niños. Lo más adecuado sería un armario con llave al que no lleguen los pequeños.
- No dejes los medicamentos en cualquier sitio. Guárdalos siempre en su envase y jamás te tomes una pastilla sin estar seguro de lo que es. Toma siempre la dosis que te ha pautado tu médico.
- Pon mucho cuidado cuando manipules alimentos como huevos crudos o carne picada y pollo crudos. Limpia a conciencia las superficies de trabajo y los utensilios empleados tras el contacto con estos alimentos.
- No consumas alimentos en mal estado.
- No cojas ningún tipo de fruta, bayas o setas que no sepas identificar. Hay algunas bayas como el saúco que, pese a que cocinadas pueden ser muy sabrosas, crudas son venenosas. Por eso, come solo aquellos alimentos que sepas cocinar.

Descargas eléctricas

Hoy día es facilísimo asegurar los enchufes a prueba de niños, y las modernas instalaciones eléctricas contribuyen a que los accidentes domésticos por estas causas sean cada vez menos frecuentes. Pero en caso de que se produzcan, pueden causar graves quemaduras y, en el peor de los casos, la muerte.

- Así puedes prevenir un accidente eléctrico: si vas a limpiar un aparato eléctrico, desenchúfalo. Si quieres instalar una nueva lámpara, quita la luz del cuadro eléctrico o de la caja de automáticos.
- Compra solo aquellos aparatos eléctricos que tengan los certificados de seguridad y calidad CE, GS y VDE. A los juguetes eléctricos baratos sin sello de calidad no se les ha perdido nada en la habitación de los niños.

ADVERTENCIA

¿Tienes mascotas? Asegura los cables eléctricos. A los conejos les encanta roer cables y con frecuencia lo hacen escondidos detrás de un armario o del sofá. Por eso debes controlar periódicamente que todos los cables sigan intactos y cambiar los que estén defectuosos. Si tienes roedores en casa, asegura los cables metiéndolos en alguna canaleta para cableado eléctrico.

- » No te pongas a arreglar los aparatos defectuosos, aunque pienses que sabes hacerlo. ¡Solo un profesional tiene que ocuparse de ello!
- » A los juguetes, las lámparas y los aparatos eléctricos con una tensión de red de 230 voltios no se les ha perdido nada en la habitación de los niños. Es mejor emplear aparatos con batería, pilas o de bajo voltaje (tensión de red máxima de 24 voltios).

EL DIFERENCIAL PROTEGE CONTRA LAS DESCARGAS ELÉCTRICAS

En las viviendas de nueva construcción y en las nuevas instalaciones eléctricas, la normativa obliga a instalar diferenciales. Estos pequeños dispositivos se pueden conectar en la caja de automáticos o en enchufes individuales. Al contrario de lo que sucede con otras medidas de seguridad, el diferencial percibe los fallos eléctricos. Se produce cuando la corriente que le llega a un dispositivo a través de un conducto eléctrico y circula de vuelta no es la misma. Si alguien entra en contacto con un conducto eléctrico defectuoso, la corriente circulará hacia la tierra a través de él. El diferencial detecta el fallo cuando la corriente entrante y saliente no es la misma e interrumpe el circuito de inmediato.

Incendios en el hogar

Un incendio puede producirse por una línea eléctrica defectuosa, una cazuela olvidada en la placa de cocción encendida o el fuego de una chimenea abierta, una barbacoa o una vela. Prestar atención a esto para protegeros a los tuyos y a ti:

- » Nunca dejes velas o el fuego de la chimenea sin vigilancia. Ni siquiera un momento.
- » Apaga la placa de cocción si te vas de la cocina. Una sartén olvidada sobre la placa caliente puede calentarse tanto como para que el aceite llegue a prenderse. Nunca apagues el fuego con agua; usa una tapa o una manta ignífuga. Al aire libre también podrías utilizar arena.
- » Desenchufa los aparatos que no uses. No solo ahorrarás energía, sino que también puede protegerte de incendios causados por una plancha o un calefactor.

- Utiliza y manipula los dispositivos según el fin para el que están previstos. Un calefactor no tiene que estar detrás de unas cortinas y una plancha caliente no pinta nada sobre una superficie plástica.
- No sobrecalientes los aparatos teniéndolos permanentemente en marcha.
- Instala detectores de humo en casa o pídele a tu casero que lo haga. No son caros, pero pueden salvarte la vida si se produce un incendio, por ejemplo, durante la noche o en algún momento en el que tu sentido del olfato esté limitado.

INFORMACIÓN TÉCNICA

¿Tienes un extintor en casa? Si no es así, cómprate uno. Los hay en diferentes acabados y tamaños. Aprende a manejarlo y asegúrate de que todos los miembros de tu hogar saben qué hacer en caso de necesidad. Asegúrate de que el extintor esté siempre a mano y que esté revisado y operativo. Si tuvieras que ponerte a buscarlo por todos los armarios de la casa para luego darte cuenta de que ya no funciona, sería demasiado tarde. En la etiqueta de tu extintor se indican los plazos en los que deberías revisarlo.

Reacciones alérgicas: vivir bien pese a los ácaros del polvo, las esporas y el polen

Hace años que cada vez es más alta la cifra de las personas que reaccionan alérgicamente a determinadas sustancias. Entre los alérgenos inhalados, es decir, las sustancias que entran en nuestro organismo a través de las vías respiratorias, en el entorno del hogar puede haber pelo de animales, ácaros del polvo, moho y alérgenos del polen. Si nuestro sistema inmunológico identifica alguna de estas sustancias como una posible agresión, reacciona con una reacción alérgica. Esta puede manifestarse, entre otros síntomas, mediante estornudos, ojos llorosos, tos e incluso asma.

INFORMACIÓN TÉCNICA

Además de los alérgenos de origen natural, entre los que se encuentra también la alergia a las picaduras de insectos, existe una gran variedad de alérgenos químicos, como las fragancias o los colorantes presentes en perfumes y cosméticos. También algunos conservantes, medicamentos, tejidos y metales como el níquel pueden producir alergias.

Al contrario de lo que sucede con las intolerancias y alergias alimentarias (capítulo 21) —ante las que uno debe renunciar a determinados alimentos—, en el caso de los ácaros del polvo y compañía, estarás luchando contra molinos de viento. Cada vez que ventilamos nuestra casa en verano entran nuevos pólenes; cada vez que nos damos la vuelta en la cama, los excrementos de los ácaros del polvo terminan en el aire que luego respiramos y en nuestro pelo, y con la ropa cada día traemos a casa otros posibles alérgenos. Por eso, nunca conseguirás que tu morada sea una zona libre de alérgenos.

Si padeces alergia al pelo de animal, tu estado de salud mejorará si no tienes mascotas en casa. Pero eso no te protegerá de los posibles encuentros —conscientes o inconscientes— con los dueños de otros animales. Tampoco podrás evitar el contacto con el polen o los ácaros del polvo. No obstante, podrás reducir el daño de los alérgenos si pones en marcha determinados recursos y pautas de comportamiento.

Ácaros del polvo

Los ácaros del polvo son diminutos: como mucho, miden 0,3 milímetros de diámetro. Solo los verás bajo el microscopio. Mejor así, porque imaginarse que hasta 10.000 bichitos pueden llegar a vivir en un único gramo de polvo y que corretean por tu cama es un poco asqueroso. Y resulta todavía más repelente pensar que no es el ácaro del polvo el que provoca la alergia, sino sus excrementos, que se descomponen en minúsculas partículas que luego se levantan con el aire y que terminamos inhalando.

Estos arácnidos son resistentes y no es posible echarlos agitando el cojín o aspirando el colchón. Se alimentan de escamas de piel, pelos, plumas de animales y, en parte, de hongos. Habitan en edredones, colchones, camas, almohadas, alfombras, cortinas, muebles tapizados, mantas y peluches.

Así pondrás a los ácaros del polvo en jaque:

- Usa mantas y almohadas hipoalergénicas que puedas lavar a alta temperatura.
- Cambia periódicamente la ropa de cama (una vez a la semana).
- Si eres de los que tienen fuertes reacciones alérgicas ante los ácaros del polvo, debes saber que existen fundas especiales para alérgicos para la ropa de cama y colchones que los ácaros del polvo no pueden traspasar.

» Limpia periódicamente otros tejidos donde campen los ácaros del polvo. Los peluches que no sean lavables, ponlos en una bolsa hermética y mételos en el congelador 24 horas. Ni el ácaro del polvo más resistente sobrevivirá a esa experiencia. No obstante, los excrementos, que son lo que provoca las alergias, permanecerán en el peluche, por lo que se desaconseja comprar peluches que no puedan lavarse al menos a 60 °C. La secadora también sirve para destruir los ácaros del polvo. Un par de horas a una temperatura de entre 60 y 80 °C, y listo.

CONSEJO

En casa, utiliza un potente aspirador con un filtro para atrapar partículas pequeñas. Hoy día hay ya muchos fabricantes que ofrecen aparatos con filtros especiales para combatir los ácaros del polvo. Si eres alérgico a los alérgenos que se inhalan, intenta no pasar tú el aspirador

Polen

Desde que comienza la primavera hasta finales del otoño, los árboles, las plantas con flores y las gramíneas florecen, y muchas personas reaccionan con alergia al polen.

INFORMACIÓN TÉCNICA

El polen de flores provoca menos alergias. Los afectados son principalmente personas que trabajan con flores, como los jardineros o los floristas. Esto se debe a que el polen de las flores suele ser más pesado y el viento no se lo lleva con tanta facilidad.

Las plantas anemófilas —las plantas que aseguran su polinización por medio del viento— suelen contener mucho polen y su polinización puede llegar hasta muy lejos. Es posible que su polen recorra distancias de varios cientos de kilómetros. No te sorprendas si, pese a que no seas alérgico a los árboles de tu zona, te gotea la nariz.

Durante todo el año hay polen en el aire, lo cual no significa que sufras durante todo el año. Hazte un test de alergia en una consulta médica y sabrás a qué tipo de plantas eres alérgico. Con la ayuda de un calendario polínico podrás determinar cuándo tendrás alguna molestia de este tipo. Como indicación general te puede servir la siguiente: los árboles florecen de abril a junio; las gramíneas, de mayo a agosto y las plantas con flores, de julio a septiembre.

Así puedes reducir el nivel de polen presente en tu hogar:

» Si sabes a qué polen eres alérgico, recurre a las predicciones diarias de polen. Evita practicar deporte o actividades al aire libre los días en los que la carga polínica sea elevada, ya que al respirar con una frecuencia mayor, inhalarías más alérgenos.

» Si no tienes muchas molestias, el médico puede prescribirte medicamentos que te ayuden a suavizar los síntomas.

» Si eres alérgico a las gramíneas, que otro corte el césped.

» Compra un aspirador con microfiltro y que otra persona lo pase. Lo mismo se aplica a cuando haya que cambiar la bolsa del aspirador.

» Limpia regularmente superficies y suelos humedeciéndolos.

» Ventila solo al atardecer o por la noche, cuando la carga polínica es menor.

» Puedes instalar una rejilla de protección contra el polen o colgar una sábana húmeda en la ventana por las noches. Retendrá el polen.

» Lávate el pelo todas las noches antes de acostarte y así no extenderás el polen por toda la cama.

» De noche, no te cambies de ropa en el dormitorio, pues también contendrá polen.

» Usa un irrigador nasal. Las primeras veces puede resultar desagradable, pero dejará de molestarte con el tiempo. Aprenderás a apreciarlo cuando elimines ese polen tan molesto de tu nariz y puedas volver a respirar con normalidad.

Moho

Es el horror de cualquier propietario o inquilino. Estamos hablando de los hongos que pasan desapercibidos mientras se extienden tras el papel pintado o a la vista en estancias húmedas (baño, sótano...). El desencadenante no son los hongos en sí, sino sus esporas, que se expanden por el aire.

Esto es lo que puedes hacer contra los hongos:

» El casero es el responsable de los hongos que causan estragos en las paredes húmedas. Debe ocuparse de que se realice un saneamiento profesional de la pared.

» Mediante un producto específico para eliminar el moho, podrás encargarte de las pequeñas superficies como, por ejemplo, en las juntas de las baldosas.

» Ventila las habitaciones periódica y generosamente para que el moho no llegue a formarse.

ADVERTENCIA

Saca enseguida la basura orgánica, ya que el moho también se forma en los restos de fruta y verdura en el cubo de la basura.

» Saca de tu dormitorio las macetas con tierra. El moho prolifera en la tierra.

Pelo de animales

A los niños les gustan los animales, ¿y quién no va a querer satisfacer su deseo de tener una cobaya? Cada vez hay más hogares en los que viven animales en estrecha comunión con sus propietarios. Los besuqueamos, achuchamos y acariciamos, y algunos amantes de los animales llegan incluso a permitir al perro o al gato que duerman con ellos en la cama. Las personas alérgicas al pelo de los animales se hacen un flaco favor con ello y perjudican su salud. No obstante, quien no desee renunciar a su vida con una mascota, debería tener en cuenta lo siguiente:

» El dormitorio es tabú para el animal. Allí deberías descansar razonablemente libre del pelo de tu mascota. Pero eso solo funcionará si la puerta está siempre cerrada.

INFORMACIÓN TÉCNICA

Los alérgenos no son los pelos del animal en sí. Lo problemático son las escamas cutáneas y los restos de sudor, saliva, excrementos u orina que, pegados a los pelos, se extienden por el aire.

» En la medida de lo posible, reduce las carantoñas con tu cuadrúpedo y lávate bien las manos después de tocarlo.

» Pasa el aspirador a conciencia por los cojines donde suela tumbarse el animal y limpia a menudo las mantas de perros y gatos.

EN ESTE CAPÍTULO

- **La mejor caja de herramientas**
- **Pequeñas reparaciones**
- **Pintar y empapelar como un profesional**

Capítulo 3

Qué bien se está aquí, y que siga así

Hay personas que se definen como torpes. Quizá no todo el mundo sea un genio del bricolaje doméstico ni aspire a tener un máster en esta disciplina. Pero cualquier propietario de una vivienda debería tener algunos conocimientos al respecto, y como casero sería una ventaja desenvolverse más o menos bien en este ámbito.

Ahorrarás dinero si no tienes que llamar a un técnico cada vez que se te rompa cualquier cosa. Además, tienes flexibilidad horaria. A veces, nos toca esperar durante semanas a que el técnico pueda venir y luego nos pasamos medio día encerrados en casa porque va a venir en algún momento entre las 8 y las 14 h. Si tienes mala suerte, al final de esa franja horaria no se habrá presentado. Eso es molesto y, en el caso de muchas de las pequeñas reparaciones, no es tan necesario, ni siquiera para los torpes. Clavar un clavo o taladrar la pared no es brujería. Todo el mundo puede aprender a hacerlo. Solo hay que saber cómo actuar.

Manos a la obra: yo lo arreglo

Un grifo que gotea, una ventana que no cierra herméticamente, el desagüe taponado o el gancho que falta en la pared para poner el cuadro o colgar el abrigo puedes solucionarlo en un momento si dispones de los conocimientos y las herramientas adecuados. Al principio, probablemente tampoco necesites muchas herramientas. Pero deberías tener a mano estas:

» **Martillo:** Sin martillo no podrás clavar un clavo en la pared o en un tablero. En caso necesario, puede servirte un cascanueces.

» **Destornilladores de estrella y plano:** Necesitas al menos uno grande y uno pequeño de cada tipo. Mejor sería un set con tamaños graduados.

» **Detector de tensión (buscapolos):** Parece un destornillador transparente y sirve para saber si un conducto eléctrico tiene corriente. Si es así, la lámpara de su interior se ilumina.

CONSEJO

Las herramientas de calidad no son baratas, pero la inversión merece la pena. Nada da más rabia que un destornillador que se parte, nada más peligroso que la cabeza de un martillo que se suelta y nada más costoso que tener que andar comprando constantemente nuevas herramientas baratas.

» **Llaves Allen y fija:** Al montar un mueble, las llaves Allen suelen venir en el paquete. No obstante, es práctico tener un juego en casa. Lo mismo sucede con las llaves fijas, con las que podrás fijar válvulas y los neumáticos de las bicicletas.

» **Alicates extensibles:** Valen su peso en oro al aflojar la tubería del desagüe del lavabo o el aireador calcificado del grifo. Imposible hacerlo sin esta herramienta.

» **Alicates universales:** Son muy versátiles y se pueden utilizar de múltiples maneras. Cortan cables eléctricos, pueden doblar alambre y sirven para sujetar tuercas y tornillos. Además, también puedes sujetar los clavos cuando vayas a clavarlos y mantener tu pulgar a salvo.

» **Tenazas:** Muy prácticas para sacar clavos de la pared o de la estantería.

» **Nivel y metro plegable:** A veces, colgar un cuadro recto no es sencillo. Para ello, el nivel es idóneo. El metro plegable (o la cinta métrica) lo necesitarás, entre otras cosas, para determinar la distancia de los clavos para colgar uno o para medir la longitud de una tira de papel pintado.

» **Espátula:** Si el agujero del taladro es demasiado grande o si durante una mudanza le has dado un golpe sin querer a una pared de yeso, lo mejor para repararlo será aplicar un poco de yeso o masilla con una espátula. También se puede utilizar para retirar restos de cera del suelo o para quitar el viejo papel pintado de la pared.

» **Taladro inalámbrico y brocas:** Sin un taladro no conseguirás hacer un agujero en una pared de ladrillo, y lo mismo te pasará con la madera. Puedes alquilar un aparato en la tienda de bricolaje o pedirle el suyo al vecino, pero si estás montando una casa, tendrás que hacer más de un agujero para poner ganchos, cuadros o lámparas en la pared o en el techo. Piensa en si vas a tener que colgar muchas cosas y en si te merece la pena comprarte un taladro.

» **Cúter:** Con su cuchilla afilada podrás cortar cartón grueso y moquetas.

Con estas herramientas podrás enfrentarte a las reparaciones más frecuentes del hogar. Si eres de los que se dedican al bricolaje, es recomendable que, además, consigas una sierra de arco y un serrucho. Un detector de cables y metales también te será de utilidad. Sirve para detectar conductos eléctricos y de agua en la pared y te ayuda a no taladrarlos por error.

¿Ya lo tienes todo? ¡Podemos empezar!

Clavar un clavo

Los clavos son idóneos para unir elementos de madera o para colgar en la pared objetos ligeros como cuadros o calendarios. Los encontrarás en diferentes formas y para diversos usos. Los clavos punta París son adecuados para madera; los clavos y las escarpias de acero son resistentes y se emplean en mampostería. Sujeta el clavo por debajo de la cabeza y ve clavándolo con cuidado hasta que se sujete solo. Entonces ya puedes darle con más fuerza con el martillo y terminar de fijarlo. Si el clavo se dobla, trata de enderezarlo cuidadosamente con la ayuda del martillo y vuelve a intentarlo. Si no puedes volver a ponerlo recto, cámbialo por otro.

CONSEJO

Si clavas varios clavos en línea en una superficie de madera, puede que la madera se desgarre. Lo evitarás si no los colocas alineados. Otro truco consiste en aplanar la punta del clavo con el martillo. La madera blanda no se rasga tan fácilmente.

Taladrar

Primero tienes que decidir en qué superficie quieres hacer un agujero, pues la elección de la broca depende de ello. Para las paredes y techos de piedra, hormigón o yeso debes usar una broca para hormigón; para las superficies de metal, una broca para metal; y para la madera elige, obviamente, una broca para madera. El tamaño de la broca (su diámetro) depende del grosor que quieras que tenga el agujero. Agujero pequeño, broca pequeña; agujero grande, broca grande. Coloca la broca en ángulo recto y comienza a perforar despacio. Si la broca ha agarrado bien, aumenta la velocidad. Perfora el agujero con una profundidad algo mayor que la longitud del taco y del tornillo de fijación.

ADVERTENCIA

Nunca hagas un agujero por encima o por debajo de un enchufe o de un interruptor. Como el cableado eléctrico casi siempre está en ángulo recto, la probabilidad de que perfores un cable es enorme. Lo mismo sucede con las cañerías.

Como después de la mayoría de las perforaciones se coloca un taco para asegurar el cuadro o la lámpara, puedes usar el tamaño del taco como referencia para elegir el tamaño de la broca. En los tacos de plástico figura un número. Si, por ejemplo, quieres poner un taco del 6 (diámetro de 6 mm), coge una broca del 6 para hacer el agujero. Los tornillos debes elegirlos siempre uno o dos números más pequeños, es decir, en este caso serían de un diámetro de 4 a 5 milímetros.

CONSEJO

Para que no te caiga encima todo el polvo cuando taladres el techo, haz un agujero en el centro de la base de un vasito de papel. Coloca el vasito en el taladro de manera que el polvo caiga en su interior. Si el agujero lo haces en la pared, coloca un sobre abierto debajo del agujero y recogerá la mayoría de la suciedad.

Perforar un azulejo

Si vives de alquiler, seguramente tendrás prohibido hacer agujeros en los azulejos. Si en tu contrato de alquiler no pone nada al respecto, es mejor que preguntes a tu casero antes de ponerte a hacer agujeros. Pero no por ello tienes por qué renunciar a tener un toallero en tu baño. En su lugar, puedes hacer el agujero en una junta. Utiliza el taladro con cuidado, no vaya a ser que algún azulejo se desconche.

Si tienes la autorización del casero o si eres propietario, puedes perforar los azulejos. En la mayoría de los casos, es una labor algo delicada porque los azulejos son muy resbaladizos y el taladro puede escurrirse con facilidad. Hay un truco para superar esta dificultad. Marca una cruz con una cinta adhesiva en el lugar que quieras perforar. Emplea una broca para cerámica y comienza a perforar lentamente, con poca presión y con la función de percusión apagada. Al acabar, quita la cinta adhesiva.

Poner un taco

Cada pared es un mundo. Pueden ser de piedra, cartón yeso (Pladur®), madera, hormigón u hormigón celular (Ytong®). Para que tu lámpara o tu estante estén bien fijados a la pared, necesitas el taco adecuado, pues para cada superficie existen diferentes tipos. La tabla 3.1 te muestra qué taco es el idóneo en cada caso:

TABLA 3.1 Las distintas superficies y los tacos adecuados

Superficie	Se reconoce por...	Taco
Ladrillo sólido.	Polvo rojo.	Taco de expansión.
Hormigón.	Polvo fino de color blanco a gris.	Taco de expansión.
Ladrillo perforado.	Polvo de color rojizo o anaranjado; al taladrar, se nota que hay espacios huecos.	Taco para materiales huecos.
Hormigón celular (ytong®).	Polvo grisáceo y grueso.	Taco para hormigón celular, taco para marcos.
Paneles, placas de yeso, paneles de fibra de yeso (pladur®).	Polvo fino y blanquecino; al taladrar, se nota que hay espacios huecos detrás de la plancha.	Taco para materiales huecos, taco para placas de yeso, taco de paraguas o basculante (por ejemplo, para fijar lámparas).

Si eres incapaz de averiguar de qué material es la superficie que quieres perforar, utiliza un taco universal. Se extienden y se fijan, y pueden aplicarse en hormigón, mampostería de ladrillo sólido y ladrillo perforado, hormigón celular y paneles.

CONSEJO

Para sacar un taco de la pared, puedes usar un sacacorchos. Si se agarra bien, tira de él y lo sacarás junto con el taco.

Cuando el taco no se sujeta bien

A veces la pared es muy arenosa, lo cual es frecuente en construcciones antiguas. Puede que, entonces, el agujero se deshaga por los bordes y se agrande demasiado. En ese caso, puedes usar un taco más grueso con el clavo correspondiente. Si no funciona porque el agujero de la pared parece un cráter, rellénalo con yeso. Cuando se seque, haz un segundo intento. En el caso de agujeros muy grandes, es útil introducir un trocito de madera junto con el yeso. Así, el taco tendrá una mayor sujeción. Otra variante es aplicar cemento rápido, pero en ese caso hay que introducir el taco en la masa nada más rellenar el agujero. Espera a que el cemento se seque un poco e introduce el tornillo.

Si no puedes sacar un taco de la pared, introduce un trocito de cerilla entre la pared y el taco. Sujeta bien el taco y, cuando metas el tornillo, este lo afianzará.

Reparar agujeros en pared y techo

Los agujeros que perforamos o los daños causados por objetos afilados o puntiagudos dejan abolladuras, grietas y marcas en las paredes. Para eliminarlas, necesitas una espátula y masilla de la tienda de bricolaje. La hay de dos tipos: lista para aplicar en formato tubo o tarrina, o para mezclarla tú mismo. En este caso, ten en cuenta las proporciones que se recomiendan en el envase para hacer la mezcla. La consistencia de la masilla será correcta si se pega a la espátula y no se escurre. Alisa los bordes de los agujeros e introduce la masilla con la espátula. Trata de cubrir con la masilla solo el agujero que quieres tapar. Cuando la masilla se seque, podrás pintar la pared y el techo con el color adecuado y no quedará ni rastro de la zona dañada.

Cambiar el aireador de los grifos

Si cuando abres al grifo el agua sale en todas las direcciones o si el grifo gotea sin cesar, la culpa es de la cal del aireador. Desenrosca la boquilla con unos alicates extensibles. Pon el aro metálico y la rejilla del aireador a remojo en un vaso de agua con un producto antical o descalcificador (ácido cítrico) o un chorrito de zumo de limón durante unas horas. Lava las juntas con agua. Cuando los orificios de la boquilla se desatasquen, acláralo todo y vuelve a montar y a enroscar el aireador en el grifo.

Eliminar la cal de la alcachofa de la ducha

Es un caso parecido al del aireador del grifo. Desenrosca la alcachofa del flexo de la ducha. Por lo general, no necesitarás ni unos alicates. Mezcla un paquetito de un producto antical con agua según las instrucciones e introduce dentro la alcachofa de la ducha de manera que los orificios atascados queden cubiertos por la solución. Lo más sencillo es que utilices un recipiente alargado y alto. Si no tienes un descalcificador a mano, usa zumo de limón. La proporción de agua y zumo de limón será adecuada si salen burbujitas en las zonas que tienen cal.

Deja la alcachofa de la ducha en remojo durante unas horas. Cuando la cal se haya disuelto y los orificios estén despejados, aclárala con agua limpia y vuelve a montarla. No te olvides de volver a poner la junta que habías quitado al desmontarlo todo.

INFORMACIÓN TÉCNICA

En principio, el casero es responsable de reparar los daños de la vivienda y de asumir los gastos que se deriven. También podría no hacerse cargo de las pequeñas reparaciones, lo cual significa que tú tendrás que asumir las reparaciones o los gastos en caso de que las realice un tercero. En tu contrato de alquiler debería constar hasta qué punto estás o no obligado a ello.

Limpiar una tubería atascada

Si bien una tubería atascada es un engorro, en la mayoría de los casos se puede solucionar rápidamente. Las obstrucciones se producen debido a pelos o restos de comida y de jabón que se van acumulando en la tubería y que al final apenas permiten el paso del agua. En los edificios antiguos —en los que las viejas tuberías tienen un diámetro más reducido—, es fácil que se produzca este percance. Antes de que recurras a productos químicos que con frecuencia solo ayudan a corto plazo, prueba suerte con un desatascador. Este genera presión hipoatmosférica en la tubería y la descongestiona. Luego deja correr el agua y, en la mayoría de los casos, se terminarán de eliminar los elementos que habían causado la obstrucción. Si lo que quieres desatascar es el lavabo o el fregadero:

» Coloca el desatascador sobre el desagüe; los bordes tienen que estar bien pegados. Si quedara algún orificio de escape, tápalo con una toalla. Llena el lavabo con un par de centímetros de agua y así podrás ver si el desatascador está bien fijado o si el lavabo se vacía. Presiona el desatascador subiendo y bajando el palo sin que deje de hacer ventosa en el lavabo. Deberías eliminar la obstrucción bombeando con ese movimiento. Puedes comprobar si es así dejando que el agua se vaya por el desagüe. Si fluye con demasiada lentitud o no lo hace, repite el proceso.

Si tras varios intentos el desagüe sigue obstruido, desenrosca el sifón, el conducto en forma de U que hay bajo el lavabo:

» Coloca un cubo bajo el conducto en forma de U. Quita las abrazaderas del tubo arriba y abajo con la ayuda de unos alicates extensibles y, a continuación, desenrosca a mano el tramo de la tubería. Sácalo con cuidado y vierte el agua de su interior en el cubo. Del tramo de tubería superior que hay en el lavabo también saldrá agua; deja que caiga en el cubo. Según el grado de suciedad, limpia la tubería con un cepillo de alambre o con uno para limpiar botellas y lava las juntas de la parte superior e inferior de la tubería. Vuelve a colocar las juntas y enrosca el conducto. Deja correr un poco de agua caliente y controla que la tubería no pierda agua. Si no es el caso, vuelve a aclararla con agua caliente.

Purgar los radiadores

Cuando el radiador hace ruidos y ya no se calienta por la parte superior, ha llegado el momento de purgarlo. Lo más sencillo es emplear un dispositivo especial, un purgador de radiadores con un recipiente incorporado. Lo encontrarás en cualquier tienda de bricolaje por un par de euros. Haz lo siguiente:

» Gira la válvula termostática del radiador hasta su posición máxima.

» Coloca el purgador en el lado contrario al de la válvula termostática. Ahí se encuentra la válvula de ventilación. Ábrela despacio y con cuidado en sentido contrario a las agujas del reloj con la llave cuadrada que hay en el dispositivo purgador. En ese momento deberías escuchar cómo sale el aire del radiador.

» Una vez ha salido todo el aire, empieza a salir agua del radiador. Cuando el agua salga de manera uniforme y sin burbujear, cierra la válvula con la llave.

» Vacía el recipiente del purgador, que ahora contendrá agua.

CONSEJO

Si ya has purgado todos los radiadores y aun así todavía no se calientan por la parte superior, puede que en el sistema de calefacción no haya suficiente agua. Habla con tu casero o con el administrador de la finca para solucionarlo.

La cisterna pierde agua

El sonido que produce un inodoro que pierde agua de forma constante puede crispar los nervios de lo lindo. Pero, sobre todo, es un despilfarro de agua. A menudo el problema es que se ha acumulado cal en la cisterna y suele tener fácil solución, así que no necesitas llamar al casero.

- » Levanta la tapa de la cisterna o, si está empotrada, retira el pulsador.
- » Tira de la cadena con la cisterna abierta para ver cómo funciona el mecanismo interior. Los componentes más importantes son el mecanismo de descarga con rebosadero, la válvula de entrada y el flotador. El mecanismo de descarga es un tapón de desagüe cilíndrico que está abierto por la parte de arriba. El flotador tiene forma de columna unida a una boya. Además están la entrada y la salida, así como el mecanismo que acciona el botón de descarga.
- » Normalmente, hay tanta cal en el interior que el flotador y la válvula no funcionan correctamente. Elimina la cal con ácido cítrico, desmonta con cuidado cada pieza o deja el agua de la cisterna como está y añade una solución antical. Para hacerlo y que el agua no se salga, cierra la llave de paso de la cisterna y saca el brazo de plástico del flotador.
- » Una vez retirada la cal, vuelve a poner el flotador y a abrir la llave de paso del agua. Comprueba que la cisterna ya no pierda agua. Si sigue perdiendo, llama a un especialista. Si vuelve a funcionar, date una palmadita en el hombro. ¡Bien hecho!

Definir colores: pintar y empapelar para principiantes

Según el contrato de alquiler, es posible que el inquilino deba hacerse cargo de pintar y empapelar la vivienda. La mayoría se pone manos a la obra y se ahorra el gasto de contratar a un pintor o a un empapelador. Suele funcionar, pues son tareas que también pueden tener un resultado más que respetable cuando las realiza un lego en la materia siempre y cuando posea algunos conocimientos básicos.

Pintar una pared

Es frecuente que las paredes de las habitaciones de los pisos de alquiler estén empapeladas y los techos, pintados. Si quieres pintar esas habitaciones con pintura plástica, ten cuidado con la preparación. Tómate tiempo, aunque seas impaciente, porque, si no, luego tendrás que invertir un tiempo innecesario en eliminar manchas del suelo, de los muebles o de los interruptores. Ten en cuenta los siguientes pasos:

» **Vaciar y desmontar la habitación:** Si tienes suficiente espacio como para vaciar la habitación que quieres pintar, hazlo. Así no tendrás que tapar los muebles, solo proteger el suelo contra las posibles salpicaduras de pintura. Si hay algún mueble que tenga que quedarse en la habitación, ponlo en el centro. Si vas a pintar el techo, desmonta las lámparas. Retira, además, los marcos y pulsadores de los interruptores y la carcasa de los enchufes. Quita la luz.

» **Tapar con cinta:** Cubre con cinta de carrocero los puntos que debas proteger de la pintura, como los rodapiés, los marcos de las ventanas o donde se unen el techo y la pared.

CONSEJO

La cinta de carrocero tiene que quedar bien fijada para que la pintura no se cuele por debajo. El papel texturado es complicado, por lo que primero deberás pintar con el color de fondo la cinta de carrocero pegada. La pintura "rellenará" los huecos y, cuando se seque, podrás comenzar a pintar sin que la nueva pintura se escurra tras la cinta.

» **Cubrir:** Cubre el suelo con un plástico protector. Si también cubres los muebles que queden en la habitación, los protegerás frente a posibles manchas de pintura.

» **Emplastecer:** Antes de pintar, cubre con masilla los agujeros que haya en la pared o en el techo. Espera a que se seque antes de empezar a pintar.

» **Pintar:** Comienza pintando las esquinas y los bordes con una brocha acodada. Las superficies grandes de paredes y techos los pintarás más rápido si usas un rodillo. Empieza siempre por el techo y pasa luego a las paredes. Para el techo te recomiendo un brazo telescópico en el que puedas fijar el rodillo. Si no tienes, usa el palo de una escoba en el que se pueda fijar el enganche del rodillo. Escurre el rodillo sobre una rejilla para extender la pintura de manera uniforme. Aplica la pintura con una capa fina. Cuando se seque, si vas a aplicar un color claro sobre otro oscuro, da una segunda mano. En la mayoría de los casos, una mano de pintura no cubrirá todo el color anterior.

ADVERTENCIA

No siempre se pueden evitar las salpicaduras, pero mientras no se sequen, es fácil limpiarlas con un paño húmedo.

Empapelar una pared

Al empapelar una pared debes estar preparado. Te ahorrará viajes innecesarios a la tienda y gastos adicionales por comprar papel de más o de menos y la decepción de tener un modelo de papel que en la tienda parecía fabuloso, pero que en tu casa queda horrible. Esto es lo que tienes que aclarar y resolver de antemano:

» **Medir las paredes:** Mide todas las paredes que quieras empapelar: la altura y la anchura y, muy importante, el vano o hueco de las ventanas y puertas.

» **Elegir el papel pintado:** Lo que a ti te guste, estará bien. Pero ten en cuenta que no todos los modelos de papel pintado serán adecuados para todas las habitaciones. Los estampados grandes con colores fuertes harán que una habitación pequeña parezca diminuta, y los estampados pequeños apenas se verán en una habitación grande como un hangar. Los papeles con estampado son más difíciles de poner que los de franjas monocolor. Además, el diseño del papel debería adaptarse al tipo de habitación. En la cocina será práctico poner un papel pintado lavable y, en la habitación de los niños, uno resistente.

» **Calcular cuánto papel pintado necesitamos:** En la etiqueta de cada rollo se indica cuántos metros de papel contiene. Con este dato y la medición que hagas en casa podrás calcular cuántos rollos de papel necesitarás. En el caso del papel estampado necesitarás más metros, pues deberás tener en cuenta el corte a la hora de colocar las tiras. En cada paquete encontrarás las instrucciones de uso. Calcula cinco centímetros extra para cada tira de papel.

CONSEJO

En algunas tiendas puedes devolver los rollos de papel que te sobren siempre y cuando estén sin abrir y tengas el tique o recibo. En ese caso, compra alguno de más. De todas maneras, siempre está bien que guardes unos metros de más por si pudieras necesitarlo para algún pequeño arreglo.

- » **Comprar el material:** Cuando ya sepas cuánto papel necesitas y de qué tipo, puedes comprar la cola. Para el empapelado necesitarás, además, una mesa para empapelar (de caballetes), unas tijeras grandes o un cuchillo de empapelar, una regla larga y un lápiz, una plomada, un cepillo para alisar las tiras de papel, un cepillo para juntas, un nivel, una brocha para encolar y otras brochas pequeñas para los bordes y las esquinas.
- » **Preparar la habitación:** Igual que cuando pintamos una habitación, retira los muebles o apártalos para que llegues a la pared con una escalera y desde una distancia segura. Cubre los muebles y el suelo con un plástico. Retira los marcos de los enchufes y los interruptores, las lámparas y los cuadros. Baja los automáticos y quita la luz hasta que vuelvas a colocar los enchufes e interruptores.

RETIRAR PAPEL PINTADO

A veces es necesario quitar el papel pintado anterior antes de poner uno nuevo. En los edificios antiguos puede haber varias capas de papel pintado.

Humedece el viejo papel con agua. Para ello, usa una brocha o un rociador a presión. Deja que el agua actúe durante un rato y luego, con una espátula, rasca las capas despacio y con cuidado para despegarlas de la pared.

- » **Preparar la pared:** Antes de comenzar a empapelar la pared, debe estar lisa y limpia. De lo contrario, los restos del papel pintado o los agujeros que dejan los tacos aparecerán bajo el papel nuevo en forma de pequeños bultos o hendiduras.

Así se empapela una pared

Cuando lo tengas todo preparado, puedes ponerte manos a la obra. Monta la mesa de caballetes para que no tengas que moverla durante el proceso. Ten a mano todas las herramientas y prepara la cola según las indicaciones. Debes dejarla reposar un rato; mientras tanto, puedes ir midiendo la primera tira de papel pintado.

CONSEJO

Al empapelar una estancia debes comenzar por la parte más luminosa de la misma y terminar por la más oscura. Empieza por la ventana y sigue desde ahí hacia los lados. Si la habitación solo tiene una ventana, la última tira de papel que coloques debería estar más o menos enfrente.

- **Medir:** Cada pared es un mundo y rara vez está totalmente recta. Por ello debes medir cada tira de papel de manera individual.
- **Encolar:** Si no aplicas suficiente cola, las tiras no se quedarán pegadas. Encola las tiras sobre la mesa y repasa bien los bordes; es lo primero que se despega si están demasiado secos.
- **Remojar:** En la mayoría de los casos hay que esperar hasta que el papel absorba bien la cola. Para ello, dispón la tira de papel ya encolada doblada sobre sí misma sin hacer arrugas ni dobleces (borde sobre borde). En las instrucciones del fabricante se indica el tiempo que deberás esperar. Mientras, aprovecha para medir y cortar la siguiente tira de papel.
- **Pegar:** Coloca la primera tira de papel recta y en vertical sobre la pared. Si se coloca torcida, el resto de las tiras también lo estarán. Abre un poco la tira que habías encolado y pégala con un par de centímetros de excedente sobre la pared. Endereza la tira y ve fijándola de arriba abajo. Usa el cepillo para fijar la tira del centro hacia los laterales. Así la cola se reparte bien y las burbujas desaparecen. Repasa los bordes con el cepillo para juntas. La siguiente tira se coloca junto al borde de la anterior. Los sobrantes de la parte inferior los puedes meter tras el rodapié o cortarlos en línea recta cuando el papel se haya secado.
- **Secar:** El papel se tiene que secar del todo antes de, por ejemplo, pintarlo. Mientras se va secando, controla los bordes y aplica más cola si el papel se despega.

CONSEJO

En los marcos de las ventanas y las puertas, usa dos centímetros de más para el ancho y pega el papel enmarcando la esquina. Coloca la segunda tira en la esquina pegándola sobre la anterior. Esto solo quedará bien si el papel es fino. Si es grueso, será mejor que pegues los bordes de las tiras a continuación de la anterior.

2

Uso y organización de las estancias

EN ESTA PARTE . . .

Conocerás la función de cada estancia y su decoración. Además, encontrarás consejos para decorar habitaciones pequeñas y escoger el color más apropiado.

Verás cuáles son las diversas posibilidades con las que cuentas para vestir las ventanas, así como distintos métodos para protegerte de miradas indiscretas

EN ESTE CAPÍTULO

Un nuevo punto de vista de las habitaciones de tu piso

Consejos para que las estancias pequeñas parezcan amplias

Una buena combinación de colores en casa

Capítulo 4
Cuatro habitaciones, cocina, baño y entrada

Una vivienda satisface diversas necesidades básicas, como el descanso, la protección y el alimento. Cada una tiene su función y por eso todas son diferentes. En el salón quizá quieras relajarte, recibir invitados de vez en cuando y pasar el rato con los niños, mientras que en el dormitorio quieras descansar y dormir tranquilamente. El estudio deberá ser tu refugio para la creatividad y la productividad; la habitación de los niños, una cueva de ladrones, un nido de piratas y un lugar acogedor para los niños. En la cocina todos se reúnen, cocinan, charlan y se alimentan. El baño puede ser tanto un lugar de retiro como un templo del *wellness*, o una estación de tránsito necesaria de camino al trabajo. ¿Y la entrada? Aquí comienza todo. Es la entrada a tu refugio y la esclusa entre el interior y el exterior.

Cómo las acondiciones y utilices dependerá de tus ideas, de tu economía y de las estancias en sí. Una habitación diminuta quizá no pueda competir con la estancia de un palacio, pero puede quedar majestuosa. Una habitación bajo un tejado inclinado puede ser agobiante o acogedora, y un estudio caótico o inspirador. Examina tus habitaciones con ojo crítico. ¿Qué te gusta y qué no? Si siempre has tenido la impresión de que las casas de las revistas de decoración de interiores o en los catálogos de muebles son más acogedoras que la tuya, en este capítulo encontrarás algunos consejos para que tu hogar resulte más bonito.

El salón: el corazón de la casa

Casi ninguna otra estancia se utiliza tanto como el salón. A menudo es, junto con la cocina, el centro de comunicación de la casa y el punto de encuentro de todos los miembros de la familia. El salón es una estancia para las actividades más diversas: vaguear, leer, escuchar música, ver la televisión, jugar y montar fiestas. Esto, sin muebles no es posible. Toda la familia encuentra su sitio en ese sofá tan cómodo, en las estanterías tenemos nuestros libros y películas favoritos, en el aparador hay fotos y, encima de la mesa del salón, un tablero espera a sus jugadores. En la pared hay cuadros, un televisor y un equipo de sonido y en el suelo tenemos una acogedora alfombra. Más o menos así se suele amueblar un salón en este país. No obstante, los muebles no suponen una garantía de que consigas que tu estancia resulte agradable. Su combinación, disposición y la elección de los colores serán los elementos decisivos para que se convierta en un lugar acogedor o poco atractivo.

Diez consejos para crear un salón acogedor

» ¿Tienes unos muebles enormes? Adapta el tamaño de tus muebles a las dimensiones de las estancias. Un sofá esquinero gigantesco quedará monstruoso en una estancia pequeña y el resto de los elementos decorativos se anularán. Vende, regala o intercambia ese sofá y busca otro que armonice con la estancia. Lo mismo pasa con aquel imponente armario y con aquel otro mueble macizo de estilo colonial.

- ¿Hay que pegar siempre los muebles a la pared? Con los muebles de hoy día eso ya no es necesario. Antes, el sofá tenía una parte trasera más fea porque se partía de la premisa de que iba a colocarse pegado a la pared. En la actualidad, los armarios, los aparadores y las sillas son bonitos se miren por donde se miren. Si las dimensiones de la habitación te lo permiten, atrévete a alejar los muebles de las paredes. Si los colocas en otros lugares, el conjunto quedará más dinámico y la habitación parecerá más amplia.
- ¿En contacto o aislados? Dispón los muebles de manera que se relacionen. Cuando el sofá y el sillón se colocan como si no tuvieran nada que ver el uno con el otro, para los "dueños" será difícil establecer una relación con ellos. Colocarlos en ángulo recto quedará mejor. Si tienes dos sofás, puedes poner uno frente al otro.
- ¿Suelo desnudo o alfombra? Las estancias resultan más acogedoras con una alfombra. Deberá adaptarse a la habitación y los muebles en tamaño y color. Las habitaciones pequeñas piden una alfombra pequeña; si tienes una habitación grande, la alfombra también podrá serlo. Si la habitación tiene muchos colores, elige una alfombra monocolor o discreta. Si predomina un único color, también podrías considerar la opción de una alfombra colorida o con un diseño llamativo.
- ¿Todo uniforme o elementos con personalidad? Pocas personas compran la decoración de su salón tal y como la ven en un catálogo. Lo normal es ir reuniendo muebles a lo largo de la vida. Llenan la estancia, pero no tienen por qué pegar unos con otros. Sin embargo, los muebles modernos y los antiguos pueden armonizar si optas por un estilo concreto y luego vas añadiendo esos otros elementos "disidentes". Entonces ese puf oriental puede encajar en un salón escandinavo, o cuando el escritorio decimonónico llega a adaptarse a la habitación decorada en blanco.
- ¿Decoración discreta o exceso de adornos? Al decorar la estancia, limítate a unas pocas piezas bonitas en vez de repartir accesorios por todas partes. Un par de candelabros bonitos dispuestos sobre una bandeja quedarán mejor que si los pones por todas partes. Por otra parte, todo quedará confuso y desapacible si pones muchos elementos decorativos diferentes como, por ejemplo, figuritas de cristal junto a la colección de piñas del bosque. Es mejor que te limites a un único conjunto de elementos sin renunciar a la decoración. Con el paso del

tiempo, puedes ir cambiándolos, como si fueran los elementos de exposición de una galería, y así redecoras tu salón.

CONSEJO

Si no quieres renunciar a todos tus elementos decorativos, hazte con una librería con compartimentos de diferentes tamaños. Úsala como una especie de casillero grande. En cada compartimento se permite un único estilo decorativo, es decir, solo los candelabros o solo los animalitos de cristal. Gracias a esta estructura, los elementos adquirirán más valor (al fin y al cabo, tú los has elegido) y no interferirán en el conjunto.

- Colgar cuadros... ¿juntos o separados? Un cuadro grande al óleo requiere una pared grande para que cause impresión. En cambio, los cuadros pequeños o las fotografías enmarcadas suelen quedar mejor si se colocan junto con otros. Antes de colgarlos, agrupa los cuadros en el suelo para hacerte una idea de cómo quedarán en la pared. Si los cuadros son muy distintos por temática y tamaño, los puedes enmarcar con marcos iguales para darles un tono homogéneo.
- Colgar cuadros... ¿arriba o abajo? Lo normal es que los cuadros se cuelguen cuando uno está de pie, pero se observen cuando nos sentamos. Entonces te toca echar la cabeza atrás para observarlos. Por eso es mejor que cuelgues los cuadros un poco más abajo y que te sientes antes para comprobar que, una vez colgados, estarán dentro de tu campo visual.
- ¿Blanco nuclear o atrevidamente colorido? Antes, especialmente entre los estudiantes, estaba de moda empapelar las paredes con papel texturado y pintarlo luego de blanco. Es un material económico y el resultado no desentona con los colores de los muebles. Pero es un poco aburrido. El color otorga a las estancias un carácter personal y puede, además, cambiar sustancialmente el ambiente de la habitación (sobre esto hablaremos más tarde). Si te decides por un poco de color (pintado o en papel pintado), procura que armonice con los colores de los muebles. Pide en tu tienda un muestrario de colores para contrastarlos con el color del sofá y las alfombras. Si quieres mezclar tú la pintura, haz una prueba sobre un pequeño trozo de pared antes de pintarla entera. Hasta que no se seque, no verás si el color armoniza con los tonos de los muebles ni qué efecto produce en función de los cambios de luz.
- ¿Redonda o con esquinas? Existen mesas de centro en toda clase de formas y colores. Que una mesa se adapte a los asientos dependerá sobre todo de su forma. Las mesas

cuadradas son las que mejor funcionan si se colocan entre el sofá y los sillones. Si solo tienes un sofá, una mesa rectangular resultará más armoniosa. O también puedes escoger una mesa redonda, que se adapta a cualquier asiento. En cualquier caso, las mesas de centro siempre tienen que ser más bajas que los asientos.

LOS COLORES Y SU EFECTO

Hay una inmensa diferencia visual entre pintar el salón de blanco o de rojo oscuro. Con los colores, podrás hacer que las habitaciones pequeñas parezcan grandes, las estrechas resulten amplias o que los techos bajos parezcan más altos. A continuación encontrarás algunos trucos acerca de cómo modificar la imagen de las habitaciones.

- » Los techos altos parecen más bajos si se pintan de un color más oscuro que las paredes. No obstante, los colores muy oscuros pueden ser agobiantes.
- » Las paredes bajas parecen más largas si les pones rayas verticales.
- » Las habitaciones grandes "encogen" si las paredes están pintadas de un color más oscuro que el techo. Estas habitaciones a menudo resultan de lo más acogedoras.
- » Las habitaciones pequeñas parecen más grandes si se pintan con un tono claro y agradable (amarillo, azul claro, lila...). Las rayas verticales amplían las habitaciones estrechas.
- » En las habitaciones pequeñas, renuncia a los estampados grandes y llamativos, ya que harán que la estancia parezca aún más pequeña.
- » Las habitaciones alargadas y estrechas parecen más espaciosas si pintas la parte frontal más oscura que los laterales.

Pero los colores no solo actúan sobre la estancia, sino también sobre tu estado de ánimo. Los colores fríos —como el verde amarillento, el verde, el verde azulado, el azul, el azul-violeta y el violeta— poseen un efecto relajante y tranquilizador, por lo que son apropiados para el dormitorio y el baño. Los colores cálidos -como el amarillo, el amarillo anaranjado, el naranja, el rojo anaranjado, el rojo y el rojo-violeta— son excitantes y promueven la comunicación. Por eso se suelen aplicar en salones y habitaciones infantiles.

Todo en uno: una estancia, muchas funciones

No todas las viviendas tienen una habitación destinada a cada necesidad. Es frecuente que se haga una combinación de habitación y despacho y lo mismo sucede con la cocina y el comedor (o con el salón y el comedor); en los pisos de una sola habitación, casi todas las actividades tienen lugar en la misma estancia. Estas viviendas no pueden tener demasiados muebles porque parecerían abarrotadas. Además, enseguida se desordenan y resultan incómodas cuando uno no pone un poco de orden y guarda en su sitio la ropa, los cacharros de la cocina y los documentos de trabajo, o casi todo queda inevitablemente a la vista.

Además de los muebles funcionales, tener un buen sistema de almacenaje es muy importante para que te sientas a gusto en tu apartamento. Si usas separadores de espacios y mamparas delimitarás visualmente las zonas funcionales. Si no tienes que estar continuamente viendo la cama desde tu mesa de trabajo, serás más productivo. Y pasa lo mismo al revés: si desde el sofá ves los documentos fiscales que tienes sin resolver sobre tu escritorio, tampoco obtendrás el descanso deseado. Estos consejos te ayudarán a acondicionar tu apartamento:

- ¿Tienes espacio para una cama y un sofá? Si no es así, considera la opción de un sofá-cama que puedas usar como asiento para los invitados y para descansar por la noche. En los pisos pequeños con techos altos también podrías plantearte instalar una cama de litera alta.
- ¿Tienes espacio para una mesa de comedor y un escritorio? Si no es el caso, puedes usar el escritorio para comer. Pero sería más bonito si en la cocina pudieras poner una pequeña barra de bar o una mesita plegable y comer allí.
- Aprovecha los huecos de las paredes. En función de su profundidad, pueden acoger una cama, una barra para colgar la ropa o estantes para tus libros.
- Si cuelgas el televisor en la pared, no necesitarás un mueble para ponerla.
- Aprovecha el espacio vertical de tu piso. Sobre las puertas suele haber espacio para estantes y pequeños armarios. Pon allí las cosas que no uses con frecuencia. Instala un altillo en el pasillo para ganar espacio adicional de almacenamiento.

- » Estructura el piso con separadores de espacios para dividir visualmente las estancias. Para ello, puedes usar estanterías y armarios, poner biombos y plantas altas o trabajar con cortinas corredizas y estores. Las alfombras también pueden destacar las funciones concretas de una estancia. Una superficie mullida bajo el sofá delimita la zona de estar del salón; la alfombra de plástico, el lugar de trabajo.
- » Coloca los muebles de manera que cada zona funcional tenga su perspectiva. Pon el sofá o la cama de espaldas a la mesa de comedor o a la zona de trabajo. Así no necesitarás separadores de espacios para no pensar en otras actividades mientras te concentras en otra cosa.

Dormitorio: desde uno de ensueño hasta otro sencillo

En el dormitorio pasamos muchas de las horas del día. Dado que durante ese tiempo lo que hacemos principalmente es dormir, algunas personas no le dan importancia al aspecto de esta estancia. ¡Lo importante es que la cama esté bien! Pero es que el dormitorio puede ser más que el lugar de descanso nocturno. Si se organiza y decora correctamente, puede convertirse en un lugar de relajación al que te guste retirarte también durante el día para reponer fuerzas. Pero la condición es que no se convierta en un trastero en el que metas todo lo que no cabe en el resto de las habitaciones. En la medida de lo posible, deberías desterrar los siguientes objetos de tu dormitorio:

- » **El escritorio o el lugar de trabajo:** Es complicado desconectar si no dejas de ver tu mesa de trabajo. Empezarás a pensar en lo que tienes pendiente y no podrás relajarte. Si no tienes otra posibilidad, pon un separador de espacios de manera que, desde la cama, tu escritorio se vuelva "invisible".
- » **Cestos con la ropa para planchar y la tabla de planchar:** Quizá sea cómodo para, en cuanto te levantas, plancharte la blusa que llevarás ese día al trabajo, pero ¿quieres acordarte de ello por la noche? ¡Seguro que no! Busca un lugar para la tabla dentro del armario o en otra habitación. La ropa arrugada la puedes guardar en un cesto decorativo hasta que la planches, en un bonito baúl antiguo o en una elegante bolsa de lavandería. Todo lo que sea bonito, puedes usarlo.

» **Muebles y objetos fuera de su lugar:** ¿La despensa no cabía en la cocina y la bicicleta se moja en el balcón cuando llueve? Puede ser, pero el dormitorio no es el lugar adecuado para la bicicleta ni para las conservas. Seguro que encuentras una solución creativa para ambas. Quizá puedas intercambiar las habitaciones si las otras estancias de tu casa son más pequeñas que el dormitorio.

» **Aparatos electrónicos:** Ver la televisión, enviar correos electrónicos o navegar por internet desde la cama puede ser cómodo, pero no sano. Esa película de suspense tan emocionante y los correos de trabajo te impiden terminar el día de manera tranquila. No solo deberías desconectar estos aparatos, sino desterrarlos de tu dormitorio. En lugar del móvil, ten un buen libro sobre la mesita de noche.

Por norma general, el equipamiento de un dormitorio está formado por una cama, un armario y las mesitas de noche. Si dispones de mucho espacio, puedes poner un cómodo sillón de lectura o un sofá, un banco para el pie de cama o un perchero. Con estos escasos elementos se pueden crear las habitaciones más diversas según el estilo, el material y el color. Si te encanta el estilo rústico, usa mucha madera y colores claros. Unas cortinas de algodón o lino con rayas completarán el conjunto. Si prefieres muebles sencillos y minimalistas, es mejor que la cama tenga patas finas en lugar de una base tapizada. En ese caso, escoge colores claros y lo más uniformes posible. Si eres fan del estilo oriental, elige entre tonos rojos y naranjas, decora la habitación con muchos espejos pequeños y coloca lámparas alegres en las mesitas de noche.

A continuación se presentan los muebles, su función y sus tipos.

La cama

Es el corazón de la habitación. Una cama consta de una estructura, un somier y un colchón. Si la habitación es pequeña o de techos bajos, una estructura ligera con patas quedará mejor que una cama tapizada grande o una cama americana. Al elegir una cama hay que tener en cuenta tanto el tamaño como la altura. Una cama de confort tiene un mínimo de 50 centímetros de altura y así resulta más sencillo subirse y bajarse de ella. Gracias a su altura, ofrecen mucho espacio para poner debajo unos cajones de almacenaje, en los que, por ejemplo, haya espacio para guardar los edredones y las almohadas. Las camas americanas y las de agua son también más altas que las estructuras normales, pero no ofrecen espacio de almacenamiento; los futones, que se sitúan en el suelo sobre un somier, tampoco ofrecen espacio de almacenaje. Pero para un buen descanso lo importante es, sobre todo, un buen colchón y el somier correspondiente. El colchón debe procurar una postura corporal relajada durante el sueño y permitir una buena transpiración. El somier brinda apoyo al colchón y procura la ventilación. En cualquier caso, prueba el colchón antes de comprarlo y, si es posible, no te tumbes sin más, duerme en él.

CONSEJO

¿Dónde vas a poner la cama? ¿Te gusta asomar la nariz por la ventana o aquel rinconcito de la habitación te resulta más acogedor? Prueba los posibles lugares de la habitación poniendo una manta en el suelo. Túmbate y observa qué sensación te dan. Así te ahorrarás la pesada tarea de tener que mover los muebles.

CONSEJO

A pesar del mejor de los cuidados, un colchón no dura eternamente. Con el paso de los años, el soporte cede y aumentan las impurezas provocadas por los ácaros del polvo. Por eso, cambia de colchón cada diez años.

El armario

Si tienes un bonito armario antiguo, muéstralo, concédele espacio en la pared y no lo arrincones en la zona más oscura de la habitación. Si tu armario no está presentable, ponlo de manera que no sea lo primero que se vea al entrar. Naturalmente, también lo puedes someter a un tratamiento de belleza y rejuvenecimiento. Para ello, ten en cuenta lo siguiente:

» Pinta el armario del color de la pared. Así no llamará la atención y tendrá un efecto menos dominante.

» Cambia el frontal del armario. Pégale espejos en las puertas o revístelo con tela. También puedes quitar las puertas y sustituirlas, por ejemplo, por estores o dejar el armario completamente abierto.

Un armario empotrado es práctico. La mayoría ofrece un espacio de almacenaje sorprendentemente grande y, cuando tiene las puertas cerradas, la habitación parece limpia y ordenada. Y si, además, se encuentra en un hueco de la habitación, apenas llamará la atención.

La mesita de noche

Además de las mesitas de noche que se venden en cualquier tienda de muebles, puedes usar cualquier superficie que te resulte cómoda junto a la cama. Un viejo taburete te servirá tan bien como una pila de libros con una superficie de cristal. Lo importante es que sobre esa superficie tengas espacio para todo lo que vayas a necesitar: la lamparita, el despertador, el libro que estás leyendo y la libreta para apuntar ideas. Si reúnes muchos objetos pequeños (tapones para los oídos, pañuelos, joyas), mételos en una caja. Tendrá un aspecto más ordenado que si están todas las cosas sueltas. O usa una mesita de noche con cajones en cuyo interior puedas esconder todas esas cosillas.

ACCESORIOS PARA UN DORMITORIO ACOGEDOR

Por sí solos, la cama, el armario y la mesa no convierten el dormitorio en un lugar de ensueño. Junto con una iluminación suave, los tejidos crearán un ambiente agradable en tu habitación. Mímate y usa ropa de cama bonita y una colcha que la cubra durante el día. Unos cojines a juego con las tonalidades elegidas, unas cortinas y un dosel crearán un ambiente que invite a acurrucarse en ella. Una alfombrita junto a la cama ayudará a combatir los pies fríos.

Unos ganchos para colgar ropa, un pequeño perchero o un galán de noche te ayudarán a mantener el orden. Por las noches, puedes poner ahí la ropa que no vaya a ir al cesto de la ropa sucia antes de volver a meterla en el armario, y así no pasarás por el apuro de lanzarlo todo a un montón desordenado.

Estudio: hola, caos creativo

Si trabajas mucho desde casa, un estudio es un tesoro, aunque la habitación no sea especialmente grande. Puedes cerrarte la puerta y trabajar en paz. Además, tienes la posibilidad de decorar esta estancia de forma diferente al resto de las habitaciones. El escritorio puede quedarse desordenado y rebosar la papelera sin que el acogedor ambiente del salón se resienta.

Cómo acondiciones tu estudio depende de las condiciones que reúna (tamaño y altura de la habitación, huecos, inclinaciones del techo, etcétera), pero también del tipo de actividad para el que lo necesites. Si eres de los que trabajan en el escritorio y sobre todo usas el ordenador, es probable que no necesites una enorme mesa de trabajo. Otra cosa es que trabajes de manera artesanal y que la mesa también deba tener espacio para, por ejemplo, un miniestudio de fotografía o una máquina de coser y su material. Organízate el tiempo en tu *home office* de la manera más agradable posible para concentrarte y ser eficaz en tu trabajo. Las siguientes indicaciones te apoyarán en tus objetivos:

» ¿El escritorio y la silla tienen la altura correcta? Si te sientas erguido y pones los pies juntos en el suelo, las rodillas deben formar un ángulo de 90 grados. Lo mismo sucede con el ángulo de los codos cuando los antebrazos reposan sobre la mesa.

» Si trabajas más de 4 horas al día sentado frente a tu escritorio, invierte en una silla ergonómica. Te protegerá los discos intervertebrales y te ayudará a estar sentado de manera activa gracias a la flexibilidad de su asiento y su respaldo. Una pelota para *fitness* también puede ser práctica.

» Si es posible, coloca el escritorio de modo que la luz le llegue desde un lateral. Esto es especialmente relevante en el caso de las mesas de ordenador, pues así la pantalla no tendrá reflejos y no tendrás que mirarla a contraluz. Para los diestros, lo ideal es que la luz venga de la izquierda; para los zurdos, de la derecha.

» Además del escritorio y la silla, necesitas una lámpara de escritorio. Su posición sobre la mesa también dependerá de con qué mano escribas. Los diestros la colocarán a su izquierda y los zurdos, a la derecha. Una buena lámpara no dispersa la luz, sino que la emite de manera precisa y sin deslumbrar.

» ¿Las personas creativas necesitan caos a su alrededor y por eso su lugar de trabajo no está ordenado? ¡Falso! Echa un vistazo al despacho de alguien que realice trabajos creativos y verás que también puede tener un puesto de trabajo de lo más ordenado. Por el contrario, hay contables cuya mesa está oculta bajo un sinfín de documentos y vasitos de papel. En cualquier caso, tener una mesa ordenada facilita el trabajo y ahorra tiempo. Por eso, adopta la costumbre de recoger tu mesa de trabajo al acabar la jornada y al día siguiente podrás comenzar con el trabajo de inmediato en lugar de tener que despejar la mesa. Líbrate de los montones de papeles y organiza tus documentos en carpetas y archivadores.

» ¿Dónde guardas tus documentos? ¿Tienes suficiente con una cajonera con ruedas bajo el escritorio o necesitas una estantería? Piensa en qué documentos has de tener a mano y a qué cosas recurres con menor frecuencia. Las podrías guardar en un armario de oficina o en un aparador. Los objetos pequeños —como lápices, la grapadora y los clips— se van al cajón del escritorio o a algún cesto bonito, a un recipiente o una cajita sobre el escritorio, es decir, guárdalos donde estén a mano. También puedes colgar el bote de los lápices en la pared.

CONSEJO

¿No llegas a coger un buen ritmo de trabajo en casa? Quizá sea porque te pones a trabajar en pijama y bata. No te ve nadie, pero estarás programado para irte al sofá o a la cama, no al escritorio y tu puesto de trabajo. Tómate tu trabajo en serio y exprésalo vistiéndote.

TRABAJAR SIN HABITACIÓN

No en todas las casas hay una habitación que pueda servir como estudio. Pero no por ello tienes que renunciar a tu *home office*. Organiza un pequeño rincón como lugar de trabajo. Este podría ser el hueco bajo la escalera, una pared en un pasillo amplio o parte de un armario. En una balda puedes poner tu portátil y el resto de los estantes acogerán tus documentos. Una vez hecho el trabajo, cierras la puerta, el "despacho" desaparece y podrás disfrutar del fin de la jornada sin tener que ver los documentos de trabajo. Para otros rincones más visibles existen soluciones elegantes, como mesas estrechas de cristal para portátiles o secreteres modernos y sencillos que nada tienen que ver con la imagen anticuada de los escritorios de antaño. Algunos modelos incluso no tienen contacto con el suelo y se instalan directamente en la pared. Son tan estrechos que ni siquiera molestan en las zonas de paso y, una vez cerrados, caben detrás de una puerta abierta.

Habitación infantil: colorida y con mucha imaginación

Una habitación infantil tiene que cumplir muchas funciones. Se trata de una habitación donde alborotar y dormir, una habitación para leer, estudiar y jugar. Debe estimular la fantasía y la concentración. Los muebles deben ser bonitos, pero también resistentes y adaptarse a la altura del niño. Tener en cuenta todos estos requisitos hace que montar una habitación infantil sea todo un reto. Pero no es imposible. A continuación se detalla lo que debes tener en cuenta.

El color

Al pintar la habitación de los niños, puedes recurrir a colores vivos. A la mayoría de los niños les gustan los colores fuertes y luminosos, tanto en sus camisetas como en su habitación. Pero no te pases y elige un máximo de tres colores que combinen entre sí a la hora de decorar el reino de los renacuajos. Complementa los colores con blanco (por ejemplo, en los muebles) para aportar algo de serenidad a la habitación y renuncia a estampados grandes. Otra buena opción son los adhesivos y los vinilos decorativos. Son rápidos de poner y sencillos de retirar cuando el niño se canse de ellos.

CONSEJO

Ofrécele al niño una de las paredes o un área como lienzo gigante para que pueda dar rienda suelta a su creatividad artística. Si crees que es una pena hacer esto sobre papel pintado, adquiere un pliego adicional, engánchale una cuerda y fíjalo a la pared. El niño podrá desenrollar parte del papel y pintar encima.

También puedes pintar parte de una pared o una entera con pintura de pizarra. Ancla a la pared un recipiente para las tizas. En esa pared pueden realizarse nuevas obras de arte a diario o hacer anotaciones importantes.

¡A prueba de niños!

Los muebles infantiles tienen que ser seguros, así que, cuando los compres, procura que tengan bordes redondeados y sean estables. Las cómodas invitan a sacar varios cajones a la vez. Si la cómoda no está anclada a la pared, se inclinará y podría volcarse.

Las sustancias nocivas que pueden estar presentes en muebles y alfombras podrían convertirse en un problema y ocasionar dolores de cabeza y mocos en la nariz si se evaporan los químicos con los que han sido tratados. Para identificarlos, confía en tu olfato. Si en la tienda de muebles desprenden un olor desagradable y penetrante, es mejor que te olvides de comprarlos. Existen algunos certificados de calidad como Ángel Azul o AENOR-Medio Ambiente, que se otorgan cuando las emisiones de impacto ambiental se encuentran por debajo del límite permitido y ofrecen un punto de referencia a los productos menos contaminantes. Si quieres ir sobre seguro, deja que los muebles y las alfombras se ventilen un par de días fuera de la habitación de los niños.

CONSEJO

Comprueba si los enchufes de la habitación están protegidos. Si no es así, puedes equiparlos con unos protectores de seguridad infantil para enchufes. Es absolutamente recomendable la instalación de un detector de humos.

Función: extremadamente polifacética

Los niños crecen muy deprisa y en nada la sillita infantil se les ha quedado pequeña, la mesa es demasiado baja y la cama, demasiado corta. ¡Qué bien que haya muebles que se adapten al crecimiento de los peques! Prestan su servicio durante años y luego siguen en tan buen estado que pueden usarlos otros niños. Su precio suele ser más alto que el de los muebles convencionales, pero a largo plazo merece la pena.

El clásico entre los muebles extensibles es la trona. Los pequeños están más seguros sentados así a la mesa familiar. Cuando crecen, basta con un par de maniobras para regular el asiento y el reposapiés para que el niño vuelva a sentirse cómodo. Incluso un adulto podría utilizarla como asiento. Además de sillas, hay también camas y mesas extensibles.

Los muebles modulares tienen diversos usos. Un taburete cuadrado puede usarse como estante; si se junta con otros, se convierte en un banco; en la fantasía del niño se transforma en una vía de tren y, si se pone de lado, será una caja para los juguetes. A los niños les encanta construir y que el aspecto de su habitación dependa de ellos.

Vamos a acurrucarnos: cojines, mantas y alfombritas

Las alfombras mullidas, las mantas y un montón de cojines son perfectos para construir cuevas y escondites. Invitan al alboroto tanto como al descanso y la lectura. Y cuando el mejor amigo o amiga están de visita, se puede crear un lugar para dormir. Un puf o una silla o una cueva colgante invitan a repantingarse y a columpiarse, y a veces son tan cómodas que incluso pueden invitar a echarse una siesta sin rechistar.

Los cojines ofrecen una ventaja adicional. Con ellos, es muy sencillo cambiar el aspecto de la habitación. Si ayer estaban de moda los unicornios o los piratas, mañana quizá lo estén los perros o los caballeros Jedi. Los gustos de los niños cambian tan deprisa como sus ídolos. No podrías seguirles el ritmo si cada vez tuvieras que volver a empapelar la habitación según el nuevo *look*. Revestir los cojines o cambiarlos es más rápido y económico.

CONSEJO

Una alfombra hace que la habitación infantil sea acogedora. Los pequeños juegan casi exclusivamente en el suelo. Por eso, es agradable que una alfombra les proporcione un lugar calentito y mullido. Las alfombras de juegos con dibujos de calles que animan a hacer carreras de coches o que inculcan los primeros conocimientos sobre las señales de tráfico son muy populares.

Mantener el orden

Con la ayuda correcta (y esto no se refiere a mamá y papá), recoger no es tan malo. Solo necesitas suficientes cajas y cajones grandes, bolsas o sacos. Etiquétalos o ponles fotos de aquello que deba guardarse en su interior si el niño no sabe leer. ¡Piensa en grande! Meter los peluches sin clasificar en un saco es más rápido y divertido que alinearlos en un estante. Poner las piezas de construcción en una caja se hace en un momento y no es tan complicado como volver a clasificarlas para meterlas en su estrecha caja original. Si poner orden en la habitación infantil es sencillo, los peques estarán más dispuestos a recoger. Si lo deseas, guarda las cajas originales de los juguetes. Cuando el niño sea un poco mayor, quizá le parezca más divertido recoger sus cosas.

CONSEJO

Si la habitación de los niños es pequeña y el espacio de almacenamiento escaso, una buena opción sería una cama de litera alta o una cama-podio. Bajo la cama de litera alta habría sitio para poner un rinconcito de lectura o un escritorio. Bajo la cama-podio podrías poner cajas con ruedas para guardar la ropa de cama o los juguetes.

Cocina: entre la comunicación y el arte de cocinar

Las cocinas son centros de comunicación. Aquí se reúne la familia para cocinar y comer, para leer el periódico o para hacer los deberes. En las fiestas, es la estancia más concurrida de la casa, en la que todos se encuentran, charlan y degustan las delicias preparadas. Y siempre resulta sorprendente cuántas personas llegan a caber en una estancia tan pequeña. No hay ninguna vivienda —por pequeña que sea— que sea sostenible sin cocina. Puede que sea minúscula, pero los componentes más importantes de una cocina siempre están presentes. Entre ellos está la placa de cocción, el fregadero, la nevera y los armarios de cocina. En las cocinas grandes, además, hay espacio para otros electrodomésticos como un lavavajillas, un congelador y un microondas, así como una superficie de trabajo mayor y un lugar para comer.

La forma de la cocina que elijas o que tenga tu piso de alquiler depende de la estancia en sí. En estancias estrechas, normalmente solo cabe una cocina americana de una línea; en las cuadradas, dependiendo de dónde esté la ventana, también es posible una cocina en forma de U o de L. A continuación se presentan las distintas estructuras:

» **La cocina de una línea:** Está formada por una sola línea de muebles en la que se integran todos los aparatos y armarios. Esta variante es apropiada para estancias muy estrechas o apartamentos de un dormitorio que no disponen de cocina independiente. El espacio de almacenaje es reducido, así como también la superficie de trabajo, que en esta clase de cocinas es más bien insuficiente. Por ello debes aprovechar todo el espacio vertical hasta el techo para los armarios superiores y almacenar allí los objetos que no uses con frecuencia. Ganarás superficie adicional si utilizas un módulo con ruedas que puedas apartar a un rincón cuando no lo uses, o puedes encargarle a un carpintero que te haga una pequeña encimera para colgar. Así, solo ocupará el espacio de una tabla estrecha.

» **La cocina de dos líneas:** Está formada por dos líneas paralelas de muebles y son adecuadas para cocinas pequeñas o para una cocina abierta que no esté cerrada al salón por un tabique o una puerta. Una de las dos líneas puede funcionar como isla independiente en la cocina. Por lo general, una de las dos líneas contiene los electrodomésticos y la segunda los armarios para la vajilla y las provisiones. Si la estancia no solo es pequeña, sino también estrecha, se recomienda equipar los frentes con puertas correderas. Así no tropezarás cuando abras los armarios de ambos lados. Si no hubiera espacio para cortar y picar, podrías colocar una tabla cruzada un momentito sobre ambas líneas de muebles y preparar ahí la comida.

» **Cocina en forma de L:** Las superficies de trabajo forman un ángulo recto. Esta forma de cocina encaja en todas las estancias cuya estructura no sea alargada. También es adecuada como cocina abierta con acceso directo al salón. Instala la placa de cocción y el fregadero de modo que quede superficie de trabajo entre ambos. Para aprovechar al máximo el espacio de almacenaje de la esquina, se puede instalar un carrusel, una base giratoria con varias alturas en la que puedes guardar cazuelas, pequeños electrodomésticos y otras cosas.

- **Cocina en forma de U:** Esta cocina está formada por tres encimeras unidas por ángulos rectos que forman una U. Ofrece mucho espacio de almacenaje y suficiente lugar de trabajo. En esta cocina también puedes cocinar con varias personas sin molestaros. Si puedes prescindir de una parte del espacio de almacenaje, quizá no necesites armarios superiores en todas las paredes. La cocina parecerá así más ligera.

CONSEJO

No todas las cocinas ofrecen espacio para una mesa. Si aun así quieres comer en la cocina, contempla las siguientes posibilidades: ¿puedes anclar una mesa abatible a la pared? ¿Puedes sentarte en el hueco de una encimera que no tenga armarios ni electrodomésticos debajo? ¿Podrías anclar sobre la encimera un panel de apoyo rotatorio para usarlo como mostrador?

Revitalizar una vieja cocina

La cocina que nos encontramos al alquilar un piso o comprar una casa vieja no siempre es la que habíamos soñado. Quizá no te guste el color, o los tiradores te parezcan feos y la encimera esté rallada. Pero si los armarios están bien, no tienes que cambiar toda la cocina para darle una nueva imagen a la estancia. Conseguir la cocina que te gusta será más barato si...

- ... cambias los frentes de la cocina. El marrón oscuro se convierte, por ejemplo, en amarillo y, en un abrir y cerrar de ojos, esa estancia tan sombría se ha convertido en un lugar agradable. Los armarios con puertas de cristal transmiten una sensación de ligereza. Son aptos para cocinas pequeñas.
- ... das una nueva capa de pintura a los frentes de madera maciza. El verde pistacho es refrescante; el gris, noble, y el rosa, alegre. El blanco también es popular para las cocinas.
- ... pones nuevos tiradores. Retira esos feos pomos dorados de los cajones y las puertas y atornilla unos tiradores que te gusten. En los mercadillos puedes encontrar, por ejemplo, tiradores redondos de cerámica muy bonitos y en las tiendas de cocina hay variantes modernas de acero inoxidable pulido.
- ... cambias esa horrible encimera por una nueva. Habla con un profesional para que salga todo bien.

- ... eliminas el frente de azulejos que hay tras los fogones. Instalar sobre los azulejos una placa de vidrio de algún color puede que sea un poco más caro, pero queda muy bonito. Una placa de acero inoxidable también es elegante y se puede poner sin problema sobre los azulejos.

Baño: lo mejor es que esté vergonzosamente limpio

Es habitual que los baños ocupen las estancias más pequeñas de la casa. El aseo de invitados tiene incluso menos espacio. Los elementos principales —como el inodoro, el lavabo y la ducha o la bañera— están fijos y a veces ni siquiera hay una ventana que abrir. El espacio reducido y la escasez de posibilidades al estructurar un cuarto de baño, así como unas condiciones de luz complicadas, hacen que organizarlo no siempre sea sencillo. Con la ayuda de unos armarios prácticos y unas estanterías para un mayor espacio de almacenaje, la correcta iluminación, unos tejidos suaves y unos bonitos accesorios, tu baño se convertirá en un oasis de bienestar en el que te apetecerá pasar un par de minutitos más.

CONSEJO

Coloca unas toallas bonitas sobre un estante. Dispón, además, una selección de botecitos de aceites de ducha y cremas y le darás un poco de ambiente de *spa*.

Si ahora no puedes ponerte a planificar y estructurar tu cuarto de baño, deberás conformarte con lo que te has encontrado. ¡Sácale partido! Los espacios reducidos también pueden parecen amplios y diáfanos, confortables y elegantes si tienes en cuenta una serie de cosas al organizarlos.

Diez consejos para acondicionar un baño pequeño

- Usa espejos grandes. No solo sirven para que te mires el peinado antes de marcharte a la oficina, sino que también agrandan las habitaciones pequeñas. Si tienes muchas cosas sobre los estantes, puede que se multipliquen por efecto del espejo, por lo que debes procurar que tu baño esté siempre bien ordenado.

- Los estantes de vidrio son elegantes y transmiten ligereza. Al contrario de lo que sucede con los estantes de madera maciza, no empequeñecen la estancia. Pero los estantes de cristal solo quedan bonitos si están libres de polvo, manchas de jabón y marcas de botecitos. ¡Hay que limpiar regularmente!
- Por suerte, el tiempo en el que encima del lavabo había un pesado armario de tres puertas de espejos ya forman parte del pasado. Ahora existen muchos modelos bonitos en los que puedes colocar tus cosméticos, artículos de higiene y enseres para afeitarte y lavarte los dientes. Elige armarios planos con el frente de espejo o semitransparente. No ocupan mucho espacio visual.
- Mantén el suelo despejado. Esto no solo te facilitará su limpieza, sino que no te llenará tanto el baño. No por ello tienes que renunciar a un mueble de lavabo. Existen muchos modelos que se anclan a la pared.
- Usa las paredes para fijar estantes o armarios y obtener espacio de almacenaje. Al otro lado de la bañera suele haber suficiente espacio para un estante estrecho en el que poner toallas o las cosas de la ducha.
- Si tienes tarros, tubos y frasquitos de diferentes tamaños y colores, enseguida dará la sensación de desorden. Si puedes, es mejor que utilices colores y formas uniformes para darle un aspecto más apacible a la estancia. Vierte el contenido de un recipiente en otro o guarda varias cosas en un recipiente mayor.
- Agrupa varios utensilios en una bandeja pequeña. No solo queda mejor, sino que también te será más sencillo limpiar la superficie sobre la que coloques la bandeja. En lugar de levantar cada elemento para limpiar por debajo, solo tendrás que apartar la bandeja.
- Si instalas un radiador toallero en la pared, matarás dos pájaros de un tiro. Podrás prescindir de ese radiador tan pesado y de un toallero y, al mismo tiempo, tendrás siempre toallas calentitas.
- ¡Dale luz! Las habitaciones pequeñas enseguida parecen oscuras. Instala varios puntos de luz en tu baño, por ejemplo, unos focos empotrables, en lugar de una única lámpara de techo. Poner luz sobre el lavabo y cerca del espejo también es práctico.
- Combina la pared y el suelo. Emplea los mismos materiales y colores y la estancia parecerá más amplia.

Si tienes un cuarto de baño grande, contarás con más posibilidades de organización. Los baños grandes suelen tener, además de una ducha, una bañera. No tiene por qué relegarse a un rincón, sino que puede estar en mitad del baño. En lugar de poner estantes en las paredes, se puede colocar una cómoda (antigua) como opción de almacenaje y quizá también podría haber sitio para un sillón o una silla cómoda. Si el baño lo usan a diario varias personas, merece la pena considerar la opción de un segundo lavabo. Esta solución evitaría el atasco de las mañanas a la hora de lavarse los dientes y todos podríais comenzar el día de forma más relajada.

¿VERGONZOSO O LIMPIO?

La mayoría de las personas da mucha importancia a la limpieza y al orden en el cuarto de baño. Los pelos en el lavabo o la ropa sucia en el suelo, así como los tubos de pasta de dientes abiertos o las salpicaduras en el espejo pueden ser un foco de discusión entre los miembros de la familia o los compañeros de piso. Quien por las mañanas se tambalea medio dormido hacia el baño se alegra de encontrar rápidamente el gel de ducha y de ducharse sin tener que retirar el ovillo de pelos del predecesor. Por las noches, son también pocas las personas que se alegran de tener que recoger el desorden de los demás. Y eso que en realidad dejar el baño en un estado decente tampoco requiere tanto tiempo.

- Limpia las manchas de pasta de dientes y maquillaje o los restos de espuma de afeitar con un trozo de papel higiénico y retira los pelos.
- Cuelga bien las toallas.
- Vuelve a poner las cosas en su sitio después de utilizarlas.
- La ropa sucia hay que meterla en el cesto.

No hace falta más para que el baño esté ordenado y, gracias a la limpieza periódica (capítulo 10 "El plan de limpieza: no solo para pisos compartidos"), se mantendrá.

Entrada: la primera impresión es lo que cuenta

"¡Bienvenidos!" pone en el felpudo que hay delante de la puerta, pero cuando se nos invita a pasar, no nos sentimos bienvenidos dado el caos reinante. Si conoces esta clase de situaciones es que probablemente sabes todo lo que puede llegar a amontonarse en el recibidor y el pasillo de una casa: zapatos, paraguas, chaquetas, llaves, teléfonos, correo, periódicos, folletos de propaganda y todo tipo de cachivaches que salen de los bolsillos de los abrigos y los bolsos. Y la mayoría de los recibidores no es que sean el *summum* de la amplitud. A menudo son estrechos, pequeños y sin ventanas. El hecho de que desde el recibidor haya varias puertas que dan paso a otras estancias dificulta más la tarea de poner algún mueble.

Todo el que quiera entrar en la casa tiene que pasar por aquí. No hay camino que pase de largo. Por eso es tan importante acondicionar esta zona de manera agradable y atractiva, por lo que también debe imperar el orden. Considera el recibidor como tu tarjeta de visita. Da la primera impresión de cómo vives y de qué estilo de decoración prefieres, pero también indica si eres una persona ordenada o caótica. Los siguientes consejos te ayudarán a convertir tu recibidor, pese a las estrecheces, en un espacio que invite a entrar:

» **Armario ropero:** Si tienes suficiente espacio, un armario ropero es una buena opción. Al entrar en casa, pueden guardarse ahí abrigos, chaquetas, gorras y bufandas y así no estarán por cualquier parte. En los recibidores pequeños quizá no haya espacio más que para un perchero en el que las prendas cuelgan a la vista. En este caso, usa perchas del mismo tipo y color. En medio del surtido de estilos, tejidos y colores del revoltijo de chaquetas, dará paz. Si tu recibidor es tan diminuto que ni siquiera cabe un perchero, ancla un colgador para abrigos a la pared o utiliza un perchero para puertas.

CONSEJO

Atornilla cada gancho del perchero manteniendo la misma distancia entre sí en un tablero y no parecerán tan inconexos. A continuación, cuélgalo en la pared. Si pintas una línea de algún color en la pared y colocas los ganchos sobre ella, también quedarán agrupados y destacarán.

» **Zapatos:** En muchos hogares, sus habitantes se quitan los zapatos al entrar en casa y luego estos andan tirados por cualquier parte hasta que su dueño vuelve a ponérselos y sale a la calle. Si vives en pareja y con niños, el número de zapatos que se juntarán en la entrada será grande y atestarán el recibidor. Existen zapateros estrechos que puedes anclar a la pared o estanterías para zapatos, que se colocan en el suelo. En cualquier caso, hay que tener disciplina, pues de lo contrario los zapatos terminarán apilados ante la estantería.

» **Cachivaches:** La llave del garaje, el resguardo de la lavandería, el móvil y la tarjeta de transporte son algunas de las cosas que suele haber en el recibidor. Todo lo que llevas en la mano al entrar en casa o lo que te habías metido en el bolsillo requiere un lugar donde lo puedas dejar (temporalmente). Para las llaves, sería útil un colgador de llaves de pared en el que se puedan colgar todas las llaves de la casa, de la bicicleta y del sótano. Para el resto de las cosas puedes colocar una fuente bonita sobre un estante, un taburete o una estantería. Mete dentro todo lo que vayas a necesitar cuando te marches de casa. La impresión que dará esta solución será más ordenada que si dejas todas las cosas tiradas por cualquier sitio.

» **Espacio de almacenamiento:** En los recibidores suele brillar por su ausencia. Si el techo de esta zona es suficientemente alto, puedes instalar un falso techo, y si la distancia entre las puertas es amplia, quizá quepa un estante estrecho o un pequeño armario. Si estos muebles son profundos, podrías guardar allí el aspirador junto con todos sus complementos. También sería un buen lugar para la escoba, el aspirador de mano, el recogedor y otros utensilios de limpieza. Otra variante es usar un baúl. En su interior podrías almacenar los útiles de limpieza y además tendrías un lugar cómodo para sentarte y ponerte los zapatos. Si no hay espacio para el armario ni para el baúl, cuelga cestos o bolsas grandes de plástico en la pared con el fin de guardar los cascos de las bicis o los productos para limpiar los zapatos. Eso sí, el aspirador tendrás que guardarlo en otro lugar.

» **Espejos:** Es imprescindible para echarse un último vistazo antes de salir de casa. Además, le dan amplitud y claridad a los recibidores estrechos.

» **La elección del color:** Los colores claros amplían la estancia y crean un ambiente agradable. Esto se aplica tanto al color de la pared como a los muebles. Recurre a toda la gama de blancos o a los colores pastel. Si te gustan los colores llamativos, limítate a una pared que no se vea mucho o a un único mueble que quieras resaltar. A la hora de pintar la pared, elige la pared frontal si el recibidor de tu casa tiene forma alargada, pues así reducirás visualmente el espacio.

CONSEJO

Como los recibidores normalmente no tienen ventanas, no suelen ventilarse con regularidad. Pero donde se apilan zapatos e impermeables mojados pueden surgir malos olores. Si esperas visita, trata de ventilarlo todo bien, porque si no tus invitados estarán hasta las narices nada más entrar en tu casa.

EN ESTE CAPÍTULO

Funciones, tipos y fijación de revestimientos de ventanas

Prohibido el paso a los mosquitos y al polen

Capítulo 5
Cortinas, persianas y demás

Las cortinas y los visillos no son un invento nuevo. Ya en el Antiguo Egipto entre las columnas ondeaban cortinas tejidas para protegerse de la radiación solar. En la Antigua Grecia, las cortinas servían para decorar las estancias, así que eran muy elaboradas. Estampados rectangulares y formas geométricas adornaban los tejidos y en el borde superior de los visillos se usaban lambrequines —adornos horizontales de tela que cubren el riel y los bordes de las cortinas—. A los romanos también les gustaban las cortinas pomposas, a menudo provistas de estampados florales.

En el Gótico, en cambio, se valoraba más el ambiente cálido que la belleza. Si bien los tejidos también tenían ornamentos, lo primordial era hacer que las estancias expuestas a corrientes fueran acogedoras. Las cortinas, además de para vestir ventanas, comenzaron a usarse para separar espacios en los hogares. En el Renacimiento, eran populares las cortinas de seda y las borlas; en el Barroco, los flecos, y, en el Rococó, los fruncidos y los pliegues. En el Romanticismo se empezaron a colgar cortinas con anillas insertadas en unas barras, mientras que el sistema de rieles viene del Modernismo. Con el paso de los siglos, no solo han cambiado los tejidos, diseños y adornos, sino también los sistemas de soporte. Hoy puedes elegir entre un sinfín de tejidos y materiales, y para cada ventana encontrarás el sistema de soporte adecuado. Antes de tomar una decisión, conviene que te plantees qué función quieres que cumpla la decoración de tus ventanas.

Depende de la función

Las cortinas, los visillos y las persianas de lamas pueden cumplir muchas funciones. Neutralizan el sol, el frío y la luz, protegen de miradas indiscretas, amortiguan, separan el interior del exterior o decoran la ventana. Algunos revestimientos de ventanas incluso cumplen con varias funciones a la vez. Escoge aquel cuya función te parezca más importante para cada ventana. A continuación se exponen las diversas funciones que cumplen los revestimientos para ventanas:

- **Oscurecer:** Hay personas que se despiertan con los primeros rayos de sol. Esto puede ser muy molesto, sobre todo en verano —cuando el sol asoma a las seis de la mañana—. Quien tiene niños, lo sabe. En cuanto empieza a haber luz en la habitación, los niños se activan y esperan lo mismo de sus padres, quienes los fines de semana preferirían dormir más. Unas cortinas gruesas o unos visillos tupidos que impidan el paso de la luz podrían ayudarte.
- **Proteger de miradas indiscretas:** Si vives en la ciudad o en una planta baja, quizá no te guste que cualquiera que pase por la calle pueda echar un vistazo al interior de tu hogar. Es especialmente molesto cuando fuera ha oscurecido y la luz de la habitación está encendida. ¡Es como estar en un escaparate! Preferirás cerrar las cortinas. Durante el día, un estor o unos visillos pueden mantener tu hogar a salvo de las miradas del exterior y, al anochecer, ese servicio te lo prestarán unas cortinas tupidas, unos estores o unas persianas de lamas.
- **Proteger de la luz y del calor:** En los países del sur, la mayoría de las casas tienen contraventanas o persianas para impedir el paso del calor a la vivienda. Cuando las ventanas no tienen ninguno de estos elementos, lo práctico son unas cortinas que

puedas cerrar si entra mucha luz o si hace calor fuera. Los tejidos transparentes pueden suavizar la luz intensa sin oscurecer la habitación, pero no evitan el calor. Para eso lo recomendable es usar tejidos oscuros y gruesos que impidan el paso tanto de la luz como del calor.

- **Proteger de los insectos:** Si vives en el campo o en una zona con vegetación y agua, seguro que algún insecto se cuela en tus habitaciones. Sobre todo en verano y cuando las luces están encendidas por la noche, los mosquitos y las polillas pueden ser de lo más molestos. Una mosquitera te protegerá de estas sanguijuelas de noche y, durante el día, impedirá que se pierdan por tu cocina.
- **Reducir el eco:** En las estancias vacías, todo resuena. También en las habitaciones embaldosadas o con parqué y sin alfombras la acústica puede ser complicada. Si pones cortinas en las ventanas, la acústica mejorará porque el tejido absorbe el sonido y hace que este retumbe menos en las habitaciones.
- **Decorar:** Las cortinas son decorativas y, a veces, no cumplen más que esta función. Los tejidos hacen que una habitación sea más acogedora y ocultan algún que otro elemento no tan bonito, como los radiadores o los tubos de la calefacción. Las cortinas, las persianas de lamas, las cortinas plisadas y los estores imprimen un carácter personal a la estancia y pueden adaptarse con mayor facilidad que los muebles a las modas y cambios de tendencias.

Elegir es sufrir

Cuando quieras decorar tus ventanas, encontrarás elementos de muchos materiales, en toda suerte de colores y para múltiples funciones. Las cortinas y los visillos se cierran, las persianas de lamas y los estores se bajan y los paneles japoneses y las cortinas plisadas se deslizan. La variante por la que te decidas dependerá, junto con su funcionalidad y el tipo de ventana, de tu gusto personal. Si la decoración de tu casa se parece a los cuentos de *Las mil y una noches*, probablemente prefieras cortinas y visillos de colores fuertes. Si tus muebles son de diseño, seguramente pongas persianas de lamas en tus ventanas. La habitación ejercerá una influencia decisiva en la decisión que tomes, pues seguro que no decorarás una habitación infantil igual que un aseo de invitados o un estudio. A continuación se expondrán tanto las diversas posibilidades para vestir una ventana como las zonas del hogar para las que son adecuadas.

Visillos

Inicialmente, se entendía por visillo un elemento decorativo de tejido ligero para poner en las ventanas que llegaba hasta el alféizar. Hoy día, los términos *cortina* y *visillo* suelen usarse como sinónimos, de modo que en las tiendas te encontrarás con un revestimiento de ventanas largo hasta el suelo que se vende como visillo pese a estar hecho de un tejido grueso. Según la definición, el visillo es una cortina pequeña y translúcida que cubre una ventana. A menudo son blancos, pero los hay de colores, de tejidos estampados o de color degradado.

Los visillos son prácticos allí donde uno quiera estar a salvo de miradas ajenas. El tejido ligero permite el paso de mucha luz, pero impide las miradas desde el exterior, garantizando un poco de privacidad. Durante mucho tiempo, los visillos tuvieron fama de ser un elemento burgués, pero en la actualidad uno puede encontrar una gran oferta de estos tejidos ligeros en cualquier tienda de decoración, así como en revistas de decoración. Entre sus páginas, los visillos disfrutan de su momento de gloria. Los visillos son apropiados para la cocina o el aseo. Si no quieres cubrir la ventana entera, puedes colocar unos visillos a media altura para que ofrezca protección visual de la parte inferior de la ventana o sirva como elemento decorativo en la parte superior.

Cortinas

Las cortinas son el complemento de los visillos y suelen combinarse con estos. Habitualmente son de algún tejido grueso y pesado (algodón, lino, tejido mixto) y llegan hasta el suelo. Las cortinas sirven para oscurecer y mejorar el ambiente de las habitaciones expuestas a los rayos del sol. Si echas las cortinas en verano antes de que dé el sol, el interior se mantendrá agradablemente fresco. En invierno funcionan como barrera de protección contra el frío en las ventanas que no están bien aisladas, al igual que en las puertas de terrazas y balcones. Las cortinas, además, hacen que las habitaciones sean lugares más acogedores y transmiten sensación de seguridad.

ADVERTENCIA

Al comprar cortinas o visillos, fíjate en que sean de un tejido difícilmente inflamable. En la etiqueta debe figurar la indicación M2. Si no encuentras la indicación correspondiente o la garantía del fabricante, no deberías usar este tipo de tejidos en la habitación de los niños. Los tejidos difícilmente inflamables no prenden de inmediato ni siguen ardiendo una vez retirados del foco del incendio. Por su parte, los tejidos no inflamables son de materiales que no pueden prender.

Paneles japoneses

No tienen nada que ver con los visillos. Los paneles japoneses son modernos y se pueden emplear tanto para vestir una ventana como para separar espacios en una habitación. Son unos paneles de tela anchos y largos que llegan hasta el suelo y que, combinados, ofrecen muchas posibilidades para el diseño de interiores. Los paneles de un solo color pueden combinarse con estampados; los tejidos transparentes, con opacos y, si te cansas de una combinación, puedes cambiar uno o dos paneles por tejidos nuevos.

Los paneles japoneses son fáciles de manejar y no te quitarán mucho espacio. En los salones modernos quedan tan bien como en un estudio. En el recibidor, podrías ocultar tras ellos los estantes de los zapatos, aquella caja de automáticos tan fea y la calefacción. En los apartamentos puedes separar la zona del salón de la del dormitorio, y en una habitación infantil compartida, las camas de los hermanos. Existen paneles cuyos revestimiento y funcionalidad posibilitan filtrar los olores, por lo que puedes instalarlos incluso en habitaciones húmedas o en la cocina.

Los paneles suelen ser de algodón, mezclas de algodón y poliéster o un revestimiento de *washi* japonés. Por lo general, los tejidos son lavables y de fácil limpieza.

Estores

Un estor puede proteger del sol y de las miradas ajenas, así como oscurecer la habitación o decorarla. Como se instala directamente en la ventana, ahorra espacio. Además, su uso es sencillo. Se enrollan con un mecanismo de cadena lateral, con el cual el estor se puede subir o bajar con un cordón o una cadena. Otro sistema es el que emplea un cordón en la mitad de la parte inferior del estor. Estos estores presentan un mecanismo de resortes. Para modificar la altura del estor hay que tirar del cordón hacia abajo hasta liberar el dispositivo de bloqueo y que este se deslice hasta arriba. Sin embargo, estos estores no suelen permitir un ajuste variable de la altura. La tercera variante consiste en los estores que pueden bloquearse mediante unas barras y suelen instalarse sobre todo en ventanas de tejado inclinadas.

La gran variedad de colores y tejidos satisfarán todos los deseos. Para el cuarto de baño dispones de tejidos impermeables; para la habitación infantil, estampados de colores y tejidos opacos; para el salón, tejidos resistentes a los rayos ultravioleta; para la cocina, tejidos con un revestimiento de teflón que repele la suciedad; y para el dormitorio, otros con función insonorizante.

CONSEJO

Si los estores que se enrollan te parecen demasiado sobrios y espartanos, quizá te gusten más los plegables o las cortinas plisadas. Se componen de tejidos ligeros y suaves y pueden subirse con un cordón. El tejido se recoge en pliegues y aporta un aspecto muy acogedor a la ventana. La desventaja es que el tejido se ensucia más porque tiene una mayor superficie expuesta que los estores.

Persianas de lamas

Si no eres fan de las telas, una persiana de lamas puede ser una buena alternativa a los estores y las cortinas. Son útiles para protegerte de las miradas ajenas, del sol y del calor y se fabrican de plástico, aluminio, bambú y madera. La elección del material depende de tu gusto, pero también de las habitaciones. En el estudio y la cocina son preferibles las lamas de plástico y metal. Resultan más neutras y sencillas de limpiar. La madera y el bambú quedan bien en el salón y el dormitorio por la luz suave y la estética que proporcionan. En el caso de las ventanas muy altas, da prioridad al bambú frente a la madera, pues es ligero, y subir la persiana no se convertirá en una hazaña. Si les aplicas laca para muebles resistente al agua, puedes instalar ambos materiales también en el baño sin que sus fibras se estropeen por la humedad.

Gracias a sus lamas regulables, se puede dirigir la luz que entra y adaptarla a cualquier necesidad. Si lo que quieres es que la luz inunde la habitación, sube la persiana de lamas hasta arriba; para disfrutar de unos suaves reflejos de luz, abre las lamas de manera horizontal y, si entra mucho sol por la ventana, baja la persiana con las lamas cerradas. Tú decides si bajas la persiana completa o solo parcialmente en función de la luz que entre en cada momento. Para trabajar sin que los reflejos te molesten, a menudo basta con oscurecer una parte de la ventana, de modo que puedas echar un vistazo al exterior. Algunos fabricantes ofrecen algunos modelos que permiten regular las lamas de modo independiente, de manera que, por ejemplo, cierres la zona superior y permitas el paso de la luz en la inferior.

CONSEJO

En verano, para proteger del calor las habitaciones a las que les da el sol, coloca una persiana de lamas para exterior. Así el calor no invadirá la habitación. Otro método es instalar las persianas en el interior de las ventanas de doble acristalamiento. No protegen tanto del calor como las persianas de lamas para exterior, pero son más eficientes que los modelos para interior.

El uso de estas persianas es sencillo. Por lo general, se suben y se bajan con un cordel y las lamas cambian de posición gracias a una varilla o un cordel. Otros modelos se suben y bajan con manivela. Las persianas de lamas para exterior se controlan con una manivela articulada o son eléctricas y pueden combinarse, por ejemplo, con un temporizador.

UN CASO ESPECIAL: LA PERSIANA DE LAMAS VERTICALES

Las persianas de lamas verticales, también llamadas cortinas de lamas, son una mezcla de cortina y persiana. Están formadas por varias lamas de tejido dispuestas verticalmente (similares a los paneles japoneses). Los colores de cada lama y su anchura varían. Los tejidos suelen ser translúcidos y no oscurecen la habitación por completo, por lo que no son adecuadas para un dormitorio. En cambio, son más frecuentes en un estudio o en la oficina, ya que permiten controlar la intensidad de la luz en el puesto de trabajo. Las cortinas de lamas se abren hacia los laterales de la ventana con una cadena. Con otra, se controla el ángulo de las lamas y la intensidad de la luz.

Cortinas plisadas

Vestir las ventanas como si fueran un acordeón es cada vez más popular. No es raro, pues las cortinas o los estores plisados son universales. Ofrecen protección visual ante el calor y los reflejos, hay acabados que oscurecen del todo los dormitorios y habitaciones infantiles, y las cortinas plisadas con doble tejido en forma de panal de abeja pueden reducir el consumo energético. Tienen unas bolsas de aire que generan un escudo térmico. Estas cortinas todoterreno existen en una amplia gama de colores y tamaños, e incluso para las ventanas con formas inusuales, como triángulos y semicírculos, existe el estor plisado adecuado.

Con el fin de cubrir la ventana, la cortina se estira hasta la extensión que se desee, de modo que puede adaptarse a cualquier intensidad de luz. Gracias a su sistema de guías, es un juego de niños. La cortina plisada es muy ligera. Las telas procesadas o el papel cuché empleados pesan poco y aceptan múltiples combinaciones. En las tiendas puedes encontrar, por ejemplo, cortinas plisadas de doble tejido, que presentan una cara translúcida que permite el paso de mucha luz y otra cara opaca que oscurece. La "cara diurna" da luz y con la "cara nocturna" podrás dormir tranquilamente.

Si te decides por vestir así tus ventanas, debes saber que son fáciles de limpiar. Los tejidos delicados pueden limpiarse con un trapo, un paño húmedo o, con cuidado, con el aspirador. Hay modelos que se pueden lavar a 30 °C sin dañar los pliegues.

Sistemas de fijación

Los sistemas de montaje son tan variopintos como las diversas formas que hay para vestir una ventana. Con un poco de habilidad y unas herramientas básicas podrás montar cualquiera de las variantes.

» **Visillos y cortinas:** Aquí todo dependerá del peso del tejido. Para cortinas y visillos ligeros te servirá un cable de acero que se tensa de pared a pared o bien, si hay más espacio, delante de la ventana. Los soportes se anclan en la pared con unos tacos y, a continuación, se coloca y tensa el cable a través de los corchetes. Luego se coloca la cortina o el visillo con anillas u ojales. Para los tejidos gruesos y pesados lo recomendable es una barra que puede soportar el tejido sin combarse. También se ancla en la pared con tacos y tornillos. Luego el tejido se cuelga de unas anillas o de las trabillas que ya tiene cosidas.

CONSEJO

Si quieres que las cortinas cubran una esquina, utiliza rieles en lugar de una barra de cortinas. Se pueden atornillar en el techo o la pared. Las cortinas se cuelgan en unos ganchos deslizantes que primero se hacen pasar por los corchetes de la cinta para cortinas y luego por el riel.

» **Paneles japoneses:** Para ellos también necesitarás unos rieles similares a los de las cortinas. El sistema correspondiente lo encontrarás en la tienda donde adquieras los paneles. Los rieles se montan directamente en el techo y los encontrarás de diferentes anchuras. Puedes poner hasta cinco paneles en las vías del riel. Los paneles llegan hasta el suelo y, en la parte inferior, están reforzados por un contrapeso, que contribuye a que siempre permanezcan estirados y firmes. Los paneles se introducen en los rieles mediante unos soportes deslizantes y se desplazan hasta la posición deseada mediante un cordón o varilla.

» **Estores y persianas de lamas:** Para los estores y las persianas de lamas existen varios sistemas de fijación. Pueden anclarse en el techo o en la pared. En estos casos, necesitarás tacos y tornillos para asegurar el anclaje. Otra variante es el montaje directamente en las ventanas o puertas. El material que requieras dependerá del tipo de ventana o puerta. Algunos sistemas permiten la instalación en el marco sin necesidad de taladrar gracias al sistema Klemmfix.

CONSEJO

Pregunta a tu casero antes de instalar una persiana de lamas o un estor en la ventana. Quizá no le guste la idea de que le taladres la ventana. Por ello, es mejor que hables antes con él para saber cuáles son tus posibilidades.

INFORMACIÓN TÉCNICA

Para la instalación de una persiana de lamas deberías recurrir a un especialista, sobre todo si la controlarás de forma eléctrica, y así te asegurarás de que luego todo funcione. Si algo fallara, estaría en garantía y tendrías derecho a que te dieran una solución. La instalación de una persiana de lamas en el interior de la ventana tampoco es sencilla y es mejor que un profesional se encargue de ello.

» **Cortinas plisadas:** Una cortina plisada tiene que encajar al milímetro, pues de lo contrario no cumplirá con su función. Si no encaja con el marco, no oscurecerá del todo la habitación y, según las circunstancias, tampoco evitará los reflejos del sol. Además, el resultado no sería estético. Al fijarla, puedes elegir entre varias posibilidades. Los soportes se fijan taladrando el marco, se pegan sobre él o se instalan con regletas de bornes.

Cómo impedir el paso a los mosquitos

Si bien los insectos son de utilidad en la naturaleza, en casa molestan. Especialmente desagradables son los mosquitos, que por las noches revolotean por el dormitorio en busca de un poco de sangre y nos roban el sueño con su zumbido. Si quieres dormir tranquilo, una mosquitera es la solución. Estos chupasangres no llegarán a entrar en la habitación y tú podrás pasar una noche tranquila pese a tener la ventana abierta y la luz encendida. Estos son los sistemas de los que dispones para instalarlas:

- **Velcro:** Esta variante sencilla y económica se coloca muy rápido, pero no aguanta eternamente. Tras limpiar el marco de la ventana, pega el velcro y a continuación la malla, que previamente habrás recortado a medida. Según lo bien que hagas tu trabajo, los mosquitos encontrarán o no una esquina por la que colarse. Si la ventana se orienta hacia el viento, con el tiempo podría soltarse el revestimiento y ser permeable.
- **Estor:** Las mosquiteras enrollables se instalan en el intradós de las puertas de las terrazas; en las ventanas, se colocan en la pared, en el intradós o entre los marcos. Un estor es más estable que una malla mosquitera sin marco y, si lo cuidas, durará mucho tiempo. Si lo encargas a medida se adaptará al marco y no permitirá el paso de ningún insecto.
- **Mosquitera con bastidor:** Con esta variante la mosquitera se fija en un marco que se ajusta a la ventana y se ancla con escuadras. Puedes encargar los marcos en tu tienda especializada o, si eres mañoso con el bricolaje, hacerlos tú mismo. Estas mosquiteras tienen la ventaja de que las puedes retirar en invierno y así no están expuestas a las inclemencias del tiempo. Cuando vuelva a haber insectos en primavera, podrás poner la mosquitera en un momento.
- **Mosquitera abatible:** No se ponen en ventanas, sino en las puertas de terrazas y balcones. Su instalación es similar a la de la mosquitera con bastidor, pero las abatibles se fijan en el marco de la puerta de manera que puedan abrirse. Una mosquitera abatible tiene bisagras y funciona como una puerta tras la puerta. Si quieres que entre aire fresco en casa, puedes dejar abierta la puerta de la terraza y la mosquitera impedirá el paso a los mosquitos.

INFORMACIÓN TÉCNICA

Los alérgicos pueden equipar tanto las mosquiteras con bastidor como las abatibles con un tejido grueso antipolen, que retiene hasta el 80 % de todos los tipos de polen y filtra las partículas de polvo del aire. Por allí donde no penetra ni el polen, los insectos no tienen nada que hacer.

EN ESTE CAPÍTULO

Unidades de medida para la iluminación, luz fría y cálida, y bombillas de bajo consumo

Lámparas para cada finalidad

La iluminación adecuada para cada estancia

Capítulo 6

Hágase la luz: lámparas e iluminación

La luz tiene una influencia decisiva en nuestro bienestar. Por lo general, determina nuestro ritmo diurno y nocturno y hace que nos sintamos despiertos o somnolientos. La falta de luz hace que a uno le cueste más salir de la cama por las mañanas y que suela estar cansado y sin energía durante el día. En este sentido, las lámparas de luz diurna pueden ser tan útiles como un paseo al aire libre. La luz genera distintos ambientes; puedes inundar una habitación de luz brillante o borrar sus contornos con una iluminación tenue. Con la luz adecuada transformarás tu casa en un hogar acogedor. La luz también proporciona sensación de seguridad y facilita la orientación. Un sótano bien iluminado dejará de asustar y una lamparilla de noche en la habitación de los niños espantará a monstruos y fantasmas.

Tenemos luz y lámparas en todas las habitaciones de nuestra casa y nos resulta tan natural tenerlas en nuestra vida como una nevera o el teléfono. Y el caso es que no hace tanto tiempo que las casas particulares tienen iluminación eléctrica. Hasta el siglo XIX, velas, antorchas y lámparas de aceite eran las únicas fuentes de luz dentro de las casas. A principios del siglo XIX comenzó a usarse en Europa el alumbrado de gas para la iluminación pública. Pasarían años antes de que el gas llegara a los hogares para cocinar, calentar e iluminar las estancias. Por aquel entonces se impuso la electricidad en la calle. Las farolas fueron iluminándose por medio de la electricidad, pero aún hoy día existe alguna ciudad europea, como Berlín, donde todavía se encienden unas 30.000 farolas con gas.

Los hogares siguieron la tendencia de la electrificación. Cuando empezó la Segunda Guerra Mundial, cerca de la mitad de los hogares de la ciudad estaban conectados a la red eléctrica. La cifra de los aparatos eléctricos y de los consumidores de electricidad creció de manera tan inesperada como su consumo. A raíz de la crisis del petróleo de 1973, comenzó a hablarse del ahorro energético y la situación no ha cambiado desde entonces. Para muchos, el consumo de los electrodomésticos es un criterio a la hora de decidirse por uno u otro y lo mismo sucede con las lámparas y su huella energética.

La unidad de la luz

Antes, la mayoría de los hogares tenían aparatos lumínicos provistos de lámparas incandescentes (o bombillas, como dicen los legos). Las había redondas y en forma de vela con casquillos en dos tamaños y una potencia en vatios de 25, 40, 60, 75 y 100. Dado que estas bombillas solo transformaban un 5 % de la energía en luz y el 95 % restante en calor, en 2009 entró en vigor en la UE una prohibición según la cual esta clase de bombillas debían ir desapareciendo.

La consecuencia fue una ola de indignación y la compra cautelar de lámparas incandescentes por parte de los consumidores. El motivo era la luz fría y, para muchos, desagradable que emitían las nuevas lámparas de bajo consumo. Además había que añadir que parecía que había que esperar una eternidad hasta que las lámparas cobraban vida después de encenderlas. Los ánimos se han calmado desde entonces, debido sobre todo a que ahora hay una oferta más amplia de bombillas y es posible tener luz "cálida". Hay que familiarizarse con los datos que figuran en los envoltorios, porque los vatios han pasado a la historia. ¿Qué ocultan los nombres de las bombillas y qué significan vatio, lux y lumen? A continuación, te ofrezco un breve resumen:

Vatio

Antes, en las bombillas solo se indicaba una medida: el vatio. Abreviado como W, debe su nombre al inventor escocés James Watt (1736-1919) e indicaba el flujo radiante de la bombilla a partir del consumo eléctrico. Si se indicaban muchos vatios, la bombilla consumía mucha corriente e iluminaba con luz clara. Las bombillas con una potencia de vatios baja proporcionaban una luz débil, pero consumían menos.

Lumen

El lumen (lm) permite determinar con exactitud el flujo luminoso de la lámpara. Indica la luminosidad de la lámpara eléctrica, en este caso, la luz que emite. Cuanto mayor es la cantidad de lúmenes, más clara es la luz de la bombilla. Para garantizar que el consumidor se oriente mejor, pero también porque en muchas cabezas todavía revolotea la idea de los vatios, en los envases suelen figurar ambos datos. Una bombilla de bajo consumo con 470 lúmenes equivale, por lo que se refiere a su luminosidad, a una de las antiguas bombillas de 40 vatios.

INFORMACIÓN TÉCNICA

La candela (cd) describe el flujo luminoso que emite una fuente de luz. Una bombilla no emite su luz de manera uniforme en todas las direcciones. Por eso, con la unidad básica candela, se puede definir la intensidad luminosa que se radia en una dirección concreta. La fórmula para realizar el cálculo es: la intensidad luminosa candela equivale al flujo luminoso lumen partido por el ángulo sólido.

Lux

Al contrario que el lumen y la candela, el lux (lx) no define cuánta luz se radia desde una fuente, sino cuánta llega a una superficie. Un factor decisivo para medir la emisión luminosa es la distancia que hay entre la fuente de luz y el objeto iluminado. Además se tiene en cuenta el ángulo con el que la luz cae sobre la superficie. Una lámpara de techo detrás del escritorio probablemente aporte menos lux que una lámpara de escritorio.

Kelvin

La temperatura de color, es decir, el color de la luz de una bombilla se indica en kelvin (K). Algunas bombillas emiten una luz muy fría y azul, mientras otras emiten luz cálida y rojiza. Existen más tonos. Las bombillas de luz blanca cálida, cuya luz se considera muy agradable, tienen unos 2.800 k; la luz blanca neutra como la de los fluorescentes tiene unos 4.000 k; y la luz blanca diurna presenta un color de más de 5.000 k.

INFORMACIÓN TÉCNICA

Otra indicación que puedes encontrar en las lámparas eléctricas es el índice de reproducción cromática (IRC), que define cómo la luz refleja los colores. En función de la lámpara eléctrica que se use, los colores pueden parecer muy distintos. ¿La camiseta que te has llevado al probador es azul o negra? Una lámpara con un índice de reproducción cromática de 100 no se aleja de la realidad. Todos los colores sobre los que se proyecta se muestran al natural. Cuanto menor es el valor IRC, más se distancia el color bajo la bombilla de su color natural. En ese caso puede pasarte que te compres una camiseta cuyo color en el probador parecía distinto del que tiene en casa.

Del filamento al diodo

En el comercio puedes adquirir distintos tipos de bombillas. Mientras que la bombilla incandescente va desapareciendo poco a poco de los hogares, el diodo emisor de luz (led) se está convirtiendo en la nueva estrella en el universo de las bombillas. No es una sorpresa, pues proporciona luz cálida y apenas consume. A continuación te explicaré brevemente cómo funcionan las distintas clases de lámparas eléctricas y las ventajas que presentan.

Lámpara incandescente (bombilla)

Es el dinosaurio de las bombillas y se está extinguiendo. Apenas ha cambiado sus componentes básicos desde que se inventó en la primera mitad del siglo XIX. Junto con el casquillo, tiene una ampolla de vidrio en cuyo interior hay un filamento sujeto a unos alambres. Estos están conectados a los contactos eléctricos de la bombilla y, si pasa la corriente, el filamento se calienta hasta la incandescencia y la bombilla se ilumina. Esta forma de generar luz es muy ineficiente, ya que se genera más calor que luz. Pero si en tu casa falla la calefacción y aún tienes alguna bombilla incandescente, puedes calentarte con su luz.

Lámpara halógena

Durante un tiempo se consideraron como alternativa a las lámparas incandescentes, pero su eficiencia energética no es mucho mejor.

Tienen un funcionamiento similar al de las desprestigiadas lámparas incandescentes. También llevan un casquillo, una ampolla de vidrio y el halógeno. Sin embargo, ni siquiera su larga duración ha logrado librar a las halógenas de la normativa de la UE. En 2018 se prohibieron las bombillas de eficiencia energética C y esto afecta a la mayoría de las halógenas.

Sin embargo, estos pequeños reflectores compactos son populares pese a su mal balance energético. Al encenderlas, te brindan de inmediato toda su luminosidad y apenas ocupan espacio.

ADVERTENCIA

Las halógenas generan mucho calor, por lo que no debes colocarlas cerca de materiales inflamables ni tocar sus casquillos antes de que se enfríen por completo.

Fluorescentes y bombillas de bajo consumo

Al igual que las bombillas de bajo consumo, los fluorescentes, también llamados tubos de neón, requieren poca energía y tienen una vida muy larga. El funcionamiento es igual en ambas clases de bombillas. El tubo de vidrio contiene gases, entre ellos vapor de mercurio. Si se excita el gas en el tubo, emite luz ultravioleta (luz UV, luz negra). Esta luz es invisible a los ojos del ser humano y por eso los fabricantes ponen en práctica un truco: en el interior del tubo se instala un fino recubrimiento fosforescente, que transforma la luz negra en luz visible.

Los fluorescentes son adecuados para las zonas que deban estar muy bien iluminadas. Antes se veían sobre todo en sótanos, en salas de ocio o en muebles de cocina para iluminar las encimeras. Puedes poner bombillas de bajo consumo en cualquier parte donde la luz esté encendida durante largos periodos, como en la puerta de entrada de la casa. Para el recibidor o el baño, donde la luz no se enciende más que un momento, deberías recurrir a otra clase de bombillas, ya que estas tardan un rato en alcanzar su plena luminosidad. Y para entonces quizá estés ya en otra habitación.

ADVERTENCIA

Tanto los fluorescentes como las bombillas de bajo consumo contienen mercurio tóxico. Si se rompe una bombilla en casa, ventila la habitación. Usa guantes de goma para coger el material y actúa con cuidado. Mete todas las piezas en un contenedor hermético y tira ambas cosas en un punto limpio. Las bombillas de bajo consumo son residuos tóxicos y no las puedes tirar en el cubo de la basura.

Lámpara led

La sigla LED significa "Light-Emitting Diode" y en español hablamos de un diodo emisor de luz. Aquí no hay filamentos que generen luz ni gas; en su lugar, se estimula un cristal diminuto mediante electricidad para que genere luz. La luz led goza de una clara ventaja respecto a las bombillas mencionadas hasta ahora. No solo dura más y consume menos, sino que también respeta el medio ambiente, proporciona una luz muy agradable y, dado su reducido tamaño, puede utilizarse de muchas maneras.

La iluminación adecuada para cada estancia

En una sala de juegos no pasa nada si el fluorescente ilumina cada rincón. Pero eso no lo querremos si hablamos del salón o del dormitorio. Con la iluminación debería hacerse lo mismo que con las habitaciones de la casa: elegir cada elemento según la función que vaya a desempeñar. No se trata de que reúnas en tu casa la mayor variedad posible de bombillas y lámparas, sino de que satisfagas tus exigencias a la hora de crear ambientes acogedores, ergonómicos y prácticos.

Diez consejos para una buena iluminación

1. **Más de una.** La habitación será más acogedora si la luz proviene de diferentes puntos. Una única lámpara de techo, por luminosa que sea, no crea un ambiente acogedor. Coloca varias lámparas en la habitación y, como en el escenario de un teatro, destaca alguna zona.
2. **Luz indirecta.** La luz indirecta suaviza el ambiente, no genera sombras ni deslumbra.
3. **Atenuar la luz.** Lo ideal es regular la intensidad de la luz para adaptarla a tus necesidades en todo momento. Si, por ejemplo, utilizas la mesa de comedor como mesa de juegos, necesitarás más luz que para disfrutar de la cena con unos amigos.
4. **Punto por punto.** La luz directa destaca una zona concreta de la estancia. Puede tratarse de un mueble especialmente bonito

o de un cuadro en la pared. Estos matices de luz crean ambientes más vivos.

5. **Orientar la iluminación.** Es necesaria allí donde trabajes o leas: en el escritorio o en el rincón de lectura. Las lámparas flexibles y orientables son idóneas para ello.
6. **La altura marca la diferencia.** A menudo las lámparas se cuelgan a demasiada altura y deslumbran o no proporcionan una luz agradable. Cuando hablamos de una lámpara para la mesa del comedor, lo recomendable es colgarla a una distancia de 55 centímetros sobre la mesa. Lo ideal son las lámparas de altura regulable.
7. **Iluminar desde abajo.** Normalmente, las lámparas cuelgan de arriba abajo y la luz también sigue ese camino. Pero a veces las habitaciones causan una mejor sensación si se iluminan desde abajo. Si colocas, por ejemplo, una tira de luz casi a la altura del suelo de un recibidor o de un pasillo estrecho y oscuro, lucirán más.
8. **Valores intrínsecos.** Mejora la vida del interior de tus armarios y estanterías con unos focos o lámparas para muebles y se convertirán en una verdadera atracción.
9. **Objetos decorativos luminosos.** Soy muy válidos. El osito luminoso que hay en las escaleras no es especialmente útil para que estas sean más seguras, pero te gusta. Los objetos decorativos luminosos aportan a tu hogar un carácter muy personal.
10. **Velas en lugar de lámparas.** Ni siquiera la luz artificial más acogedora puede competir con unas velas. Recurre con más frecuencia a una cerilla que al regulador de la luz.

Una lámpara para cada fin

En las tiendas de iluminación y de decoración encontrarás una gran variedad de lámparas, por lo que cuesta decidirse. Además, no solo te ha de gustar la lámpara, sino que debe adecuarse a la zona en la que estás pensando. Ponerse a picar verdura de pie a la luz de una lámpara puede ser complicado y la lámpara de pie con luz indirecta orientada hacia el techo ilumina demasiado como para dejar dormir a tu pareja mientras lees. A continuación se exponen los tipos de lámparas más usuales y dónde deben usarse:

» **Lámpara de techo colgante:** La lámpara colgante clásica es el globo de papel de arroz que hubo en todos los hogares durante un tiempo. Pero no te limites a ella, porque hay tanta variedad de modelos en cuanto a formas, colores y materiales, así como variantes de uso, que sería una pena no probar alguno más. Con una lámpara colgante puedes presentar zonas concretas de la casa o proporcionar luz a la mesa de comedor. Si las lámparas son pequeñas, pueden colgarse varias; si son grandes, como una araña de cristal, destacan más si solo se cuelga una, pero únicamente si no la cuelgas del único gancho que hay justo en el centro de la estancia. En lugar de eso, cuelga la lámpara donde la necesites, y rara es la vez que ese lugar se encuentra justo en el centro de la habitación.

» **Lámpara de pie:** El pie, el báculo y la pantalla son los componentes de las lámparas de pie. Son fáciles de mover y por eso tienen un uso muy flexible. Una lámpara de pie resaltará en el salón junto al sofá o el sillón. Dado que su luz es muy puntual y se orienta de un modo concreto, pueden utilizarse para trabajar.

» **Lámparas de mesa:** Son el complemento ideal para las lámparas de pie, de techo y colgantes. En este caso, no se trata tanto del uso práctico de su luz, sino de la atmósfera que crean. Las lámparas de mesa generan pequeñas islas de luz que proporcionan profundidad a la estancia y son agradables. Sobre el alféizar de la ventana quedan bien, mejoran la estética del armario de la entrada y destierran las sombras de los rincones de la habitación. Las clásicas lamparitas de noche y las de escritorio proporcionan una luz precisa.

» **Apliques de pared:** Sirven tanto en zonas interiores como exteriores. Al comprarlos, pregunta dónde deben ponerse. Los apliques de exterior tienen que ser resistentes al viento y a las inclemencias del tiempo y soportar tanto el calor como el frío. Al margen de esto, la escasa flexibilidad es una característica común de los apliques de exterior y de los de interior. Una vez colgados en la pared, ahí se quedan. Por eso solo son una opción para quienes no quieren cambiar las cosas de sitio una y otra vez. Los apliques de pared proporcionan luz sobre las superficies de trabajo y los muebles, pero, si proyectan la luz hacia arriba, pueden procurar una luz indirecta y suave, como las lámparas de pie orientadas hacia el techo. Antes de colgar los apliques en la pared, comprueba la altura. Si los vas a ver mientras estés de pie, probablemente debas instalarlos a la altura de tus ojos, en el recibidor o sobre el aparador. Si las vas a ver mientras estás sentado, quedarán mejor un poco más abajo.

Luz para cada estancia

La variedad de estancias y sus funcionalidades requieren distintos tipos de luz. Al fin y al cabo, en el dormitorio no querrás que te inunde una luz de neón y en el estudio no querrás tener que corregir exámenes bajo la escasa luz de una pantalla cubierta de tela. Así dispondrás de una buena luz en cada habitación:

Salón

Un salón admite diversos puntos de luz. Los expertos recomiendan de tres a cinco lámparas en un espacio medio de 20 m^2. Combina lámparas de pie junto al sofá con lámparas de mesa en la ventana y lámparas colgantes sobre las flores. Si tu salón te parece pequeño, ilumina los techos o las paredes con apliques de pared o focos y el efecto óptico la hará parecer una habitación más amplia. Elige bombillas de luz cálida e instala un regulador de intensidad al menos en el foco de luz principal.

Dormitorio

Al dormitorio vamos a descansar y pasar una noche tranquila. Hay pocas personas que puedan hacerlo si la luz es demasiado fuerte. En esta habitación, la mayoría de las personas utilizan, además de la luz principal, lamparitas de noche, que sumergen la zona de la cama en una luz tenue. Con ellas, pueden leer algunas páginas de una novela policíaca mientras su pareja ya está abrazando su almohada.

Si te levantas por la noche, estaría bien que tuvieras suficiente luz para orientarte en la habitación. Enciende la lamparita de noche o instala una luz nocturna cerca del suelo.

Los armarios roperos con iluminación son sofisticados. Una alternativa es instalar unos focos a medio metro del armario. Gracias a esa iluminación, te resultará más sencillo encontrar la ropa que buscas y distinguirás mejor los colores que peguen.

Estudio

Para trabajar bien, necesitas luz clara y blanca. Pero para que no te recuerde el ambiente de las naves industriales, limita este color de luz a la zona del escritorio. Las lámparas de mesa son las mejores para un despacho casero. Sin embargo, deberían tener un brazo flexible y articulado para que puedas orientar la luz donde la necesites. Además, es recomendable una iluminación general de la estancia que proporcione luminosidad si hace falta. Si trabajas mucho por la noche, una iluminación en un estante o sobre un cuadro puede ayudarte para que no se te canse la vista tan rápido.

Habitación infantil

A los niños les gustan las lámparas de colores. Procura que los pequeños nunca entren en contacto con los enchufes y que los cables estén asegurados. Para el escritorio o la mesita de manualidades se puede poner una lámpara de pie o instalar un foco en la pared que pueda orientarse sobre la superficie de trabajo. Junto a la cama también debería haber un punto de luz para ver las imágenes del cuento de buenas noches o para que el niño lea un libro. A los pequeños les fascinan los juegos de luces. Las lámparas que pueden girarse y crear delicadas figuras en la pared como por arte de magia son todo un éxito. Cuando los niños crecen, suelen pedir una luz nocturna, ya que no les gusta que la habitación esté completamente a oscuras.

Cocina

Aunque es muy bonito que, por las noches, una luz suave y cálida inunde la cocina, esto solo pasa cuando el trabajo ya está hecho y te sientas a la mesa con la familia y los amigos. Antes, mientras preparas la comida, lo lógico es que puedas distinguir tus dedos de las zanahorias. Por ello, en la cocina son necesarios dos tipos de lámparas.

Allí donde vayas a trabajar —en la placa, el fregadero o la encimera— necesitarás luz clara que alumbre el interior de las ollas. En la parte inferior de los armarios superiores de la cocina puedes instalar luces debajo que proyectan su claridad hacia abajo, proporcionando una buena iluminación para picar y cocinar. Para la mesa de la cocina, la luz puede ser más acogedora y dispersa. Cuando compres las lámparas, pregunta si son fáciles de limpiar. El mejor extractor no es capaz de eliminar el vapor de grasa y los restos se quedan por todas partes: prescinde de las pantallas de tela o papel.

Baño

Aunque a muchas personas no les gusta mirarse en el espejo por las mañanas, deberías hacerlo igualmente, y para eso necesitas luz. Lo ideal es poner unos focos de luz blanca junto al espejo. Si sueles darte baños y utilizas el lavabo como lugar de relax, pon, además, una lámpara con luz cálida o colorida.

ADVERTENCIA

Los cuartos de baño son estancias húmedas y por eso solo debes usar bombillas especialmente seguras. Las lámparas que pongas cerca del lavabo, la bañera o la ducha deben pertenecer obligatoriamente al grado de protección IPX 4, pues podrías salpicarlas.

Zona de entrada

El recibidor debería ser luminoso y acogedor, así que no instales una luz pobre, sino, por ejemplo, unos focos de techo o una iluminación que, desde el suelo, proyecte la luz hacia arriba. Si tienes espacio, también quedan bien dos apliques iguales a ambos lados de un espejo. Por motivos de seguridad, si tienes escaleras deberían iluminarse los escalones. Dirige un foco desde arriba hacia los escalones o coloca una fina tira de led en los bordes de los escalones y la escalera se convertirá en tu pasarela personal.

ADVERTENCIA

Si tienes un jardín o una terraza que quieras iluminar, necesitas iluminación de exterior. Muchas de las lámparas de exterior funcionan ahora con luz solar, de manera que no hace falta instalar cables. Una lámpara esférica en un macizo de flores añadirá un toque atractivo, unas lámparas de pie flanqueando el camino resultan agradables y una guirnalda luminosa, romántica y alegre.

3

Limpiar y ordenar

EN ESTA PARTE . . .

Aquí hablaremos de limpieza y orden. El concepto de higiene ha cambiado en el transcurso de los últimos siglos.

Encontrarás los productos de limpieza más importantes y cómo manipularlos. Cristal, acero inoxidable, madera o plástico: combatirás la suciedad y limpiarás de forma eficiente.

En esta parte ordenarás tu casa y te desharás del lastre. Clasificarás, organizarás y serás capaz de mantenerlo así sin mucho esfuerzo gracias a algunos consejos.

EN ESTE CAPÍTULO

- ¿Cuánta higiene es necesaria?
- Librarse de los parásitos, los gérmenes y el moho
- Aire fresco para combatir los agentes patógenos

Capítulo 7
Unas palabras sobre la higiene

El concepto de limpieza cambia según a quién le preguntes. Mientras que hay a quien una capa de polvo sobre los muebles le parece agradable, otros no pueden soportar ni la más diminuta miga. Lo mismo ocurre con la higiene corporal. Los hay que tienen que ducharse cada mañana y ponerse ropa recién lavada, mientras que otros están tan a gusto si no se lavan el pelo o no se cambian de camiseta más que cada dos o tres días. Los niños viven la higiene de una manera muy diferente a la de los adultos y solo en alguna rara ocasión les molestan unas uñas sucias o unas manchas de hierba en los pantalones. Según el DRAE, *limpio* significa que "no tiene mancha o suciedad" y, en este sentido, la interpretación de lo que es *suciedad* puede ser muy amplia.

No es el caso del término *higiene*, pues existen instituciones de referencia —como la Sociedad Española de Medicina Preventiva, Salud Pública e Higiene— y la definición del DRAE es clara: "Parte de la medicina que tiene por objeto la conservación de la salud y la prevención de enfermedades".

En función de esta definición, la higiene es importante para la salud. Pero ¿dónde está la frontera entre la higiene necesaria y la higiene exagerada? Las estanterías de supermercados y droguerías rebosan de toda suerte de productos desinfectantes e higiene, pese a que, con frecuencia, su uso en el hogar no es necesario. Al contrario: tener tu casa libre de gérmenes no es preciso ni conveniente por lo que se refiere a la salud. Un exceso de estos productos impide el desarrollo de un sistema inmunológico sano y puede hacernos enfermar.

La higiene ayer y hoy: vinagre, bicarbonato sódico y ácido cítrico a lo largo del tiempo

En la sombría Edad Media, era normal que la gente hiciera sus necesidades en la calle o que, sin vacilar, echara por la ventana un cubo o un orinal con sus desechos. Los excrementos humanos se mezclaban con los de las gallinas y los cerdos, que vivían entre las casas, en medio de despojos y basura regados por la lluvia. Y esto no solo sucedía entre los sencillos habitantes de las aldeas. La higiene no tenía nada que ver con la clase social y también los nobles hacían lo mismo. Por aquel entonces, no sabían hacerlo mejor.

Entre los siglos XVI y XVIII se tenía la creencia de que en el aire flotaban gases peligrosos que podían penetrar en la piel de las personas y provocarles enfermedades. Así pues, se consideraba que mantener los poros de la piel cubiertos de polvo y sudor era beneficioso para la salud. Tampoco los reyes se lavaban, sino que ocultaban el hedor de su transpiración corporal por medio de perfumes y aceites.

Hasta que no se supo que los agentes patógenos podían transmitirse por contacto con la piel, el concepto de higiene no fue el que conocemos en la actualidad.

Remedios caseros muy conocidos

Junto con los descubrimientos revolucionarios, también ha habido siempre otros desarrollos que se han producido de un modo más discreto. La gente no siempre tenía un médico cerca al que acudir, de manera que una enfermedad que en la actualidad es inocua, podía implicar la muerte en el pasado. No es, pues, de extrañar que se recurriera a determinadas sustancias cuyos efectos positivos iban demostrándose.

INVESTIGADORES RELEVANTES EN EL CAMPO DEL CONTROL DE INFECCIONES

» **Ignaz Semmelweis (1818-1865).** Fue médico auxiliar en una clínica de maternidad en Viena. Descubrió que en el paritorio fallecían más mujeres si eran asistidas por médicos en lugar de por las matronas residentes. Esto se debía a que los médicos, al contrario que las matronas, realizaban autopsias y no lavaban bien el instrumental médico ni sus manos antes de entrar en contacto con las parturientas, así que les transmitían agentes patógenos. Semmelweis obligó a los médicos a lavarse las manos con cloruro de cal y, con esta medida, redujo drásticamente la mortalidad materna.

» **Robert Koch (1843-1910).** En 1872, Koch trabajaba como médico rural cerca de Posen y allí tuvo contacto con la epidemia de carbunco (también conocido como ántrax), que afectaba tanto al ganado como a los ganaderos. Logró demostrar que las bacterias eran las responsables de la epidemia y con ello asentó las bases para el desarrollo de una vacuna. En 1880, Koch regresó a Berlín, donde se convirtió en director del Instituto Prusiano de Enfermedades Infecciosas. Prosiguió con sus investigaciones y descubrió los patógenos de la tuberculosis, el cólera y las heridas infectadas. En 1905 fue galardonado con el Premio Nobel de Medicina y Fisiología por su trabajo sobre la tuberculosis.

» **Louis Pasteur (1822-1895).** Este químico y bacteriólogo francés investigó los procesos de descomposición y fermentación y, a partir de sus observaciones, desarrolló métodos para eliminar microorganismos. Por medio del calor, es decir, a través del proceso de pasteurización, que recibió su nombre gracias a Pasteur, pueden eliminarse los gérmenes y lograr que los alimentos se mantengan más tiempo en buen estado. Pasteur desarrolló además métodos para la desinfección y la esterilización, esenciales para la cirugía, y descubrió las vacunas contra el carbunco y la rabia.

» El **bicarbonato sódico**, también llamado bicarbonato de sodio o bicarbonato de soda, comenzó a usarse a mediados del siglo XIX en la panadería. Pronto se demostraron los múltiples usos que se le podían dar en el hogar: el bicarbonato puede utilizarse como producto de limpieza y para combatir los malos olores, por ejemplo, de unos zapatos o en los desagües. Estos polvos se emplean también como desodorante, neutralizan los ácidos e incluso pueden suavizar el picor de las picaduras de mosquitos. Hoy día, el bicarbonato sódico se aplica, además, en la unidad de urgencias de los hospitales e incluso en terapias contra el cáncer.

- El **ácido cítrico** también es uno de los productos caseros más antiguos que se conocen. Ya los alquimistas lo usaban. No obstante, no se imaginaban que este ácido presente en la naturaleza era tan potente para combatir diferentes tipos de manchas y que, además, sirviera para desinfectar. En los hogares, el ácido cítrico suele emplearse como producto de limpieza para eliminar, por ejemplo, los restos de cal o para hacer conservas.

INFORMACIÓN TÉCNICA

Al contrario de lo que suele pensarse, el ácido cítrico no solo está presente en los limones u otros tipos de frutas, sino también en algunas clases de verduras u hortalizas, como en las patatas, los pimientos o las coles rizadas.

- Otro viejo producto casero conocido es el **ácido acético**. Los babilonios y los egipcios fermentaban el vino para convertirlo en vinagre y los romanos mezclaban el agua con vinagre para aportarle un mejor sabor. El vinagre se utilizaba como condimento, conservante y como bebida refrescante. Hoy día este líquido ácido todavía es apreciado como remedio casero y producto de limpieza. Si utilizas ácido acético, eliminar los restos de cal y las manchas resistentes será un juego de niños.

Parásitos en el hogar

Da igual lo limpio que seas, entre tus cuatro paredes puede haber insectos. Es inevitable. El ácaro del polvo es un compañero de piso del que nunca te librarás. En principio, esto no supone un problema siempre y cuando no seas alérgico a las excreciones de estos diminutos arácnidos. Pero si eres alérgico a los ácaros del polvo, conviene cambiar las sábanas con frecuencia, ventilar a conciencia y recurrir a productos especiales para alérgicos como los espráis antiácaros y las fundas especiales para alérgicos para la ropa de cama y las almohadas.

La lucha contra el polvo y los gérmenes en tu casa es una locura. Al margen de lo mucho que limpies, friegues y desinfectes, no podrás eliminar todo el polvo ni los gérmenes. Cada vez que haces la compra, te llevas nuevos gérmenes a casa y los almacenas junto con los alimentos en la nevera o en la despensa. Pero no es motivo para que te entre un ataque de pánico, ya que la mayoría de los gérmenes mantienen ocupado a nuestro sistema inmunológico y, por lo general, no pueden dañar a una persona sana. Tampoco hay por qué volver la vista muerto del asco ante una mancha de moho. Al fin y al cabo, el moho noble es el responsable de convertir algunos tipos de queso en lo que son: una exquisitez.

Así que lo importante es diferenciar los parásitos de las simples molestias, eliminar las esporas del moho y los gérmenes peligrosos y procurar que no haya exceso de otras clases inofensivas. Como tantas otras veces en la vida, en la higiene también hay que recordar aquello de "la dosis hace al veneno".

Medidas básicas contra los parásitos de los alimentos

Los parásitos más frecuentes en los hogares son los de los alimentos. Entre ellos, destacan distintos tipos de polillas y escarabajos. Estos personajillos siempre conocen la manera de entrar en tu casa. Eso sí, solo se quedan si encuentran unas condiciones óptimas y suficiente alimento. Por lógica, es más probable que suceda en una cocina desordenada. Donde haya copos de avena tirados por un armario, paquetes de harina y azúcar abiertos entre otros envases empezados y alrededor de la vajilla, el escarabajo de la patata y sus amigos se sentirán en la gloria. ¡No se lo pongas fácil!

- » Limpia los armarios y los estantes con regularidad (en el capítulo 10 se habla con detalle sobre los ciclos de limpieza y la limpieza en profundidad de la cocina).
- » No almacenes alimentos innecesarios.
- » Consume primero los alimentos que compraste antes.
- » Conserva los alimentos en un lugar frío y seco. Los recipientes herméticos de cristal, cerámica o los de metal son adecuados para conservar alimentos. Las bolsas de papel o el film transparente, no (en el capítulo 20 encontrarás consejos sobre la conservación de los alimentos).

- Controla periódicamente que, en tu cocina, no haya alimentos roídos, restos de mudas y telarañas.

ADVERTENCIA

Antes de guardar los envases recién comprados, comprueba que no tengan esquinas o cantos roídos. Muchos parásitos de los alimentos entran en el hogar con la compra y esto no significa que haya una mala higiene en tu casa. Por eso, es mejor que, en el supermercado, revises que los envases de pasta, cereales y otros productos estén intactos. El más mínimo desperfecto y el agujero más diminuto son suficientes para permitir el acceso de los parásitos a su fuente de alimento.

Los parásitos de los alimentos más frecuentes

- **Escarabajo de la patata.** El escarabajo de la patata es omnívoro y lo mismo le da mordisquear productos de panadería o bollería que pastillas de caldo, chocolate o comida para animales. Carcome los envoltorios de papel o cartón. En los productos dañados suelen verse pequeños agujeros del tamaño de la cabeza de un alfiler. Por estas aberturas, sus larvas abandonan el nido.
- **Polilla bandeada, también llamada polilla de los frutos secos.** Las orugas de la polilla de los frutos secos se alimentan, como dice su nombre, de frutos secos. También les encantan los cereales, las nueces, las legumbres, el chocolate, el cacao, el café, el té y la pasta.
- **Polilla de la harina.** Las orugas de la polilla comen todo tipo de harinas. Se hallan tanto en cereales como en productos procesados, como la pasta. Tampoco le hacen ascos a la verdura.
- **Mosca de la fruta o del vinagre.** Estos insectos son muy molestos. Aparecen de repente y, si no se lo impides, se reproducen a una velocidad vertiginosa . Revolotean alrededor de la fruta y la verdura madura, pero también les gustan el vinagre y el vino. La fruta que infestan se pudre con rapidez y las bebidas fermentan antes de tiempo.

CONSEJO

Priva a las moscas de su base alimentaria guardando la fruta y la verdura en la nevera o cubriéndolas con plástico. En verano, vacía el cubo de la basura orgánica a diario. Si esto no sirve, en los comercios encontrarás unas bandas adhesivas que te ayudarán a librarte de estos bichos.

Eliminar polillas y gorgojos del pan

Las plagas de polillas se reconocen por unos finos capullos parecidos a las telarañas. En el armario verás estuches pupales y restos de excrementos, y después de transformarse en crisálidas, las orugas reptan por paredes y techos.

Si en tu hogar han anidado polillas o gorgojos del pan:

1. Aspira estos animalitos y vacía la bolsa del aspirador. Tira los alimentos afectados a la basura y sácala fuera de casa.
2. Vacía armarios y estantes y comprueba que los alimentos no estén afectados; limpia los armarios con vinagre de limpieza. ¡No te olvides de frotar bien!
3. Coloca hojas de laurel en los armarios, pues te ayudarán a combatir las polillas de los alimentos.

CONSEJO

Puedes controlar la plaga con trampas de feromonas que puedes comprar en las droguerías. Mientras caigan polillas en la trampa, sigue controlando tus alimentos para tener tiempo de reacción.

Menos es más: tratar con las bacterias en el hogar

Las bacterias forman parte de los llamados microorganismos. Se componen de una única célula y son los seres vivos más pequeños. Pero no por ello son una monada... En su lugar, casi todo el mundo las relaciona con alguna enfermedad. Y no sin motivo, pues muchos gérmenes son de naturaleza bacteriana, responsables de graves enfermedades. Sin embargo, las bacterias son mejores de lo que su fama hace pensar. Algunas de ellas, por ejemplo, viven en nuestra piel, en nuestra boca y en nuestro intestino. Y eso es bueno, porque nos aseguran nuestra supervivencia. Pero las bacterias no tienen un *lobby* que las defienda.

"¿Bacterias? Eso no puede traer nada bueno", piensan muchas personas y enseguida recurren a lociones o espráis antibacterianos. ¿También tú? ¡Deja de hacerlo! Los estudios demuestran que todos estos productos solo sirven para gastar dinero y no son más útiles que el agua y el jabón. Al contrario: si te lavas las manos con una loción especial y luego te las vuelves a aclarar, puede que las bacterias sobrevivan y se acostumbren a esa sustancia. Incluso, aunque la dosis y el tiempo de actuación fueran los correctos la siguiente vez, el preparado quizá ya no les hiciera nada. Igual que en el caso de los llamados gérmenes hospitalarios, las bacterias terminan por desarrollar resistencias contra los productos de uso frecuente.

CONSEJO

Es mejor que te acostumbres a lavarte bien las manos con agua y jabón al salir del trabajo, tras hacer la compra o cuando acabes de viajar en autobús. Del mismo modo, limpiar las encimeras después de usarlas con un producto de limpieza suave es más que suficiente. En el capítulo 8 se explican los tipos de detergentes que debes usar.

Hay excepciones: si en tu familia hay alguien enfermo, es decir, alguien cuyo sistema inmunológico esté débil, desinfectarse es más que razonable. Lo mismo sucede con algunos gérmenes persistentes y de fácil transmisión, como los norovirus. En estos casos, tu médico te recomendará o recetará un preparado adecuado.

En los hogares, los gérmenes se encuentran sobre todo allí donde constantemente ponemos las manos: tiradores, interruptores, mandos a distancia, el teléfono... Si los limpias regularmente, no tendría por qué pasarte nada. También se acumulan numerosas bacterias en la nevera. Limpia en profundidad los restos que se acumulen para impedir que se multipliquen las bacterias. En el capítulo 10 te enterarás de cómo debes limpiar tu nevera. Procura no guardar el embutido, la carne y el queso abiertos o en su envase original. Es mejor que los pongas en un recipiente individual con cierre. Y si metes la carne a descongelar en el interior de la nevera, aplica esta regla: ¡fuente debajo y tapa encima!

CONSEJO

Al cocinar carne, sobre todo de ave —que suele ser una gran fuente de gérmenes— es aconsejabla que asignes un cuchillo y una tabla de cortar. También es adecuado que laves la lechuga o la verdura y que limpies el fregadero a conciencia en cuanto entre en contacto con la carne.

Moho en casa: ¿qué hago?

El moho crece a temperaturas de entre 20 y 25 °C y es fácil que pase de unos alimentos a otros. Por suerte, es sencillo de eliminar de determinados objetos, como de una cazuela o de una fuente. Solo necesitas un paño húmedo y un poco de detergente. El insecticida lo puedes dejar de lado.

¿El pan presenta una pelusilla verde? A la basura con él, pues el moho se extiende de modo invisible en muchos alimentos. Por eso no es recomendable retirar solo las partes afectadas y comerse el resto.

ADVERTENCIA

Por supuesto, es estupendo que no quieras tirar alimentos comestibles a la basura. Pero lo que está recubierto por moho no es solo que no sea comestible, sino que supone un riesgo para tu salud. Una intoxicación causada por la ingesta de un alimento con moho puede provocar malestar y vómitos, ¡pero si consumes una gran cantidad o, si tu sistema inmunológico está debilitado, podría ser mortal!

Por lo que se refiere a los productos con un contenido bajo en agua o alto en azúcar, la cosa cambia. Aquí sí puedes aprovechar el resto una vez retiradas las partes afectadas. El queso de pasta dura es un ejemplo. Lo mismo sucede con la cecina o la mermelada muy sólida y con alto contenido de azúcar.

Ventilar, ¡pero bien!

Después de que en el siglo XVIII médicos y expertos higienistas se dedicaran a estudiar cómo surgían los malos olores, un siglo más tarde el foco de atención se centraba en cómo evitar y eliminar el hedor. Alain Corbin, en su obra *Le Miasme et la Jonquille. L'odorat et l'imaginaire social XVIII-XIX siècle*, escribió:

> Rastrear el aire viciado y los olores atrapados en las estancias de una casa es un asunto de higiene. Los autores de diversos manuales instan a que se persigan incansablemente los hedores estancados y ocultos por los rincones de las casas.

Las alcobas no eran el único centro de interés; también las escaleras de los edificios y sus entradas fueron examinadas para estudiar sus corrientes de aire. Se condenaba cualquier elemento que impidiera una buena circulación de aire: las camas en huecos, demasiadas personas en una habitación minúscula e incluso los edredones. Y seguía:

> No existe un medio más cierto para acortar el hilo de vida de un ser que, desde el primer momento, [...] ponerlo a dormir durante un año sepultado entre plumas y calentadores.

Muchas de las recomendaciones que se basaban en estos estudios no eran demasiado factibles. Así, a una familia de obreros que viviera en la ciudad rara vez podía ofrecer un dormitorio propio a cada uno. En el campo, la idea de edificar el establo y el estercolero lo más lejos posible de la casa para que todos pudieran respirar aire fresco no sería bien recibida. Esto no debe restar importancia al trabajo de los higienistas, pues intentaban sensibilizar a la población del daño que podían causar determinados olores y vapores, por lo que trataron de establecer normas y reglas para tener una vida más sana.

Visto así, por aquel entonces ya se hablaba de ventilar, y aunque hoy en día se sobreentiende que la casa hay que ventilarla, se siguen cometiendo errores. Si no, no se comprende que en países como Alemania, por ejemplo, las asociaciones de inquilinos y propietarios publiquen constantemente artículos en torno a este tema. En dicho país existen incluso indicaciones oficiales al respecto. ¿Cómo hay que ventilar?

- Es mejor ventilar una vez con la ventana bien abierta que hacerlo de forma constante con una ventana entornada. En este último caso, el intercambio del aire no es tan bueno y si la calefacción está encendida, malgastarás energía.
- Al levantarte, ventila el dormitorio durante 30 minutos con la ventana abierta. Durante ese tiempo, retira los edredones para que le llegue aire al colchón.
- También hay que ventilar los dormitorios antes de irse a la cama o dejar la ventana entornada durante la noche. ¡Pero apaga la calefacción!
- En la cocina, usa el extractor mientras cocinas. Esos olores y vapores tan molestos se irán de inmediato. También puedes cocinar con la ventana abierta.
- Tras una ducha generosa, en el cuarto de baño se queda mucha humedad que debes reducir de inmediato para que el moho no llegue a formarse. Elimina toda el agua que puedas de los azulejos y la mampara con una rasqueta o un paño.
- Si tienes una cortina en la bañera, ábrela bien después de

ducharte para que se seque pronto. Si tienes una ventana en el baño, ábrela de par en par y ventílalo todo bien.

- En los cuartos de baño sin ventana, si es posible, enciende la ventilación mientras te duchas. Si no hay, no te queda más que eliminar la humedad dejando abierta la puerta del baño y ventilando el resto de las habitaciones.

ADVERTENCIA

Si puedes, en verano evita ventilar las habitaciones del sótano durante el día. Como las paredes del sótano suelen estar más frías que el aire que entra, este suele convertirse en agua condensada. Ventila al anochecer, cuando la diferencia de temperatura no es tan grande. En invierno, ventila el sótano cuando quieras.

EN ESTE CAPÍTULO

Limpiar y cuidar del medio ambiente a la vez

Composición de los productos de limpieza para baños

La elección del producto de limpieza adecuado

Capítulo 8
Productos de limpieza: función y resultados

La variedad de productos de limpieza para uso doméstico es enorme. En los supermercados hay al menos un pasillo reservado para ellos. Encontrarás productos de limpieza para baños y cristales y limpiadores multiuso, detergentes para la vajilla y para las cañerías atascadas y productos para combatir la cal y las manchas. En los hogares suele haber gran parte de estos productos ofertados en los comercios. No es de extrañar, si tenemos en cuenta las promesas de los anuncios publicitarios: ventanas relucientes, cazuelas y hornos limpios sin frotar... Parece que limpiar con estos productos sea un juego de niños y que no cueste esfuerzo. Pero la cosa va más allá: muchos productos de limpieza anuncian, además, que cuidan de nuestra piel, son respetuosos con el medio ambiente y proporcionan un fresco aroma a los hogares.

¿Qué hay de cierto en estas promesas de los fabricantes y qué podemos hacer para no perder la visión de conjunto ante tal cantidad de productos? ¿Cuáles son necesarios y de cuáles podemos prescindir?

Compromiso con el medio ambiente: leer las etiquetas

Cada vez son más quienes apuestan por los productos bio y valoran el respeto al medio ambiente. Esta tendencia también se refleja en los productos de limpieza. Si antes apenas existían productos de limpieza con la etiqueta "bio" u otros cuyos componentes fueran respetuosos con el medioambiente, hoy día encontrarás en los estantes un producto bio para cada cosa. Pero ¿son mejores que los convencionales? No necesariamente, pues los reglamentos europeos establecen y garantizan qué componentes pueden contener los jabones, los detergentes y los productos de limpieza en general. Así, se dispone que solo podrán comercializarse aquellos detergentes y productos de limpieza cuyo uso no cause cualquier tipo de perjuicio al medio ambiente, en especial a la calidad de las aguas y los ecosistemas, así como al abastecimiento de agua potable y el funcionamiento de las plantas de tratamiento de aguas residuales. Solo pueden comercializarse los detergentes y productos de limpieza cuyo uso no sea nocivo para el medio ambiente y la salud de las personas.

Estas leyes también estipulan que los tensioactivos presentes en detergentes y productos de limpieza deben ser biodegradables en, al menos, un 80 %. Asimismo establecen las cantidades máximas de los compuestos fosfatados. Además, los fabricantes están obligados a indicar la composición de sus productos y ponerla a disposición del consumidor, al menos en internet.

RECUERDA

Los componentes no aparecen en el envase por orden alfabético, sino según su proporción dentro del conjunto. Los ingredientes con un mayor porcentaje en el producto figuran al principio y aquellos en una proporción reducida se listan al final, como es el caso de los aromas.

En este sentido, muchos productos con la indicación *ecológico*, *bio* o *tensioactivos degradables* solo cumplen con la normativa legal y no ofrecen un valor añadido en comparación con los productos convencionales. La variedad de etiquetas ecológicas tampoco es siempre de utilidad, ya que algunas no sirven más que para las empresas a nivel interno. Sin embargo, por lo que se refiere a la etiqueta ecológica europea, EU Ecolabel, una flor verde y azul, se aplican normas más estrictas: desde el 12 de julio de 2017 está prohibido el uso de microplásticos en los productos señalados, así como el uso de químicos nocivos para las personas o el medio ambiente.

Los componentes más comunes de los productos de limpieza

Al hacer la compra, echa un vistazo a la etiqueta donde aparece la composición del producto. Por una parte, no todos los productos son apropiados para cualquier fin y, por otra, a veces pueden ser demasiado potentes para lo que necesites o consideres necesario. ¿Tienes que usar, por ejemplo, un producto abrasivo para limpiar el desagüe, o basta con un producto más suave?

ADVERTENCIA

Siempre que puedas, evita los productos de limpieza en cuyas indicaciones conste que se trata de un producto corrosivo o que puede causar irritación y opta por uno menos agresivo. A veces basta con dejarlo actuar más tiempo o con frotar y restregar un poco más para lograr el mismo efecto con un producto más suave.

¿Qué esconden los productos de limpieza? La tabla 8.1 muestra un listado de los componentes más usuales y sus efectos.

TABLA 8.1 **Los componentes más usuales y sus efectos**

Término genérico	Ingredientes	Modo de acción
Ácidos.	Ácido clorhídrico, ácido fosfórico, ácido sulfámico, ácido cítrico, ácido fórmico, ácido acético, ácido láctico.	Eliminan los sedimentos minerales provocados, por ejemplo, por la cal, la orina y el óxido.
Alcoholes.	Etanol, isopropanol, propanol, butanol.	Disuelven los restos de grasa.
Aromas.	Por ejemplo, geraniol, farnesol, citral, eugenol, cumarina.	Ocultan olores desagradables y transmiten la sensación de limpieza y frescor.
Base (química) o álcali.	Hidróxido de potasio, hidróxido de sodio, amoniaco (hidróxido de amonio), metasilicatos y carbonato sódico.	Forman una solución alcalina con el agua. Disuelven grasas, proteínas, pinturas y pegamento.
Biocidas.	Por ejemplo, peróxido de hidrógeno, cloruro de benzalconio, etanol, hipoclorito de sodio.	Actúan contra las bacterias, virus, hongos o esporas de hongos.

TABLA 8.1 CONTINUACIÓN

Término genérico	Ingredientes	Modo de acción
Colorantes.	Por lo general, no se especifican o solo se indica el nombre del producto de un fabricante.	Ofrecen un aspecto atractivo al producto y dan credibilidad al anuncio (por ejemplo, azul para frescor oceánico).
Enzimas.	Amilasas, celulasas, proteasas, lipasas.	Dividen las proteínas y sus componentes y las convierten en disolubles.
Productos abrasivos.	Por ejemplo, harina de cuarzo, polvo de mármol.	Sus finos gránulos disuelven la suciedad incrustada.
Tensioactivos.	Sulfonato de alquilbenceno lineal (LAS), alquil poliglicósidos (APG), cationes cuaternarios, alcoholes grasos etoxilados (FAEO), sulfatos de alcoholes grasos (FAS).	Sustancias emulsionantes que sirven como detergente. Disminuyen la tensión superficial del agua y disuelven la grasa y la suciedad.

ADVERTENCIA

No todos estos componentes tienen la función de limpiar. Los aromas, los colorantes y los conservantes no aligeran el trabajo de limpieza ni consiguen que el baño o la cocina estén más limpios por su presencia en el producto. Si bien muchas personas asocian el olor del vinagre de limpieza a la higiene, en sí es inodoro. Así que no solo puedes prescindir del uso de estos añadidos, sino que deberías hacerlo, en especial si tienes reacciones alérgicas a según qué aromas. Hoy día, en el etiquetado de los productos tienen que figurar por ley y con su nombre los 26 aromas que causan el mayor índice de alergias.

CONSEJO

Si, cuando limpias, quieres proteger el medio ambiente, ten en cuenta las indicaciones sobre la dosis recomendada. En la etiqueta de los productos pone la cantidad que necesitas. ¡Menos es más! Mezclar una cantidad demasiado grande de un producto de limpieza con agua, dejará marcas en el suelo y hará que se ensucie más rápido. Si empleas la dosis adecuada no solo ahorrarás dinero, sino que no tendrás que recurrir a la fregona con tanta frecuencia.

Composición química: ¿ácida, alcalina o neutra?

Los productos de limpieza se diferencian en función de su aplicación —productos para baños o cañerías, por ejemplo— o según su composición química.

INFORMACIÓN TÉCNICA

Para determinar si un producto es ácido, neutro o alcalino, debemos fijarnos en el pH. El pH indica si una solución acuosa es ácida o alcalina. Si el pH está por debajo de 7, es un ácido, mientras que si está por encima de 7, es una solución alcalina. El pH neutro tiene un valor de 7.

- **Agentes de limpieza ácidos.** A esta categoría pertenecen todos los productos a base de ácidos cítricos y acéticos. Se aplican fundamentalmente en el cuarto de baño, ya que son fantásticos para eliminar restos de cal y orina. En la cocina también son de gran utilidad para eliminar la cal del hervidor de agua. El ácido cítrico es menos agresivo que el acético y no tiene un olor tan fuerte.

  CONSEJO

  La grifería es mejor limpiarla con ácidos cítricos suaves, ya que el ácido acético puede dañar el cobre y el latón y provocar unas marcas muy feas.

- **Agentes de limpieza alcalinos.** Las soluciones alcalinas son nocivas para la salud, por lo que debes seguir las indicaciones de uso y las advertencias de cada producto. El olor del amoniaco, por ejemplo, es penetrante y solo debe utilizarse en estancias bien ventiladas. Los productos alcalinos se aplican, por ejemplo, en las cañerías atascadas.
- **Agentes de limpieza neutros.** Los productos de limpieza neutros suelen llamarse también **productos multiusos** y se pueden emplear tanto para suelos de madera o baldosas, como para superficies lisas en la cocina o en el baño. Úsalos sin diluir para eliminar la suciedad reseca o disuélvelos sin miedo en agua para pasar el paño.

ADVERTENCIA

Nunca mezcles distintos productos de limpieza. ¡Podrían producirse vapores peligrosos! Los productos alcalinos y los ácidos jamás deberían entrar en contacto.

Indicaciones para manipular productos de limpieza

- Los productos de limpieza son químicos y, si no se manipulan adecuadamente, pueden ser nocivos para la salud. Por eso, antes de su uso, estudia las indicaciones de uso y las advertencias de seguridad.

- Si puedes, usa guantes de goma cuando utilices estos productos. Lávate las manos y ponte crema después de manipularlos (algunos tienen un gran poder desengrasante).
- Nunca viertas los productos de limpieza en recipientes neutros. Podrías confundir los productos por error.
- Mantén los productos fuera del alcance de los niños. Guárdalos en un estante fuera de su alcance o en un armario bajo llave.
- Consulta de inmediato a tu médico o llama al Servicio de Información Toxicológica en caso de ingerir el producto accidentalmente.

Cinco productos de limpieza que necesitas

De entre la amplia gama de productos que existen necesitas a lo sumo cinco productos de limpieza para el hogar. ¿Tan pocos? Sí, e incluso podrías reducirlos a cuatro añadiendo un único ingrediente. ¿Qué productos son útiles y cómo se emplean?

1. **Limpiador multiusos.** Es polifacético. Puedes usarlo para limpiar los armarios de la cocina y el horno, el lavabo y la bañera o los suelos de madera o las baldosas. Si lo usas regularmente, los grifos brillarán tanto como si emplearas un producto específico para baños. Además, no hay que usar mucha cantidad y es económico.
2. **Líquidos abrasivos.** Por mucho que digan las promesas publicitarias, para limpiar algo que está sucio, hay que "meterle mano". Si tienes que eliminar manchas resistentes, la eficacia de los líquidos abrasivos está más que probada. Los pequeños gránulos de este líquido arrastran la suciedad de la superficie sin dañarla. Pueden limpiarse sin problema el lavabo, el fregadero de acero inoxidable y la placa de cocción. En cambio, será mejor que no lo uses con la vitrocerámica. Si bien los productos específicos para limpiar una placa de estas características también tienen partículas abrasivas, son más pequeñas.

   También puedes encontrar polvos abrasivos. Contienen partículas abrasivas más gruesas que los líquidos abrasivos y por eso solo son adecuados para las superficies resistentes, como la de un lavabo de cerámica.

3. **Detergente lavavajillas.** Los platos grasientos, los vasos con huellas y las marcas de pintalabios, sartenes y cazuelas se limpian en un abrir y cerrar de ojos con un detergente lavavajillas. Para eliminar las incrustaciones resistentes, ablándalas antes o recurre a un estropajo de acero inoxidable. El detergente lavavajillas disuelve la grasa y, supuestamente, algunos incluso protegen la piel. No obstante, usar unos guantes de goma mientras friegas será más eficaz.

CONSEJO

El detergente lavavajillas también sirve para limpiar superficies lisas como la placa vitrocerámica, pero a veces deja marcas. Sécala con un papel de cocina.

4. **Vinagre de limpieza.** Si se usa regularmente en la limpieza del inodoro, disuelve la cal y los restos de orina. Rocía el borde de la taza del váter con el producto y déjalo actuar durante unos 30 minutos. A continuación, frota la taza del inodoro con la escobilla y aclárala. La tapa del inodoro ha de limpiarse con un limpiador multiusos. No hace falta más para que el inodoro esté limpio.

CONSEJO

Prescinde de las pastillas en la cisterna o bajo el borde del inodoro. No aportan nada y cuestan un dinero innecesario.

Una alternativa al vinagre de limpieza pueden ser los productos a base de ácidos cítricos, que son más suaves. Si vives en una zona de agua blanda, este producto bastará para disolver las adherencias.

5. **Limpiacristales.** Forma parte de los productos que no son realmente necesarios, pero que te facilitarán la tarea. Necesitarás un limpiacristales para limpiar ventanas y espejos. También puedes aplicarlo en la limpieza de la placa vitrocerámica. Uno de sus componentes es el alcohol, que disuelve la grasa.

CONSEJO

Si mezclas agua destilada y alcohol de quemar (proporción 3:1) en un pulverizador, puedes preparar tu propio limpiacristales casero. Agita bien la mezcla ¡y listo!

Productos de marca conocida o de marca blanca: ¿qué limpia mejor?

Antes solo podían encontrarse productos de marca blanca en las tiendas de descuento, y en las grandes cadenas se compraban los productos de marca. Actualmente, esto ha cambiado, y las grandes cadenas de supermercados y droguerías ofrecen, junto con los productos de marca, otros de nombres no tan conocidos. Suelen ser productos de marca que se ocultan tras otros nombres o marcas propias fabricadas especialmente para esa cadena con el fin de cubrir el segmento de precios más bajos. Y, al revés, de vez en cuando, las tiendas de descuento ofertan productos de marca. Al margen de las ofertas, el precio de los productos de marca suele ser superior al de sus equivalentes de marca blanca.

¿Por qué los consumidores pagan más de lo necesario? ¿Es que el lavavajillas de la marca blanca (y más económica) limpia peor que el del producto de marca? Naturalmente, esta pregunta también se la plantean los clientes. Se han realizado muchos estudios y cuestionarios que han demostrado que un precio más alto no implica una mejor calidad. Los productos de marca blanca pueden competir con los productos de marca y no se quedan a la zaga en lo relativo a su eficacia. Este es el caso cuando se trata de un producto de la misma línea que el producto de marca.

INFORMACIÓN TÉCNICA

En los estudios de calidad, los productos de marca blanca suelen obtener buenos resultados y, a veces, mejores que los productos de marca. Puedes decantarte por los productos económicos si la eficiencia es tu criterio de compra.

CONSEJO

Compara los precios de los productos de limpieza. Aunque los envases sean, por ejemplo, igual de grandes, no tienen por qué contener la misma cantidad.

Material y producto: ¿cuál usar en cada caso?

En el cuarto de baño predominan los azulejos; en el salón, el parqué; el fregadero es de acero inoxidable; el lavabo, de cerámica; y los aparatos electrónicos suelen ser de plástico. Por eso no pueden emplearse los mismos productos para todas las superficies. Por poner un ejemplo, el líquido abrasivo deja unas marcas muy poco vistosas en el plástico, y el vinagre de limpieza es demasiado corrosivo para las juntas de goma. Es decir, el material que vayas a limpiar determina la elección del producto de limpieza. La tabla 8.2 muestra cuál se adecúa mejor a cada fin.

TABLA 8.2 **Los productos de limpieza según los diversos materiales**

Superficie / material	Producto de limpieza
Acero inoxidable	El fregadero de acero inoxidable ha de limpiarse con un **limpiador multiusos** y, si presenta manchas resistentes, con **líquido abrasivo**. Para eliminar la cal de los hervidores de agua de acero inoxidable, usa los productos antical que encontrarás en el supermercado. No utilices productos de base acética, pues dañará las juntas del aparato.
Baldosas y azulejos	Limpia las baldosas del suelo con un **limpiador multiusos**. Para los restos de jabón y de cal en los azulejos se recomienda un producto con **ácido cítrico**.
Cerámica	Limpia el lavabo y la taza del inodoro de cerámica con un producto suave a base de **ácido cítrico**. Para la cal de los inodoros, **vinagre de limpieza**.
Cristal / vitrocerámica	Las ventanas y los espejos los puedes limpiar con un **limpiacristales** o aplicando **alcohol de quemar** en el agua. La vitrocerámica quedará sin grasa con un **detergente lavavajillas**. Si hay mucha suciedad, retírala antes con una rasqueta para placas vitrocerámicas.
Esmalte	Las bañeras y los platos de ducha suelen estar hechos de este material. El esmalte es resistente a los ácidos y con un producto con **ácido cítrico** volverá a relucir. Las manchas persistentes pueden eliminarse con un **líquido abrasivo**. Para la cocina de fogones también puedes utilizar un **líquido abrasivo** cuando esté muy sucia. Si solo hay un par de salpicaduras de grasa, basta con un detergente lavavajillas o un **limpiador multiusos**.
Madera / laminado	Limpia los suelos de madera y laminado con un paño húmedo y un **limpiador multiusos**. De vez en cuando, cuida y protege el suelo con un producto específico para suelos de madera, y tardarán más en volver a ensuciarse.

TABLA 8.2 CONTINUACIÓN

Superficie / material	Producto de limpieza
Plástico	El teléfono, los interruptores de la luz y el ordenador están hechos principalmente de plástico. Limpia las superficies con un trapo suave y un **producto multiusos** o un **detergente lavavajillas**.
Piedra natural / porcelanato o gres porcelánico / mármol	Las piedras naturales porosas han de limpiarse con un limpiador especial que no dañe la piedra. Presta atención a las indicaciones del fabricante. El mármol, por ejemplo, no es resistente a los productos de limpieza ácidos. En caso de duda, elige un producto neutro.

EN ESTE CAPÍTULO

Capítulo 9

Escoba, aspirador, trapo: el utensilio adecuado

Fregar el suelo sin cubo ni fregona es complicado. Lo mismo sucede si queremos pasar el paño sin bayeta. Para mantener el hogar a raya necesitas, además de los productos de limpieza adecuados, una serie de utensilios que te ayudarán a limpiar las estancias. En los comercios hay un sinfín de productos. En este capítulo verás qué utensilios vas a necesitar con seguridad y cuáles son recomendables para los casos especiales.

Cinco utensilios de limpieza que realmente necesitas

La suciedad puede ser superficial o estar pegada, gruesa o fina. El método de limpieza se determinará según el tipo de suciedad. La suciedad seca se puede barrer. Para el polvo que descansa sobre la pantalla de la lámpara, lo aconsejable es usar un plumero. Con el aspirador se eliminan las migas del sofá, mientras que lo más sencillo para limpiar la leche derramada es usar una fregona. Y con esto ya he mencionado los utensilios de limpieza más importantes para la limpieza del hogar. A continuación explicaré sus ámbitos de uso y su manejo.

Aspirador

Por fortuna, los tiempos en los que había que sacar a rastras las alfombras de los hogares para limpiarlas con el sacudidor forman parte del pasado. Hoy día hay un aspirador en casi todos los hogares, capaz de liberar de la suciedad gruesa y del polvo no solo las alfombras, sino también otros revestimientos del suelo como las baldosas o el laminado. Entre los modelos más comunes está el aspirador de trineo. Se fabrica en diversos tamaños y acabados y presenta distintos tipos de boquillas para llegar a las zonas de difícil acceso o para materiales especiales.

Además de por su tamaño, se diferencian por cómo almacenan el polvo:

- » En los modelos con bolsa, la suciedad aspirada va a parar a una bolsa de papel o un filtro que, una vez lleno, se tira al cubo de la basura doméstica.
- » Los aspiradores sin bolsa acumulan la suciedad en un depósito de plástico que, tras su limpieza, ha de volver a insertarse en el dispositivo.

Ambos tipos de aspiradores presentan una buena capacidad de succión, si bien los aspiradores sin bolsa suelen ser más caros. Pero esto no debería asustarte, pues comprar bolsas de aspirador para productos de marca también puede salir caro, y conseguirlas de marca blanca no siempre es fácil.

Criterios para la compra del aspirador

Si tienes que comprarte un aspirador, deberías reflexionar un poco y examinar el aspirador de la tienda. Estas preguntas te ayudarán:

» ¿Cuál es el precio de venta y el coste posterior (por ejemplo, para las bolsas del aspirador)?

» ¿Cuánta energía consume?

» ¿Cuánto ruido hace a máxima potencia?

» ¿Cuánto pesa? ¿Podrás subirlo por los escalones o levantarlo un momento para aspirar la suciedad de un punto más elevado?

» ¿El tubo flexible y el tubo telescópico son suficientemente largos como para aspirar sin que tengas que inclinarte? (Palabra clave: ¡ergonomía!)

» ¿El cepillo para suelos es suficientemente estrecho como para pasarlo por debajo de los sofás y los armarios?

» ¿Lleva boquillas adicionales integradas? Así no tendrías que perder el tiempo buscando los accesorios en el armario de la limpieza.

Así se pasa el aspirador

1. Despeja el suelo tanto como puedas y retira los pequeños objetos como clips, gomas del pelo, etcétera.
2. Coloca el tubo telescópico de manera que puedas pasar el aspirador sin inclinarte.
3. Coloca el cepillo para suelos en la posición adecuada (superficie dura o alfombra) en función del tipo de suelo.
4. Enciende el aspirador y pásalo despacio hacia delante y hacia atrás.

RECUERDA

Lo importante es ir despacio, ya que la capacidad de succión es mejor. Alguna vez puedes ir a toda mecha para eliminar la suciedad superficial, pero si quieres ser exhaustivo, dale su tiempo al aspirador para que recoja las migas y otras partículas de suciedad.

5. Cuando la superficie esté limpia, cambia la boquilla para suelos por una boquilla para ranuras y límpialas.

Escoba

La escoba es ideal para limpiar un poco de vez en cuando, al menos cuando se trata de suciedad seca y sólida sobre suelos lisos. La tierra de las suelas de los zapatos o las migas de pan bajo la mesa de la cocina se recogen en un pispás. Sacar el aspirador del armario y conectarlo llevaría más tiempo en estos casos.

Hay escobas con palos de madera o de plástico y con cerdas de crines, fibras de coco, sintéticas o una mezcla de fibras sintéticas y naturales. También hay escobas de espuma, idóneas para suelos de madera y laminados. Se deslizan por el suelo y apenas levantan polvo. La elección de tu escoba dependerá de la composición del suelo que quieras limpiar.

RECUERDA

Por lo general, cuanto más blando y elástico sea un suelo, tanto más blando debería ser el cepillo de la escoba. Para una terraza puedes utilizar, por ejemplo, una escoba con cerdas más gruesas que para un suelo de sintasol.

Escobilla de mano y recogedor

La escobilla de mano es la versión diminuta de la escoba. Se utiliza para eliminar la suciedad de superficies pequeñas. Con el recogedor, recoges la porquería y puedes tirarla de inmediato al cubo de la basura.

CONSEJO

Cuando compres un recogedor, fíjate en que su reborde de caucho se adapte a la superficie del suelo. En los baratos, a veces es rígido y con frecuencia no está recto. Entonces al barrer meterás gran parte de la suciedad bajo el reborde y tendrás que realizar varios intentos hasta que la suciedad aterrice en el recogedor. A veces, ni así se consigue.

Fregona y cubo

Para limpiar los suelos con agua se requiere una fregona. Existen las llamadas fregonas de flecos o hebras, compuestas por unas tiras de bayeta, o también las mopas, que son planas y cuyo cabezal tiene una almohadilla revestida por una capa de algodón o de fibras sintéticas o mixtas. Con ellas es fácil limpiar suelos grandes e incluso pueden limpiarse en seco con el revestimiento adecuado.

Para mojar la fregona con agua necesitas un cubo. Puede ser un simple cubo de 10 l o uno que se adecúe al tipo de fregona. Tanto para las fregonas de flecos como para las mopas existen cubos especiales con escurridores para escurrir el agua sobrante de la fregona sin que tengas que agacharte y mojarte las manos cada vez. Otra ventaja de estos cubos es el poco esfuerzo necesario para escurrir la fregona.

RECUERDA

Para obtener una limpieza perfecta, mueve la fregona haciendo ochos sobre el suelo mientras caminas hacia atrás. Al realizar estos movimientos, recogerás la suciedad con la fregona y la conducirás en la dirección en la que friegas sin repartirla por todas partes. Para acabar, coge la suciedad con la fregona y aclárala en el cubo.

Plumero y trapo para el polvo

Estantes, lámparas, marcos de fotos y dispositivos electrónicos se ven una y otra vez cubiertos por una fina capa de polvo. Puedes declararle la guerra con trapos, plumeros y plumeros atrapapolvo. ¿Qué ventajas y desventajas tiene cada utensilio?

- **Plumero.** Los plumeros son idóneos para las superficies estructuradas. Pueden ser de plumas de avestruz o de fibras sintéticas. Algunos tienen un mango telescópico con el que puedes llegar hasta el techo por alto que sea. Al contrario que los plumeros de plumas de avestruz, los de fibras sintéticas mueven menos el polvo. Además, no suelen invadirlos las polillas y son más fáciles de limpiar.
- **Trapo del polvo.** El clásico trapo del polvo es algodón suave y puede atrapar bastante polvo. Es especialmente apto para las superficies lisas y se utiliza siempre en seco. Tras su uso, sacúdelo en la ventana abierta o ante la puerta de tu casa y ya lo tendrás listo para el siguiente uso. Si ves que el trapo tiene restos de suciedad, lávalo en la lavadora según las indicaciones. También puedes comprar trapos de microfibras, que también quitan el polvo sin removerlo. Para las superficies sensibles, mejor elige un tejido muy fino, ya que los de microfibras pueden arañar las superficies delicadas. También puedes humedecer estos trapos.

CONSEJO

¿Cómo se humedece un trapo? Lo más fácil es mojarlo, escurrirlo bien y envolverlo en un paño seco. Apriétalo para que salga la humedad. Cuando vuelvas a desenrollar los trapos, tendrás dos trapos húmedos.

La pequeña ciencia de los trapos, las esponjas y los cepillos

Los trapos, las esponjas y los cepillos se encuentran entre los utensilios de limpieza que más vas a utilizar en casa. Se usan de diferentes maneras en todas las estancias del hogar y pueden ser de los materiales más diversos. Gracias a ellos, podrás eliminar manchas, rascar restos de comida del horno o cepillar los restos de zumo de una botella. Existen trapos, esponjas o estropajos y cepillos para cualquier fin que te puedas imaginar, y la variedad de productos es tan amplia que a veces es complicado encontrar el artículo idóneo para nuestro objetivo. No todos los paños son iguales y las esponjas también presentan grandes diferencias entre sí. ¿Qué elegimos para qué?

Trapos

» **Trapos para fregar.** Son de algodón o microfibras, muy absorbentes. Sirven para fregar la vajilla o limpiar superficies. Son suaves con las superficies delicadas.

» **Paños para el suelo.** Suelen ser de algodón grueso, pero también los hay de microfibras y de tejidos mixtos. Gracias a su estructura, retienen la humedad e incluso las migas son fáciles de retirar. Se emplean para los suelos que pueden mojarse (por ejemplo, las baldosas).

» **Gamuzas para ventanas.** Comprar una gamuza para ventanas es cara, pero es ideal para eliminar el agua del cristal de las ventanas. También puedes usar paños de microfibras; al igual que la gamuza, tienen la ventaja de que no sueltan pelusas. Las gamuzas para ventanas también sirven, por cierto, para pulir la grifería.

CONSEJO

¿Sabías que una bayeta puede doblarse de manera que al final se formen ocho pequeñas porciones? Con esta técnica podrás limpiar ocho veces con un paño limpio si doblas la superficie utilizada y usas cada vez una de las caras limpias. Hazlo así: dobla la mitad superior del paño sobre la inferior. A continuación, pliega la mitad izquierda sobre la derecha.

PAÑOS DE LIMPIEZA: COLOR Y SISTEMA

¿Un paño para todo? ¡Ay, qué asco! A la mayoría de la gente seguramente le resultará asquerosa la idea de utilizar el mismo paño tanto para pasarlo por la encimera de la cocina como para limpiar el inodoro. Con razón, pues estarían esparciendo un montón de gérmenes por toda la casa. En este sentido, limpiar sería peor que no hacerlo.

Por eso, para llevar a cabo una limpieza higiénica de tu hogar, te recomiendo que uses diferentes trapos en función de cada estancia. Para diferenciarlos y mantenerlos separados, en el mundo de la limpieza profesional se ha extendido la costumbre de usar trapos de color rojo, amarillo, azul, verde y blanco. Este sistema de colores es muy fácil de poner en práctica en casa.

- **Rojo.** Para limpiar el inodoro y las baldosas o los azulejos cercanos.
- **Amarillo.** Para limpiar el resto del cuarto de baño: bañera, ducha y lavabo, demás azulejos y grifos.
- **Azul.** Para limpiar el salón y los dormitorios: armarios, estanterías, sillas, puertas o aparatos eléctricos.
- **Verde.** Para limpiar la cocina: armarios, nevera, mesa de comer o encimeras.
- **Blanco**. Para cualquier otro tipo de limpieza

Esponjas

- **Bayeta.** Elemento intermedio entre el paño y la esponja. Se fabrica de viscosa, celulosa, algodón o fibras químicas. Úsala para fregar los platos o para pasarla por superficies ligeramente sucias.
- **Estropajo con salvaúñas.** No sirve para las superficies delicadas. Tiene dos capas: la grande es suave y sirve para la suciedad superficial. La fina está hecha de un material con propiedades abrasivas que puede disolver la suciedad reseca.

CONSEJO

Existen estropajos con salvaúñas de distintos colores:

- » Si la capa es azul o blanca, no araña. Con estos estropajos suelen limpiarse el baño o la vajilla.
- » Los que tienen la superficie verde son idóneos para las incrustaciones, como las de las cacerolas.
- » Las superficies de color negro tienen un fuerte poder abrasivo y suelen emplearse en madera y piedras en el exterior.

ADVERTENCIA

Las propiedades abrasivas de la superficie pequeña del estropajo pueden arañar la loza, el acero inoxidable o el esmalte. Comprueba su efecto por la parte de atrás si no estás seguro de lo robusta que es tu vajilla.

- » **Estropajo de acero inoxidable o níquel (también conocido como *nanas*).** Para ser exactos, no se trata de una esponja, sino de un ovillo de metal. Es el producto que debes elegir si las incrustaciones de las cazuelas han sobrevivido a todo intento de limpieza. Estos estropajos son de acero inoxidable y limpian ese material, así como también el cristal. Sin embargo, no son adecuados para las superficies blandas de plástico. Los **estropajos jabonosos antigrasa** valen para las superficies resistentes, como la bandeja del horno de esmalte, los moldes para horno o los metales resistentes a los rasguños.

Cepillos

- » **Cepillo para platos.** Un cepillo para platos también es útil para lavar cazuelas y sartenes. Después de fregar, limpia el fregadero con él. Elige un cepillo de plástico, pues es más higiénico y se seca antes que uno de cerdas naturales.
- » **Cepillo para botellas.** Hay que tener mucha paciencia para aclarar las botellas de cuello estrecho hasta que quedan limpias. Haz que tu vida sea más fácil y utiliza un cepillo para botellas. Llegarás a la base de la botella gracias a su mango elástico y sus cerdas. Para los termos con cilindro de cristal existen cepillos de goma.

CONSEJO

Cuando quieras limpiar una botella o un termo, si no tienes prisa, usa un producto para la limpieza de prótesis y dentaduras postizas en vez del cepillo para botellas. Llena la botella de agua y añade una pastilla: disolverá cualquier coloración por café o té. Deja que el producto actúe unas horas y aclara el recipiente con agua.

- **Escobilla para el inodoro.** No puede faltar en ningún hogar. También son prácticos los cepillos con los que puede limpiarse el borde inferior de la taza del inodoro.

Independientemente de si se trata de un cepillo, un paño o una esponja, estos utensilios no solo limpian, sino que también han de limpiarse de vez en cuando. Una bayeta sucia o una esponja permanentemente húmeda son un paraíso para todo tipo de gérmenes y los estás esparciendo por las superficies y el suelo cada vez que utilizas alguno de esos elementos, así que mantenlos limpios:

- Acostúmbrate a lavar los paños en la lavadora con frecuencia, a la máxima temperatura recomendada.
- Enjuaga las esponjas y estropajos después de su uso y deja que se sequen al aire.
- Mete los cepillos en el lavavajillas.

Visto y no visto: productos para una limpieza rápida

¿Tus padres te acaban de decir que están aquí por sorpresa o tu novia ha decidido visitarte en casa por primera vez? Puede que no tengas tiempo para ponerlo todo en orden y dejarlo perfecto... Qué bien que haya productos que te permiten librarte del polvo y la suciedad en un momento. Suelen ser más caros que los productos convencionales, pero prestan un buen servicio cuando se trata de una limpieza rápida.

- **Plumero desechable o de un solo uso.** En las droguerías venden plumeros desechables. Están compuestos por un mango de plástico y un revestimiento sintético que absorbe el polvo con eficacia y puedes reponerlo hasta cansarte.

  CONSEJO

  No te dejes engañar por el nombre: por lo general, el revestimiento aguanta más de un uso. Se pueden utilizar varias veces hasta que ya no cogen más polvo.

- **Paños para el suelo.** Existen paños desechables, secos o húmedos, para el suelo. En ambos casos puedes prescindir del cubo de fregar y del limpiador multiusos. Pasa el paño por el suelo eliminando así el polvo, los pelos y la suciedad ligera.

» **Toallitas multiusos.** Sustituyen el trapo húmedo del polvo o la esponja húmeda a la hora de limpiar las encimeras de la cocina. Estas toallitas están impregnadas por una loción y eliminan la grasa, los restos de jabón e incluso los restos de comida incrustados. Son adecuadas para las superficies duras y lavables.

Aunque alcances unos resultados óptimos con estos productos de limpieza rápida, conviene aplicarlos con moderación:

1. Su aplicación no sustituye una limpieza en profundidad a largo plazo.
2. Como son artículos desechables, contribuirás a aumentar el volumen de basura. No son especialmente respetuosos con el medio ambiente.
3. Los productos sostenibles y duraderos como un trapo del polvo convencional son más baratos y cuidan de tu bolsillo.

EN ESTE CAPÍTULO

¿A diario o cada cuánto? El sistema de limpieza

Limpiar como un profesional: ¡que reluzcan el baño, la cocina y las ventanas!

Un asunto peludo: eliminar el pelo de animales

Capítulo 10

El plan de limpieza: no solo para pisos compartidos

Limpiar es necesario —hasta ahí todo el mundo está de acuerdo—. Por lo que a la frecuencia se refiere, las opiniones difieren. Unos no consienten ni una miguita sobre la encimera de la cocina y a otros no les importa que los platos sucios se acumulen en el fregadero y que las pelusas se amontonen bajo la cama.

¿Cuándo es hora de mover el trapo? La respuesta a esta cuestión depende de tus circunstancias. Si vives solo, puedes determinar con qué frecuencia pones tu casa en orden. Lo importante es que te sientas bien y que la casa no termine en un estado de dejadez por falta de cuidado. El caso es diferente si convives con alguien, ya sea un familiar o un compañero de piso. Entonces lo aconsejable es poner en práctica un plan de limpieza que contemple las diversas necesidades. De este modo, todos los habitantes de la casa podrán sentirse cómodos en cada estancia. Un plan de estas características presenta otra ventaja: las tareas del hogar se reparten entre todos, de manera que al que le moleste antes la suciedad no será siempre el que limpie. La convivencia será más armoniosa, ya que no habrá que discutir sobre a quién le toca limpiar el inodoro. Por supuesto, también puedes elaborar un plan de limpieza para un piso de soltero con el fin de no olvidarte de todas las tareas que has de hacer.

Pero ¿qué significa eso de limpiar en profundidad el baño y la cocina? ¿Con qué frecuencia habría que realizar cada tarea del hogar? A continuación encontrarás algunas indicaciones, así como algunos consejos y trucos relativos a estas cuestiones.

Los beneficios de la limpieza

La mayoría de las personas se sienten mejor en una estancia limpia y ordenada que en un cuartucho desaliñado, y ten por seguro que una vivienda limpia es más saludable. Las bacterias se acumulan por doquier y, por más que limpies regularmente, no te librarás de los microorganismos por completo. Con un mínimo de limpieza e higiene, mantendrás los gérmenes a raya, por no decir que una limpieza protegerá tus muebles, electrodomésticos y alfombras: la suciedad no se asentará tanto y el polvo no entorpecerá las áreas de ventilación. Así disfrutarás más tiempo de tus cosas y no requerirás un producto de limpieza especial y caro para eliminar la suciedad asentada.

Lo que también está claro es que quien no se trae la suciedad consigo cuando vuelve de la calle tampoco la tiene que limpiar. Con los siguientes utensilios y normas minimizarás la suciedad de tu hogar:

- Coloca un felpudo en la entrada de tu casa.
- Hazte con una bandeja de goteo para los zapatos que estén especialmente sucios y, si puedes, ponla también delante de la puerta de casa. Solo tiene sentido si la entrada de tu casa está a resguardo de la intemperie.
- Coloca una estera antisuciedad en la entrada (recibidor, entrada de la terraza). Estas esteras retienen una gran cantidad de suciedad que, de lo contrario, se repartiría por toda la casa. Hoy día existen esteras de colores, de manera que tu zona de entrada no tiene por qué parecer un edificio de oficinas.

- Si puedes, evita andar por casa con los zapatos de la calle y anima a tus invitados a qué también se quiten los suyos.

Ciclos de limpieza

Limpiar es como la tarea de Sísifo. Da igual con qué ahínco frotes y limpies, un par de días después vuelve a estar todo sucio y hay que volver a empezar. ¡La sensación de que esto nunca acaba puede ser de lo más frustrante! Tanto más importante es procurar el éxito y distribuir las tareas de manera que se adapten a tu ritmo de vida y puedan resolverse en un tiempo razonable.

CONSEJO

Un consejo: limpia siempre y todas las estancias de arriba abajo, pues la suciedad y el polvo también sucumben a la fuerza de la gravedad. La suciedad que caiga de los estantes y las pantallas de las lámparas al suelo debes recogerla con la escoba o la fregona al final de tus tareas domésticas.

Menos es más: 5 minutos al día

No tienes por qué invertir varias horas en la limpieza del hogar. Algunas tareas pueden resolverse en 5 minutos. ¿No te lo crees? Coge un trapo, echa un vistazo al reloj y vamos allá. ¡El tiempo corre! Todas estas tareas pueden resolverse en 5 minutos:

- Limpiar el inodoro (del aseo) con un detergente para W.C., pasar el paño por el asiento y la tapa del inodoro, limpiar y secar el lavabo, poner en orden las toallas.
- Vaciar las papeleras y cubos de basura de la casa y sacar la basura.
- Colgar las chaquetas en el recibidor y guardar los zapatos en el armario u ordenarlos.
- Limpiar todos los espejos de la casa.
- Clasificar la colada y poner una lavadora.
- Sacar la ropa de la lavadora y tenderla.
- Recoger la ropa tendida y doblarla.
- Guardar la ropa doblada en los armarios.
- Limpiar la mesa de la cocina y las encimeras y barrer el suelo.

- Cargar o vaciar el lavavajillas.
- Ordenar una habitación por encima, por ejemplo, apilar revistas y libros, retirar cosas del suelo, doblar mantas, guardar en cajas los juguetes desperdigados.
- Hacer las camas, retirar las mantas hasta el pie de las camas para ventilar y sacudir las almohadas.

¡Seguro que aún se te ocurren más tareas que se resuelvan en 5 minutos! Haz una lista para tu hogar. Incluye a los miembros de tu familia o tus compañeros de piso en estas minitareas. Incluso los niños pueden asumir alguna tarea de manera autónoma, y si haces de ello un pequeño concurso (por ejemplo, clasificar los calcetines en 5 minutos), ¡será más entretenido!

CONSEJO

Facilítate la vida y coloca un pequeño contenedor donde se genere basura y papel. Te ahorrará viajes hasta el cubo de la basura y evitarás que se te amontone sobre el escritorio o en el suelo. Lo mismo pasa con los cestos para la ropa, que deberían estar allí donde se genere ropa sucia. Otro método probado para ahorrar tiempo es guardar en el cuarto de baño tanto el detergente para W.C. como el paño correspondiente para que, dado el caso, puedas limpiar en un periquete.

Basta con una habitación

Otra opción es proponerse una habitación al día. Reparte las estancias de tu casa entre los días de la semana. Ocúpate solo de esa zona y límpiala a conciencia. Tu plan de limpieza podría ser así, por ejemplo:

- Lunes: salón.
- Martes: dormitorio.
- Miércoles: habitación de los niños.
- Jueves: cocina.
- Viernes: cuarto de baño.
- Sábado: entrada, escaleras, despensa.

Si creas rutinas, llevar a cabo una limpieza rápida en una habitación te llevará unos 30 minutos. Esta limpieza comprendería las tareas de quitar el polvo, poner orden, pasar el aspirador y, dado el caso, pasar la fregona. ¿Crees que no lo vas a conseguir en ese tiempo? A lo mejor no lo logras la primera vez, pero pronto te darás cuenta de que si limpias periódicamente no tendrás que esforzarte tanto. Además, en cuanto lo hayas hecho un par de veces, interiorizarás cada movimiento y enseguida sabrás qué hacer y en qué orden.

¿Que tienes pocas habitaciones? ¡Concédete un día adicional "libre de limpieza", además del domingo! Si tienes más estancias que días de la semana, limpia dos en un día en vez de una.

CONSEJO

Otra variante a esta estrategia consiste en proponerse una tarea especial cada día. Para ello, elabora una lista con todas las tareas de limpieza que haya que resolver y ve tachando las que ya hayas hecho. Procura realizar cada tarea al menos una vez cada dos semanas. Sin embargo, la limpieza de las zonas de higiene sensible, como la cocina o el baño, deberían planificarse semanalmente. Adapta la lista si no es el caso.

Una vez a la semana

Hay muchas personas que dedican un día a la semana a limpiar toda la casa porque no tienen tiempo entre semana o porque no les apetece limpiar a diario. No obstante, en función del tamaño de la vivienda, esto puede requerir varias horas o casi un día entero. Estas son las tareas que forman parte de la limpieza semanal:

- Limpiar la cocina en profundidad (más sobre este tema, en el apartado "Cocina libre de migas").
- Limpiar el cuarto de baño a conciencia (más sobre este tema, en el apartado "Baño reluciente").
- Ordenar todas las habitaciones, quitar el polvo, pasar el aspirador y la fregona.
- Ordenar las escaleras y el recibidor, pasar el aspirador y la fregona.
- Cambiar las camas y poner toallas limpias.

Hacerlo todo en un día es, por supuesto, más pesado que resolver una única tarea al día. Pero, cuando te pongas, agradecerás tener tu hogar limpio y ordenado.

Una vez al mes

No basta con limpiar la casa una vez al mes. Pero hay tareas que puedes excluir de la limpieza diaria o semanal porque no hay que realizarlas con tanta frecuencia. Entre estas tareas está, por ejemplo, la limpieza de los radiadores. Basta si los limpias una vez al mes con un paño húmedo y un limpiador multiusos para eliminar el polvo y las telarañas. Además de esta, las siguientes tareas deben figurar en tu lista mensual:

- **La limpieza del horno.** Acostúmbrate a pasar un paño húmedo por el horno después de cada uso y así no se formarán incrustaciones resistentes. Para la limpieza mensual bastará con limpiarlo primero con un paño húmedo y eliminar después las incrustaciones con bicarbonato sódico:

  - Mezcla un poco de bicarbonato sódico con agua hasta formar una pasta.
  - Aplica la masa en las zonas sucias y déjala actuar unas horas o durante toda la noche.
  - Finalmente, retira la pasta con agua tibia y vuelve a limpiar el horno con una esponja húmeda.

Limpia las rejillas del horno en el fregadero con un estropajo de acero inoxidable. Para las bandejas, basta con un estropajo salvaúñas.

ADVERTENCIA

No rasques las incrustaciones del horno con objetos afilados. Mira los consejos de limpieza en el manual del usuario. Por lo general, puedes usar un estropajo salvaúñas.

ADVERTENCIA

Existen limpiadores para hornos y barbacoas. Estos productos son fuertemente alcálicos y pueden ser nocivos para la salud si no se aplican bien. Observa las indicaciones de uso y síguelas al pie de la letra.

- **La limpieza de la nevera.** Por higiene, la nevera debería limpiarse una vez al mes. En el apartado "Limpiar la nevera en profundidad" te explico cómo hacerlo.
- **Descalcificar los electrodomésticos.** Al margen del grado de dureza que tenga el agua de tu lugar de residencia, tarde o temprano aparecen depósitos de cal en el hervidor de agua o en la cafetera. El sabor de las bebidas que prepares cambiará y aumentará el consumo energético. Una vez al mes (o a más tardar cuando se empiecen a ver los primeros depósitos o el dispositivo muestre el aviso de que tiene que ser descalcificado), descalcifica tus electrodomésticos con un producto antical . No apliques productos con vinagre, ya que podrían dañar las juntas.

» **Limpiar las ventanas.** Limpia la parte exterior de las ventanas entre cada cuatro y seis semanas. Las ventanas que estén resguardadas de las inclemencias del tiempo y de la suciedad, en principio y según la necesidad, pueden limpiarse cada dos meses o una vez al trimestre. En el apartado "Sin perder la perspectiva: ventanas y marcos impecables", verás cómo limpiar las ventanas sin dejar trazas de suciedad.

» **Airear y dar la vuelta a los colchones.** Una vez al mes, airea los colchones poniéndolos en posición vertical. Luego, dale la vuelta al colchón para que la parte superior pase a ser la inferior y la parte de la cabecera pase a estar a los pies de la cama. En el capítulo 15 te hablo sobre la manipulación de la ropa de cama y los colchones.

» **Limpiar las puertas.** Limpia todas las puertas de tu casa con un paño húmedo y un limpiador multiusos.

Dos veces al año

Amplía tu plan de limpieza cada seis meses con las siguientes tareas:

» **Lavar los visillos.** Descuelga los visillos y retira cualquier gancho y arandelas. Lava las cortinas a la máxima temperatura recomendada con un detergente suave y el programa para prendas delicadas. Después del lavado, vuelve a colgar las cortinas húmedas. Coloca un par de toallas en el suelo por si cayera alguna gota. Observa las indicaciones del capítulo 15.

» **Limpiar las persianas de lamas y los estores.** Limpiar las persianas es sencillo si las bajas y les pasas el aspirador (usar una boquilla para muebles) y un paño húmedo.

- Cierra las lamas y pasa la boquilla para muebles por cada una. Comienza por la superior.
- Pasa un paño húmedo con un limpiador multiusos por las lamas.
- Aclárala con agua y deja que se sequen antes de volver a subir la persiana.
- En el caso de los estores que no sean lavables, límpialos con el aspirador. Los que son lavables pueden limpiarse con un paño húmedo y un poco de detergente para prendas delicadas.

» **Limpiar los armarios roperos.** Limpia todos los cajones y estantes de tu ropero. El mejor momento es cuando hagas el cambio de la ropa de temporada (invierno y verano). En el capítulo 17 encontrarás más información al respecto.

» **Limpiar la lavadora.** Saca el cajón de la lavadora y elimina los restos de detergente y cal. Comprueba el filtro y límpialo.

Una vez al año: doce tareas que deberías realizar anualmente en tu hogar

1. **Quitar el polvo a los libros.** Pasa el aspirador por el borde superior de cada libro con la boquilla para muebles. Las sobrecubiertas es mejor limpiarlas con un trapo del polvo o, si son resistentes al agua, con un paño húmedo.

2. **Limpiar los armarios de la cocina.** Limpia la parte superior y los laterales de todos los armarios de la cocina. Vacía los armarios y emplea un limpiador multiusos para limpiar los estantes interiores.

3. **Descongelar la nevera.** Desconecta el congelador o la nevera y saca todos los alimentos del interior para meterlos en una nevera portátil. Separa un poco la nevera de la pared y pasa el aspirador por las rejillas de refrigeración. Limpia los laterales con un paño húmedo y un limpiador multiusos. Abre la puerta y mete dentro un cuenco con agua caliente para acelerar el proceso de descongelación. Elimina con cuidado las capas de hielo con una rasqueta de madera y recoge el agua que vaya derritiéndose con toallas o con un cuenco. Para acabar, sécalo todo bien y vuelve a conectar la nevera. No introduzcas los alimentos hasta que el electrodoméstico haya alcanzado su temperatura de funcionamiento.

4. **Descalcificar la grifería.** Desenrosca la alcachofa del flexo de la ducha e introdúcela por la parte de los orificios en una solución antical a base de ácidos cítricos (por ejemplo, el producto descalcificador de la cafetera). Desenrosca los aireadores y ponlos durante 2 horas en un vaso con un producto antical a base de ácidos cítricos. Para acabar, enjuágalo todo bien con agua y vuelve a montarlo.

5. **Lavar los edredones.** Si tu lavadora es grande, puedes lavar tus edredones y almohadas en ella. Ten en cuenta las indicaciones de lavado. Por lo que se refiere a los edredones de plumas o

plumones o a ropa de cama muy voluminosa es mejor llevarlos a una tintorería o lavandería, ya que en estos lugares las lavadoras tienen una mayor capacidad (más al respecto, también en el capítulo 15).

6. **Limpiar las alfombras.** Pasa el aspirador por las alfombras. Las alfombritas pequeñas las puedes limpiar con una espuma para alfombras, mientras que para la limpieza de las alfombras grandes se aconseja alquilar una máquina profesional. Hay algunas alfombras de retales que pueden lavarse en la lavadora. En el capítulo 15 hallarás más información sobre la limpieza de alfombras.

7. **Lavar las fundas extraíbles de sofás, almohadas o cojines.** Quita las fundas y cierra o asegura las cremalleras. Hay fabricantes de fundas que tienen unas bandas especiales de protección. Lava las fundas según las indicaciones y sécalas al aire para que no encojan.

8. **Limpiar las persianas.** Baja las persianas y limpia la suciedad con un paño y un limpiador multiusos. La parte exterior también ha de limpiarse, siempre y cuando tengas acceso a ella, lo que solo suele pasar si vives en una planta baja o si tienes un balcón o una terraza en un piso superior. Quizá también puedas usar un brazo telescópico para llegar hasta el primer piso.

CONSEJO

Cuando no puedas limpiar la parte exterior de las persianas sin correr el riesgo de caerte, bájalas cuando llueva. Si tienes suerte, la lluvia hará el trabajo por ti.

9. **Radiadores (interior).** Para limpiar el interior de los tubos de los radiadores existen unos cepillos finos y flexibles para radiadores gracias a los cuales llegarás a las zonas más difíciles. Si los radiadores tienen mucho polvo en la parte interior, intenta pasar primero el aspirador con una boquilla para ranuras con el fin de eliminar el polvo y así luego no se esparcirá tanto por la habitación.

10. **Pulir los muebles de madera.** Pasa un paño húmedo por los muebles para eliminar el polvo. Cuando la superficie esté seca, frota la madera con un abrillantador o cera de muebles. En las indicaciones del producto verás cómo ha de hacerse. Pule los muebles con un paño suave y el producto hasta que reluzcan.

11. **Limpiar las paredes.** Con el tiempo, las paredes acumulan polvo y suciedad. Si no se limpian periódicamente, poco podrá hacerse: tendrás que pintar la pared para que vuelva a estar presentable. Por eso es mejor que adoptes la costumbre de,

una vez al año, pasar por las paredes el aspirador con el cepillo para muebles. A continuación, limpia las paredes y los papeles pintados lavables con una esponja húmeda y un poco de detergente lavavajillas. Ventila para que la pared se seque del todo. Acabarás antes si retiras la humedad con una toalla.

12. **Limpieza de sótanos y buhardillas.** Se suelen olvidar fácilmente, pero como mínimo una vez al año se debería quitar el polvo, limpiar las telarañas y fregar.

Baño reluciente

El baño hay que limpiarlo periódicamente porque se acumulan muchos gérmenes. La limpieza y la higiene son de especial relevancia en esta estancia. Pero esto no significa que la limpieza del inodoro y el lavabo requiera siempre mucho tiempo.

CONSEJO

Después de cada uso, acostúmbrate a limpiar la ducha, la bañera o el lavabo con un limpiacristales o un paño que no suelte pelusas. Así, las manchas de cal no llegarán a formarse y no tendrás que invertir tanto tiempo en la limpieza básica periódica, que, en la medida de lo posible, debería hacerse una vez a la semana.

La limpieza básica del baño

Si pones en práctica los siguientes diez pasos, tu baño estará limpio en un momento:

CONSEJO

Para empezar, abre la ventana o conecta la ventilación y así tanto la humedad como los olores de los productos de limpieza se disiparán mejor.

1. Vacía la papelera y retira las toallas usadas.
2. Abre la tapa del inodoro y aplica detergente para W.C. bajo el borde de la taza. Utiliza la escobilla para extender el producto por la taza y el desagüe. El detergente debe actuar un rato. Durante ese tiempo, deja la escobilla en el interior del inodoro y la acción del detergente hará el resto.
3. Mientras, limpia el exterior del inodoro con una esponja y un limpiador multiusos. Lo siguiente es el asiento del inodoro, tanto por la parte exterior como por la interior, así como también la tapa por ambas caras. Usa un paño que solo utilices

para la limpieza del inodoro (mira al respecto el recuadro "Paños de limpieza: color y sistema" en el capítulo 9).

4. Con otro paño reservado para el baño, limpia la bañera y la ducha. Comienza por los azulejos y a continuación limpia la bañera o el plato de ducha. Un limpiador multiusos y una esponja serán idóneos para esta tarea. Si no puedes eliminar los restos de cal, recurre a un detergente con limón. La suciedad persistente se disolverá con un líquido abrasivo. Por último, limpia la grifería de la bañera o la ducha. Para que no vuelvan a aparecer las manchas de cal, seca las zonas limpiadas con un paño que no deje pelusas.
5. Limpia el lavabo comenzando por las áreas menos sucias y termina por las más sucias. Controla el desagüe y retira, dado el caso, pelos y restos de jabón. Frota los grifos y, para acabar, sécalo todo.
6. Despeja todos los estantes y limpia las superficies. Vuelve a ordenarlo todo y mete todo lo que puedas en algún armario. Lo que no esté por ahí no acumulará polvo y te facilitará la tarea.
7. Limpia el espejo con un limpiacristales o un detergente neutro.
8. Inodoro, ¡toma dos! Ya ha pasado suficiente tiempo para que el detergente del W.C. haya actuado. Frota la taza y el desagüe con la escobilla y aclár alos con agua. Después, aclara la escobilla.
9. Lo último es el suelo. Barre o aspira la suciedad y pasa la fregona.
10. Para acabar, pon toallas limpias y mete en la lavadora todos los paños usados para la limpieza.

¡Socorro! ¡El inodoro está atascado!

Limpiar un desagüe atascado está muy abajo en la lista de las tareas del hogar más apreciadas. A casi nadie le gusta asumir esta tarea, sobre todo si se trata del desagüe del váter. ¡Pero toca hacerlo! Si no quieres gastar un dinero innecesario en un servicio caro de limpieza de tuberías, tendrás que ponerte manos a la obra. Si bien en las droguerías encontrarás diversos productos para limpiar cañerías, la mayoría no sirven de mucho y, además, son perjudiciales para la salud y el medio ambiente. Prueba a hacerlo de la siguiente manera:

1. Ponte unos guantes de goma y ten preparado un desatascador.
2. Echa un vistazo a la taza del inodoro. A veces, el motivo del atascamiento se ve y puedes sacarlo con la mano.

3. Si no es así, coloca el desatascador sobre el desagüe del inodoro de modo que lo cierre por completo. La goma del desatascador debería hacer ventosa con la taza.

4. Bombea varias veces hasta que se libere el atasco.

5. Saca los componentes sueltos y aclaralo todo bien.

CONSEJO

No tires al váter nada que no tenga que acabar ahí, como pañales, compresas o restos de comida. Utiliza el papel higiénico en cantidades pequeñas. Si necesitas más, tira de la cadena entre medias.

Cocina libre de migas

La cocina también es una zona delicada por lo que se refiere a la higiene, ya que se manipulan alimentos crudos. Por eso, tener los utensilios de cocina limpios es tan necesario como mantener limpias las encimeras. Las tablas de cortar que se pasan días en el fregadero pegadas unas a otras no solo empiezan a oler a humedad, sino que son un caldo de cultivo fantástico para bacterias y hongos. Lo mismo pasa con las cacerolas y las sartenes que aguardan a que alguien quiera limpiarlas de restos de comida, o la fruta que hace días que dejó atrás su frescor. Para las moscas de la fruta, será una alegría; para ti, probablemente no tanto. En el capítulo 7 puedes leer más información sobre la higiene y la limpieza, así como acerca de los diversos gérmenes.

Limpiar la cocina en profundidad

Con poner en práctica un par de medidas ya estarás procurando un mínimo de limpieza e higiene en tu cocina. Al elegir los productos de limpieza, ten en cuenta las indicaciones del fabricante de cada electrodoméstico que tengas en la cocina. En el capítulo 8 ("Material y producto: ¿cuál usar en cada caso?") encontrarás indicaciones al respecto.

1. Mete la vajilla sucia en el lavavajillas o lávala en agua caliente con detergente lavavajillas. Sécala y colócala en los armarios o cajones correspondientes.

2. Limpia el horno con una esponja y un limpiador multiusos. Las manchas resistentes desaparecerán con líquido abrasivo. Limpia también el panel antisalpicaduras que hay detrás de la placa de cocción.

3. Limpia el extractor. Se genera mucho vapor, por lo que acumula restos de grasa.
4. Retira cualquier alimento u objeto de las encimeras y la mesa de la cocina. Quita las migas y pasa el paño por las superficies con un poco de limpiador multiusos.
5. Saca la basura, limpia el cubo y pon una bolsa nueva.
6. Barre el suelo o pasa el aspirador, friégalo si tienes baldosas o pasa la fregona ligeramente húmeda si es un suelo de madera.

Limpiar la nevera en profundidad

La limpieza periódica de la nevera forma parte del programa obligatorio de la limpieza de la cocina. Las recomendaciones acerca de la frecuencia con la que debería hacerse van desde una vez al mes hasta una vez al trimestre. Decide con qué frecuencia quieres limpiar este electrodoméstico y confía en tus sentidos: a más tardar, cuando el frigorífico empiece a desprender olores rancios o comiencen a formarse pequeños charcos en su interior, será el momento de una limpieza en profundidad. Se hace así:

1. Desconecta el aparato y vacíalo del todo. Guarda los productos en una nevera portátil, en el balcón o en la terraza, siempre y cuando la temperatura exterior sea baja.
2. Si es posible, separa la nevera de la pared y limpia las rejillas de la parte trasera con el aspirador. Para el orificio de drenaje, utiliza un bastoncillo de algodón.
3. Limpia los laterales con un limpiador multiusos y una esponja suave. Vuelve a colocar el aparato en su sitio.
4. Retira todas las piezas movibles como las bandejas o los estantes de cristal, límpialos en el fregadero con detergente lavavajillas y sécalos.
5. Limpia el interior de la nevera con el limpiador multiusos y un trapo suave.
6. Limpia el conducto de drenaje. Si está atascado, usa un mondadientes o introduce el trozo de una brida para cables en el orificio hasta que se desatasque.
7. Limpia las juntas de goma. Para los huecos y las hendiduras, puede usar un palillo envuelto en papel de cocina o un destornillador.

8. Coloca los estantes y las bandejas de cristal en su sitio cuando el interior del aparato esté completamente seco y vuelve a ponerlo en funcionamiento.
9. Llena la nevera. Mete detrás los alimentos que tarden en caducar y delante los que caduquen pronto. Comprueba el estado de los alimentos mientras lo haces.

Sin perder la perspectiva: ventanas y marcos impecables

En la cocina, uno puede pasar el paño en un momento y la limpieza del baño también se realiza periódicamente. Pero ¿qué pasa con las ventanas? Muchas personas suelen posponer esta tarea porque requiere más tiempo que el resto de las tareas de limpieza o porque el resultado no termina de convencernos. Limpiar las ventanas sin dejar huellas es la reina de las disciplinas entre las tareas de limpieza del hogar porque, lamentablemente, no basta con comprar un único producto que prometa un brillo reluciente, sino que depende de la técnica adecuada. Así verás las cosas con claridad:

1. Limpia primero el marco de la ventana. La suciedad superficial producida por la arena, el polvo o las telarañas se limpia pasando un cepillo de mano. A continuación, lava el marco de la ventana con un limpiador multiusos y mucha agua y sécalo con un paño de algodón.
2. Echa un vistazo a las juntas y pásales un paño suave con limpiador multiusos. No utilices productos ácidos porque hacen que el material se vuelva poroso. Elimina la suciedad de las hendiduras pasando un destornillador envuelto en un paño suave.
3. Los cristales que estén muy sucios debes limpiarlos con agua fría y una bayeta.
4. Humedece la ventana con la solución de limpieza (limpiacristales o 50 ml de alcohol de quemar disueltos en 5 l de agua).
5. Para secar los cristales, lo mejor es usar un utensilio limpiacristales específico para ventanas; una gamuza de piel también cumple esta función. Colócalo en el ángulo superior izquierdo y arrástralo hacia el borde derecho del marco de la

ventana. Retira el resto de la humedad con movimientos verticales. Procura que los trazos que realices se solapen y así no saldrán surcos. Retira con un paño la humedad que quede en la parte inferior del marco. Ve limpiando con un paño el labio de goma del limpiacristales.

CONSEJO

Se suele decir que las ventanas no deberían limpiarse cuando brilla el sol porque salen surcos. Pero no se forman por el sol, sino, sobre todo, cuando el líquido de limpieza se seca en la ventana demasiado rápido. Esto puede suceder en un día nublado o si no limpias las ventanas justo después de humedecerlas. El agua caliente también hace que el cristal se seque más deprisa. La mejor manera de evitar los surcos es que emplees agua fría para la limpieza y actúes deprisa.

Un caso especial: eliminar el pelo de animales

En este país, los perros y los gatos son populares como compañeros de piso. No tan apreciados son los pelos que dejan por las alfombras y los muebles tapizados. Así pues, es obligatorio pasar el aspirador al menos dos veces por semana. Lo mejor son los aspiradores con una boquilla especial para pelo de animales. Si no dispones de un aparato con este complemento, tardarás un poco más y no quedará tan bien.

Retirar los pelos en suelos lisos es fácil si usas una escoba de goma. Los pelos se adhieren a la goma y es fácil retirarlos con un paño húmedo. Para los suelos lisos también es útil una mopa de microfibra o algodón. Pásala en seco y recoge los pelos.

Sigue estos métodos para eliminar los pelos de los muebles tapizados y de las pequeñas superficies textiles:

» Humedece ligeramente un guante de goma y pásalo por la superficie. Los pelos se adherirán al guante en forma de ovillo y será fácil quitarlos. Una alternativa es ponerte en la mano un viejo calcetín de media, humedecerlo y pasarlo por los tejidos. Los pelos se pegarán y los podrás tirar junto con la media.

CONSEJO

Si no tienes unos guantes de goma ni un calcetín de media a mano, humedece un paño de cocina y pásalo por el tejido en una única dirección.

- Existen unos rodillos quitapelusas en los que los pelos se pegan. Hay rollos con tiras adhesivas que, pasado un tiempo, tienes que reponer. Más sostenibles son los rollos con un revestimiento de goma. Después de usarlos, se retiran los pelos con agua y el rollo vuelve a estar listo para el siguiente uso.
- Para eliminar los pelos de animales de la ropa, métela en la secadora. Introduce las prendas secas en ella y ponla en marcha. La corriente de aire absorberá los pelos y terminarán en el filtro. Para acabar, límpialo.

RECUERDA

Lo mejor es que cepilles a tu perro o gato a diario con un cepillo para animales, sobre todo durante la época de muda. Así evitarás que una gran parte de los pelos termine entre los muebles y tejidos de tu hogar.

EN ESTE CAPÍTULO

¿Dentro, puf y fuera, puaj? Cómo mantener el orden en las zonas exteriores

¿Algas y manchas de moho? ¡Ni de broma!

Limpieza a presión

Capítulo 11

Las zonas exteriores de la casa

Tu casa está impecable, pero el jardín delantero está medio abandonado y las flores del balcón están marchitas o totalmente secas. No queda bonito ni atractivo a ojos de nuestros posibles invitados... Las zonas exteriores de la casa son las que suelen causar la primera impresión a nuestros invitados. El jardín de delante, junto con los balcones o las terrazas exteriores, son una especie de tarjeta de visita del resto de la vivienda. Si esta zona está descuidada, el resto de la casa se verá afectado. O eso pensarán los viandantes y a veces no andan tan desencaminados. Mantener en orden esta zona de la casa no es tan difícil ni tan costoso.

Todo a punto: pavimentos, caminos, vallas y terrenos

Los pavimentos y las vallas están expuestos al viento y el clima durante todo el año. Se ven afectados tanto por los rayos del sol en verano como por el frío extremo en invierno. También su uso constante les exige un rendimiento permanente. Así pues, es importante que las aceras y las barandillas o las vallas estén cuidadas y en buen estado y no sean un peligro para nadie. Por ello debes controlar regularmente la seguridad de las zonas exteriores, es decir, al menos una vez al año. Examina lo siguiente:

» ¿Están las baldosas y las piedras de los senderos o los pasos japoneses en buen estado? Las baldosas inseguras, las piedras sueltas o el asfalto levantado por alguna raíz son trampas de lo más peligrosas, ya que cualquiera puede tropezar. No pospongas la reparación, ¡ponte a ello ya mismo!

» ¿Están todas las barandillas y vallas bien fijadas? Aquí también hay que actuar antes de que la siguiente tormenta se lleve la valla de protección visual, o el pasamanos se parta cuando el mensajero apoye un paquete encima.

» ¿Los pasamanos o los picaportes están oxidados o presentan alguna astilla? Si es así, coge un cepillo de alambre o un papel de lija y lija las zonas afectadas. A continuación, dale una mano de barniz protector.

Cuidado del pavimento

El mejor utensilio para el cuidado de los caminos, las entradas de vehículos y las terrazas es una escoba. Barre la hojarasca, las flores y las semillas, la tierra y las migas antes de que la suciedad se asiente y provoque manchas. La hojarasca mojada suele provocar manchas marrones sobre las piedras con rapidez. Aunque con el tiempo recuperan su color gracias al sol y la lluvia, hasta entonces quedarán feas.

CONSEJO

Acostúmbrate a retirar la suciedad y las manchas de inmediato. Así la tarea no solo será más sencilla, sino también mucho más prometedora. Esto vale tanto para las zonas exteriores como para el interior de la vivienda: una mancha reciente es más fácil de eliminar que otra que ha tenido horas o días para extenderse y penetrar en el material.

ADVERTENCIA

Si es posible, prescinde de los costosos productos especiales de limpieza. Muchos son nocivos para el medio ambiente y la salud y no deberían entrar en contacto con las plantas, la tierra y tu piel. Observa las advertencias de los productos y decide si quieres tener restos de esos productos en tu jardín o terraza.

Hay algunas manchas que, en función de la superficie, pueden eliminarse respetando el medio ambiente:

» **Arena y soda.** Las baldosas y las piedras de hormigón se limpian con arena gruesa. Bárrela por encima y se llevará la suciedad consigo. Si este método no te funciona, disuelve una cuchara sopera de carbonato sódico en un litro de agua tibia y frota esta mezcla sobre la piedra (¡usa guantes de goma!). Tras dejarla actuar unas 12 horas, retira la mezcla cepillándola. Por último, límpialo todo con agua.

» **Paño de cocina y arena para gatos.** Con un paño de cocina, absorbe las manchas de aceite que haya sobre el hormigón. Después, echa arena de gatos sin apelmazar y déjala actuar durante la noche. Pasa la escoba al día siguiente y, con un poco de suerte, la mancha habrá desaparecido. También puedes tratar la mancha con detergente lavavajillas o con un limpiador multiusos. En este caso, también merece la pena dejar que el producto actúe durante la noche antes de retirarlo con agua.

» **Agua y escobillón.** Las manchas sobre las piedras naturales han de limpiarse con mucha agua y un escobillón. Si no sabes si las piedras son sensibles a los ácidos, prueba con un detergente neutro. Las piedras resistentes a los ácidos, como el gres porcelánico, la pizarra, la arenisca o el granito, soportan un tratamiento con un 5 % de ácido cítrico.

» **Pasta de dientes y cepillo.** Para eliminar las manchas de óxido de las piedras naturales, usa un poco de pasta de dientes con flúor. Aplica la pasta sobre la mancha, espera 2 horas y frótala con un cepillo para quitarla... Esperemos que también salga la mancha.

» **Detergente en polvo y cepillo.** Eliminar las manchas y el cardenillo de las baldosas de cerámica es lo de lo más sencillo. Solo necesitarás un poco de detergente en polvo (1 taza para 10 l de agua) y un cepillo. Frota la mancha con la solución y aclárala con mucha agua.

CONSEJO

Las zonas pavimentadas tendrán un mejor aspecto si, además, limpias las malas hierbas de las juntas y los bordes. Para ello, usa un tajamata con mango telescópico. Aunque realizar esta tarea de forma manual en lugar de aplicar químicos y fuego requiere un mayor esfuerzo, así no dañarás el medio ambiente de forma innecesaria con productos químicos, ni abrasarás a los insectos que viven entre allí junto con las malas hierbas.

Cuidado de la madera

En las zonas exteriores, además de la piedra, el otro elemento dominante es la madera. Hay tipos de madera resistentes a las inclemencias del tiempo que cada vez son más populares, como la madera tropical *bangkirai*. Las maderas autóctonas –como la de douglasia, la de alerce o la de acacia— son las más adecuadas para terrazas y balcones. Su cuidado es sencillo y debería llevarse a cabo periódicamente para que las baldosas o los tablones resistan más tiempo. Estas son las tareas que deberás realizar:

- Pasa la escoba con regularidad para retirar la suciedad superficial y las hojas.
- Las algas y el verdín se limpian con mucha agua y un escobillón.

ADVERTENCIA

Trata de no utilizar una hidrolimpiadora o, si lo haces, que sea con una presión muy baja y a suficiente distancia de la madera. Si el chorro es demasiado fuerte, podría dañar la madera y volverla áspera.

- Con el tiempo, la madera sin tratar se vuelve áspera. No es un defecto de calidad, sino que se debe a que, con el paso de los años, los rayos UV destruyen la **lignina**, el colorante de las maderas. Mientras que a unos les gusta el tono tradicional de la madera, otros se afanan por mantener su color original. Si a ti te gusta más esto, refresca el color con un revitalizador o vivificador de la madera. Tras la limpieza, también da buen resultado tratar este material con un aceite para madera, no se ensuciará tan rápido y presentará un aspecto más limpio durante más tiempo.

Impecables: terraza y balcón

Las terrazas y los balcones hace tiempo que ya no solo son el lugar donde uno saca su ropa a ventilar, los zapatos mojados o la colada, para que se sequen. Ahora se amueblan y se han erigido como estancias al aire libre que toda la familia utiliza para relajarse, jugar y comer. Aquí se celebran tanto barbacoas como cumpleaños infantiles y aniversarios de todo tipo.

Igual que limpias y cuidas tu vivienda, así deberías cuidar también las zonas exteriores de la misma, en especial si sueles tener invitados. Un suelo barrido debería ser algo tan obvio como unas ventanas, unas puertas y unas paredes libres de telarañas. No obstante, no basta con esto: los muebles y los tejidos también quieren mimos. Pero ¿cómo se limpian los muebles y los tejidos exteriores?

Los muebles de la terraza y el jardín

Tan variada es la gama de materiales con los que se fabrican los muebles de exterior como su limpieza y cuidados. Si bien los fabricantes publicitan que sus productos son robustos y de fácil cuidado, de vez en cuando también hay que echarles una mano. A menudo pasan una temporada entera al aire libre y expuestos al sol y la lluvia. El mobiliario voluminoso permanece fuera incluso en invierno, porque ni en casa ni en el sótano hay suficiente espacio para todos los muebles del jardín. En este caso, la escarcha o las grandes diferencias de temperatura dejarán huella en estos muebles. ¡No hay mueble que resista algo así a largo plazo!

Si aplicas una serie de medidas para cuidar de tus muebles de exterior podrás alargar su vida. Estos consejos te ayudarán:

» Si los pies de tus muebles están mojados, se arruinarán las patas. Deberían estar sobre superficies secas, como la piedra o unas baldosas. La humedad del césped o la pradera pueden penetrar en la madera y el mimbre y oxidar los metales.

» Cuando haga mal tiempo, protege los muebles con una lona. Procura que fluya el aire por el interior o se formará agua condensada y tu esfuerzo será en vano.

» Cuando no uses los muebles, siempre que puedas mantenlos a resguardo.

» Elimina la suciedad de las superficies, como la arena o la vegetación, pues de lo contrario se asentará en las hendiduras y las ranuras, provocará manchas y acumulará humedad. Si estos sedimentos entran en contacto con un mueble, lo estropean.

La tabla 11.1 muestra las propiedades de cada material y cómo han de cuidarse.

TABLA 11.1 **Muebles de exterior: material, propiedades y cuidados**

Material	Propiedades	Cuidado
Tejido sintético (poliratán).	Resistente al agua. Resistencia térmica. Resistente a los ácidos.	Límpialo con la manguera del jardín o una hidrolimpiadora. Elimina las manchas persistentes con un limpiador multiusos.
Plástico.	Resistente a los agentes atmosféricos. Ligero. Apilable.	Limpia los muebles periódicamente con un producto de limpieza para el hogar (detergente lavavajillas, limpiador multiusos o líquido abrasivo). Los modelos más baratos pierden el plastificante y se vuelven ásperos. Se forman grietas y hendiduras en las que se asienta la suciedad.
Mimbre.	No resistente a los agentes atmosféricos. No resistente a los rayos uv. Deformable.	Pasa el aspirador por los muebles secos y luego un paño húmedo. Si hay mucha suciedad, usa la manguera y déjalo secar a la sombra (1-2 días). Es mejor que estos muebles estén en una terraza cubierta.
Aluminio.	Ligero. Resistente a los agentes atmosféricos. Estable ante la corrosión.	Limpia los muebles de aluminio con un trapo suave, agua y un limpiador multiusos. No uses un estropajo duro, ya que el aluminio es muy blando y se arañaría. Si la suciedad no se va, inténtalo con un producto para limpiar las llantas del coche.
Hierro.	Pesado. Oxidable (si el barniz está dañado).	Limpia los muebles con un paño y un limpiador multiusos. Protege los muebles de la humedad si hace mal tiempo, ya que, si salta el barniz, puede formarse óxido.
Acero galvanizado.	Inoxidable. Resistente a los agentes atmosféricos. Resistente a ralladuras.	Limpia los muebles con un paño y un limpiador multiusos.
Madera (barnizada).	Parcialmente resistente a los agentes atmosféricos. Estable. Robusta.	Limpia la madera con un paño suave y un limpiador multiusos. Evita que los muebles se mojen, pues, si el barniz presenta una mínima grieta, la humedad penetrará en la madera, se hinchará y aparecerán manchas.

TABLA 11.1 CONTINUACIÓN

Material	Propiedades	Cuidado
Madera (sin barnizar).	Resistente a los agentes atmosféricos. Estable. Robusta.	Por lo general, basta con trabajar la madera con mucha agua y un cepillo. Las manchas importantes se eliminan con un jabón para madera. Según el tipo de madera se puede hacer un tratamiento posterior con barniz o aceite para madera.

Textiles de exterior: cojines, toldos y sombrillas

Que no haya ninguna silla de jardín sin cojín, ninguna tumbona sin colchoneta. Con el tiempo, los tejidos y cojines se ensucian y adquieren un aspecto desagradable si no lo evitas. El sol y la lluvia afectan a los tejidos tanto como las manchas. El tejido pierde firmeza y se desgarra con facilidad, los colores palidecen y se multiplican las manchas.

Los excrementos de los pájaros sobre el toldo, las manchas de kétchup sobre el cojín o la crema solar en la tumbona deberían retirarse de inmediato. Así, el ácido úrico, el color y la grasa no penetrarían tanto en el tejido y habría más posibilidades de que no quedara ni sombra de las manchas. En el capítulo 18 encontrarás los mejores productos para eliminar manchas. Algunas puedes evitarlas desde el primer momento:

- Cuando llueva, mete los cojines y las colchonetas dentro de la vivienda. De noche tampoco deberían quedarse a la intemperie, pues pueden humedecerse, por lo que podrían aparecer manchas de moho y, si no se secan bien, producirán un olor desagradable.
- La luz directa del sol también puede dañar a largo plazo estos tejidos, de modo que es conveniente que los pongas a la sombra cuando no se utilicen.
- ¿Quieres tomar el sol en la tumbona? Pon una toalla sobre la colchoneta y la protegerás de las manchas de sudor y de crema solar.

Pero ni con el mayor de los cuidados podrás evitar que los cojines y las colchonetas acumulen polvo y suciedad. Si tienes fundas extraíbles y lavables, el problema tiene fácil solución. Lávalas en la lavadora siguiendo las indicaciones. Selecciona un programa de centrifugado corto y vuelve a colocar la funda ligeramente húmeda. Así se estirará y, una vez seca, tendrás una funda libre de arrugas. La situación es distinta cuando el cojín y la funda van unidos. Lávalos así:

- » Los cojines pequeños lumbares o los cojines para sillas, a menos que lo prohíban las indicaciones de lavado, pueden lavarse en la lavadora. Lávalos con detergente para prendas delicadas junto con unas bolas de lavado a una temperatura máxima de 30 °C y un programa de centrifugado suave. Sacúdelos, vuelve a darles forma y procura que se sequen bien.
- » Los elementos grandes de tapicería tendrán que lavarse a mano en la bañera o en el plato de ducha. Trata las manchas previamente con jabón de hiel (capítulo 18). Para el lavado, emplea un detergente líquido normal o uno para ropa de color. Disuélvelo en agua tibia y pon los elementos de tapicería a remojo unos 10 minutos. Presiona la tapicería varias veces en la solución, déjala de nuevo en remojo y vuelve a presionarla un par de veces más. A continuación, aclara la solución con la alcachofa de la ducha, escurre el agua y acláralo todo varias veces más. Cuando el agua salga clara, escúrrela todo lo que puedas (sin enrollarla ni retorcerla) y deja que se seque bien.

CONSEJO

Un elemento tapizado tarda bastante en secarse y, si el proceso es lento, pueden aparecer manchas de moho. Por ello, es mejor que lo laves un día caluroso y ventoso y, después, lo tiendas fuera en un lugar bien ventilado y a la sombra.

Sombrillas y toldos limpios

De vez en cuando también tienes que limpiar los toldos y las sombrillas. Si tienes una sombrilla con revestimiento extraíble y lavable, el proceso será similar al de los elementos tapizados pequeños: abre la sombrilla y, con la ayuda de una escoba, elimina la suciedad que puedas. Luego retira el revestimiento textil del armazón y lávalo según las indicaciones. Si no dispones de las indicaciones de lavado correspondientes, selecciona un programa para prendas delicadas (máximo 30 °C, sin centrifugado) y usa un detergente para el mismo tipo de ropa. Vuelve a colocar el revestimiento todavía húmedo y deja que se seque bien.

CONSEJO

Tu sombrilla se mantendrá en buen estado si la abres para que se seque después de llover. Así el tejido no encogerá ni se formará moho ni otro tipo de manchas. Al doblar la sombrilla, procura que el tejido no se enganche en los radios.

Si no se le puede quitar el revestimiento o resulta demasiado complicado, abre la sombrilla y límpiala a mano. Disuelve un poco de detergente para prendas delicadas en agua tibia (las especificaciones sobre la cantidad las encontrarás en la parte posterior del envase del detergente). Empapa bien el tejido con agua. Lo más rápido es hacerlo con la manguera del jardín. Extiende la solución de lavado sobre el tejido con una esponja o un cepillo y déjala actuar 10 minutos. A continuación, aclara la solución y deja que la sombrilla se seque abierta.

Para limpiar un toldo a mano debes hacer lo mismo que con una sombrilla si el tejido y sus impregnaciones lo permiten. En cualquier caso, ten en cuenta las indicaciones del fabricante. Desdobla el toldo y elimina la suciedad barriéndola. Si llegas a la parte superior sin contorsionarte, puedes usar el aspirador para una primera limpieza. Aplica la solución de lavado y limpia ambas caras del tejido húmedo con un cepillo áspero o un escobillón. Aclara los restos de detergente y no vuelvas a plegar el toldo hasta que esté completamente seco.

CONSEJO

Si no llegas a la cara superior del toldo, lávalo en un día de lluvia desde abajo con un escobillón y una solución jabonosa. Una parte del detergente penetrará hacia la cara superior del tejido y allí la lluvia asumirá el programa de aclarado.

El cuidado del armazón es casi una minucia: límpialo periódicamente con un paño suave y un limpiador multiusos. Una vez al año, echa un vistazo al cajetín del toldo, ya que en su interior suelen formarse telarañas y nidos de arañas, así como todo tipo de suciedad. Elimina la suciedad y pasa un paño húmedo.

Asistentes prácticos: con y sin enchufe

Para ordenar las zonas exteriores no necesitas muchos utensilios, sobre todo si solo quieres controlar una zona pequeña. Entre los utensilios más importantes, destacan:

» **La escoba.** Existen escobas para terrazas o exteriores de diversos tamaños y con cerdas naturales o sintéticas. Para las superficies lisas, es mejor una escoba de cerdas densas que una de cerdas duras. Esta última es más adecuada para las piedras naturales y otras superficies irregulares.

- **Cepillo de mano y recogedor.** Para eliminar rápidamente la hojarasca, la tierra y las pequeñas impurezas de terrazas y balcones deberías tener a mano estos dos utensilios.
- **Tajamata / cepillo para juntas.** Mientras que el tajamata se puede utilizar tanto con mango telescópico como sin él, los cepillos para juntas suelen tener mango. Ambos sirven para eliminar la hierba y las malas hierbas de los resquicios que hay entre los adoquines sin tener que recurrir a productos químicos.
- **Tijeras de podar.** Sirve para retirar las umbelas marchitas, las rosas y otras flores. Al cortarlas, no solo fortaleces la planta, sino que las zonas exteriores de tu casa parecerán mucho más cuidadas.
- **Pala para nieve.** Es indispensable para despejar la nieve de la entrada, si es tu caso. Procura que la pala tenga un borde de acero para que no se deforme ni se vuelva inservible en cuanto entre en contacto con el pavimento o las piedras. Las palas de metal tienen una vida más larga que las de plástico.
- **Cortacésped.** Si eres propietario de un pequeño trocito de césped, merece la pena que te hagas con un cortacésped. Cuando el césped está bien cortado transmite sensación de orden y, si lo cortas periódicamente, mantendrás las malas hierbas a raya. Para las áreas pequeñas es mejor usar un cortacésped helicoidal o manual que uno eléctrico o de gasolina.
- **Hidrolimpiadora.** Ocurre como con el clínex, que se convirtió en el sinónimo de pañuelo de papel. En lugar de hidrolimpiadora, la mayoría de la gente dice *Kärcher*. Este aparato tan popular es idóneo para muchas tareas de limpieza de la casa. Con él puede limpiarse tanto una terraza como un toldo.

ADVERTENCIA

Al usar la hidrolimpiadora, esta arma milagrosa, hazlo con precaución, pues hay materiales que no resisten un chorro de agua tan potente. De las piedras blandas como la arenisca puede desprenderse un trozo y la madera puede astillarse. Las superficies dañadas se ensuciarán más deprisa que antes.

No subestimes la fuerza de la hidrolimpiadora. Según su presión, ¡podrías lanzar los muebles de plástico a metros de distancia! Comprueba la presión del agua y mantente a una distancia suficientemente grande de los objetos que quieras tratar.

EN ESTE CAPÍTULO

Se acabó el caos en el armario ropero

La forma más fácil de almacenar los alimentos

Las zonas frías del frigorífico

Capítulo 12

El orden es media vida

¿Cuántas cosas tienes? ¿Cien, mil o más? Si eres un apasionado coleccionista de vajillas, libros antiguos, aviones de modelismo y otros objetos, seguramente la cifra será mayor. A lo largo de la vida, las pertenencias suelen aumentar. Mientras que la primera mudanza del hogar familiar al piso de estudiantes se resolvía con la ayuda de un par de amigos, tu coche y tres cajas de mudanza, años más tarde ya son más de veinte cajas, varios muebles y, en vez de un coche, hay que alquilar una furgoneta o un camión.

Si el espacio del que dispones crece en la misma medida, no tendrás problema con todas esas cosas. La situación será distinta si tus posesiones no caben entre tus cuatro paredes. La casa no solo quedará abarrotada, sino que te costará tenerla ordenada.

Inténtalo y declara la guerra al caos con la ayuda de los organizadores oportunos. Verás cómo ganas tiempo y, además, te sentirás mejor en tu hogar. También a la hora de almacenar alimentos en la despensa o en la nevera hay que tener presentes varias normas básicas para que se conserven correctamente.

El arte del almacenaje

Quizá alguna vez has oído eso de que "cualquiera que sea capaz de mantener el orden es porque es demasiado vago para buscar". Con ello suele disculparse el caos sobre el escritorio, pero también se puede aplicar tanto a ese armario o a esa nevera que están llenos hasta rebosar, como al montón de cachivaches amontonados en la buhardilla o el sótano. Tendrás que ponerte a buscar cuando pierdas la noción de lo que tienes. Y esta búsqueda cuesta un tiempo precioso. Tardarás menos si sabes qué tienes, le asignas un lugar fijo y lo pones siempre en el mismo lugar.

Cuatro consejos para que reine el orden

1. **Una cosa, un lugar.** Todo objeto debería tener un lugar donde ponerlo después de usarlo. No solo te ahorrará una molesta búsqueda, sino que habrá menos cosas por el medio.
2. **Primera posición.** Pon la cuchara de madera que usas a diario cerca de la placa de cocción; las llaves, cerca de la puerta; el calzado para el jardín, en la entrada del jardín. Lo que no uses con frecuencia va al fondo de la estantería, en los estantes de difícil acceso o, empaquetadas, en el sótano. Plantéate si realmente necesitas esos objetos. Si no es así, ¡despídete de ellos! En el capítulo 13 encontrarás algunos consejos para deshacerte de los trastos viejos y poner orden en casa.
3. **Utiliza los espacios de forma prudente.** Las superficies horizontales invitan a llenarlas hasta arriba. Lo mismo sucede con el suelo, en el que se amontonan cojines, libros y juguetes, y con las encimeras de la cocina y las cómodas. Allí también suele haber cosas que no deberían estar. Trata de mantener esas superficies lo más despejadas posible y todo tendrá un aspecto más ordenado.
4. **Uno dentro, uno fuera.** Si no quieres acumular cosas, cuando compres un nuevo objeto o una prenda de ropa, piensa en de qué podrías prescindir a cambio. Si, por ejemplo, compras toallas nuevas, retira el mismo número de toallas viejas. Hazlo con los vaqueros, la vajilla, los electrodomésticos, etc. Regala o vende lo que esté bien y tira lo viejo. Más información al respecto, en el capítulo 13.

Conseguir un orden básico

Una habitación transmite sensación de orden cuando el suelo está libre de objetos y las superficies de almacenaje no están llenas. En cambio, las pilas altas de periódicos y libros en el salón o los zapatos tirados en el recibidor desordenan las estancias. Almacenar tus objetos personales de manera que reine el orden no es un arte, solo una cuestión de organización y de emplear los sistemas de almacenaje adecuados. Los muebles más relevantes en la lucha contra el caos son los armarios y las estanterías. En ellos pueden almacenarse ropa, libros y alimentos, en especial cuando la altura de los estantes de los armarios y las estanterías coincide con el tamaño de los objetos que guardes en ellos. Los armarios empotrados en huecos o bajo unas escaleras son muy prácticos, pues ofrecen un espacio extra de almacenaje sin sobrecargar las estancias.

La decisión de optar por un armario o por una estantería depende de tu estilo. Un armario suele comerse más espacio que una estantería. Pero, a cambio, en su interior pueden "esconderse" los objetos más diversos si es necesario y, de golpe, la habitación tendrá un aspecto ordenado. Las estanterías son visualmente más ligeras, pero a veces causan una impresión un poco inquietante cuando lo que se almacena en ellas no armoniza entre sí. Un montón de libros del mismo tamaño dispuestos en el suelo suele resultarle menos caótico a la mayoría de la gente que cuando unos adornos comparten estante con unas camisetas y material de oficina.

CONSEJO

Si no quieres prescindir de los estantes, conseguirás orden si les pones unos estores o cortinas. Hay algunos sistemas de estanterías sencillos de montar que incluyen puertas, gavetas o cajones adicionales. Almacena en ellos las cosas pequeñas y todo parecerá más ordenado.

Existen otros tipos de sistemas para controlar el desorden en armarios y estanterías.

Organizadores para el armario: perchas para cada necesidad

CONSEJO

Las perchas pueden obrar milagros cuando se trata de clasificar el contenido de un armario y mantenerlo ordenado y listo para su uso.

Renuncia a las de alambre como las que se utilizan en las tintorerías.

En lugar de eso, compra perchas estables capaces de soportar el peso del abrigo sin doblarse.

Además de las perchas convencionales para camisas y blusas, existen unas perchas especiales de madera, metal o plástico.

» **Percha para pantalones y faldas.** Las perchas simples para pantalones tienen, como las que son para camisas, una barra inferior horizontal gracias a la cual la percha toma forma de triángulo. Los pantalones se cuelgan sobre esta barrita. Las perchas múltiples para pantalones siguen el mismo principio y suelen ofrecer espacio para cinco pantalones superpuestos. Otra variante son las perchas rectas con unas pinzas en las que se enganchan las perneras de los pantalones, quedando colgados con la cinturilla hacia abajo. Las faldas se enganchan de la cinturilla a las pinzas, o de las trabillas a los enganches de la percha.

» **Percha para corbatas.** Suelen estar compuestas por un cuerpo de madera con unos pasadores de metal en los que se cuelgan las corbatas. De ese modo se guardan juntas todas las corbatas sin que se arruguen.

» **Percha para bufandas y pañuelos.** Está pensada para varias bufandas o pañuelos a la vez. Formada por círculos unidos por los que puedes deslizar tus pañuelos o bufandas, es un sistema rápido para tener siempre a mano estas prendas. Otra ventaja es que, como a menudo estas prendas son largas, si las ordenas en esta percha no se enredarán unas con otras ni les saldrán nudos, como podría pasar si las guardas todas juntas en una caja.

» **Percha para guardarropa.** Son más decorativas que las convencionales y a menudo también más anchas, idóneas para abrigos y chaquetas. La zona de los hombros se asienta mejor y no se deforma por los extremos de la percha.

CONSEJO

Si quieres tener tu ropa siempre a la vista, usa una percha para cada blusa o camisa. Si sobrepones varias prendas, probablemente, usarás menos las que queden debajo porque ponerte a descolgar todo lo que haya encima es muy pesado. Así que cómprate más perchas finas para que el armario no pierda espacio por su culpa.

Clasifica la ropa de tu armario de manera que las prendas que uses con frecuencia te queden a la altura de los ojos. En la medida de lo posible, guarda la ropa de fuera de temporada en otro lugar o, en su defecto, en los estantes superiores o inferiores. Más sobre el cambio de ropa de temporada en el armario, en el capítulo 17.

Prendas pequeñas

Lo mejor para almacenar prendas pequeñas como calcetines, medias, sujetadores o cinturones es hacerlo en accesorios de almacenaje específicos para calcetines o cinturones. Estos subdividen el cajón en pequeños compartimentos donde puedes guardar un par de medias, un sujetador o un cinturón. Así puedes ver a simple vista el repertorio del que dispones y no tienes que ponerte a revolver el cajón. Algunos sistemas de armarios incluyen accesorios pensados para guardar joyas: los anillos, collares y pendientes estarán siempre visibles y a buen recaudo.

CONSEJO

Si no hay de este tipo de accesorios prefabricados para tu armario, puedes crear tus pequeños compartimentos con cajas de distintos tamaños.

¡Socorro! ¡Mi armario está demasiado lleno!

Es rara la vez que esta queja se debe realmente a que el armario sea demasiado pequeño. El problema reside más bien en que su interior alberga demasiadas cosas que no se utilizan. Sé crítico y comprueba cuántas de tus camisas, blusas, jerséis, pantalones y faldas te pones. La mayoría de la gente usa menos de la mitad de las prendas de su armario y, por lo general, solo combina sus prendas favoritas.

CONSEJO

Prueba a colgar todas las perchas al revés de como sueles hacerlo. Cada vez que te pongas una prenda, cuelga la percha en la dirección habitual. Gira 180 grados las prendas que no están colgadas, como las camisetas o los vaqueros. Pasado medio año, comprueba cómo ha ido: ¿cuántas perchas siguen apuntando en sentido erróneo? ¿Cuántas camisetas siguen del revés en el estante?

Examina estas prendas. Dales una mejor vida si llegas a la conclusión de que tampoco te las pondrás en el futuro. Vende las prendas que estén en buen estado, dónalas o llévalas al contenedor de ropa usada (más sobre esto, en el capítulo 13).

Organizadores para cajones y estantes: accesorios, cajas, cestos y cajitas

Imagínate que no tuvieras un cajón con diferentes compartimentos para la cubertería: cuchillos, tenedores y cucharas se amontonarían de cualquier manera en el cajón y cada vez que quisieras coger un cubierto tendrías que ponerte a rebuscar las piezas necesarias. Esto no solo requiere tiempo, sino que no es divertido. También es incomprensible que muchas personas no apliquen este principio divisorio en otros ámbitos. En los cajones de los escritorios, los bolígrafos, los clips y los sellos campan a sus anchas; en el garaje, el trastero o la caja de herramientas, hay un despliegue de tenazas, clavos y tacos; en el armario del salón hay dados, velas y mecheros mezclados. Sin embargo, existen organizadores con toda suerte de formas, tamaños y materiales para cada fin.

A la vista: accesorios

Los accesorios extraíbles que se montan bajo los cajones o los estantes son muy prácticos. Gracias a ellos llegarás hasta el rincón más recóndito del armario y crearás subdivisiones. En lugar de un único montón enorme de ropa puedes hacer varios. El contenido del armario tendrá un aspecto ordenado durante mayor tiempo y permitirá una mejor clasificación.

CONSEJO

Un almacenaje horizontal es mejor que uno vertical. Los montones de camisetas se desmontan en cuanto sacas una del medio. Dobla las camisetas de modo que el resultado sea reducido y colócalas en un cajón de forma horizontal. ¡Te sorprenderá el espacio que ganas! Otras dos ventajas son que de esta manera encontrarás antes tu camiseta favorita y el resto del cajón seguirá ordenado.

Los accesorios interiores subdividen los estantes y los cajones grandes y crean más orden. Úsalos para clasificar tu ropa donde puedas hacerlo. Guarda juntas las cosas del mismo tipo, es decir, por ejemplo, todos los rotuladores o las velitas de té. En los comercios especializados encontrarás accesorios para muchos muebles. Las cajas con compartimentos de las tiendas de bricolaje son muy prácticas. También puedes hacer tus propios separadores u organizadores a medida. ¡Da rienda suelta a tu creatividad!

Práctico: cajas y cajitas

Si en lugar de en el armario guardas algunos de tus objetos personales en estantes abiertos, conseguirás una mayor sensación óptica de paz en la habitación metiéndolos en cajas de diferentes tamaños. Estas cajas son idóneas para guardar objetos pequeños sin valor decorativo como, por ejemplo, la colección de mitones, las pilas o las piezas de Lego. Aquí también ha de almacenarse lo similar con lo similar. Quedará más bonito y ordenado si dispones cajas del mismo tipo.

CONSEJO

Consigue cajas de calidad. Duran más y son más bonitas. Procura que se puedan etiquetar en la parte frontal para no andar luego buscando la caja correcta.

RECUERDA

Etiqueta las cajas con nombres que te indiquen el contenido seis meses más tarde. ¡Sé exacto! Una caja con el rótulo "Varios" o "Personal" no te dice qué contiene. Otra cosa es que en la caja ponga "Medallas y distinciones deportivas".

Hay también cajas transparentes. No son idóneas para el salón, donde los invitados verán enseguida el contenido. Pero en la habitación de los niños pueden prestar un buen servicio. A primer golpe de vista, los niños verán qué contienen. Les resultará más sencillo y rápido saber dónde va cada cosa al recoger su habitación. Estas cajas también son útiles para almacenar la ropa de invierno o de verano. Sin abrirlas, verás si en su interior está la ropa de esquí que andas buscando o unos manteles navideños.

Decorativo: cestos

Los cestos cumplen la misma función que las cajas, pero son más decorativos. Sirven para almacenar cosas sin esconderlas. Las revistas del salón tendrán un aspecto más vistoso en un cesto que apiladas en un montón. El gel de ducha y el champú estarán más ordenados en un cesto que adornando el borde de la bañera. Incluso los guantes y los gorros que se amontan en la entrada cada invierno quedarán más ordenados así.

CONSEJO

Los cestos son un medio fantástico para transportar las cosas de un piso a otro y poner un poco de orden en casa al mismo tiempo: mete en el cesto todas las cosas que tengas que llevar a otra habitación, arriba o abajo, y llévalo contigo la próxima vez que cambies de planta. Una vez allí, vacía el cesto y vuelve a dejarlo junto a la escalera. Pero procura que no se convierta en un peligro y una causa potencial de accidente (más sobre los accidentes domésticos, en el capítulo 2).

Almacenar alimentos

Para almacenar los alimentos existen diversos recipientes indispensables. Si los almacenas bien, se conservarán frescos durante más tiempo, no adoptarán olores extraños ni se verán afectados por los gérmenes. Otra ventaja adicional es que de este modo sabrás en todo momento qué alimentos hay en tu hogar. Es inevitable que en los armarios profundos siempre termine alguna cosa olvidada al fondo. En el caso de las conservas esto no supone mayor problema siempre y cuando compruebes las reservas una vez al año y vuelvas encontrar las latas. Pero el caso de los alimentos perecederos es diferente: un envase de copos de avena abierto atrae a los parásitos, unas nueces pasadas se vuelven rancias y la levadura en polvo, que lleva un tiempo indefinido en el estante, pierde sus propiedades.

RECUERDA

Por eso, procura que los alimentos perecederos estén siempre a mano, por ejemplo, en la bandeja extraíble de un armario. Te facilitará el acceso y verás qué envases hay empezados o cuáles hay que consumir pronto porque están a punto de caducar.

No es práctico guardar los alimentos en los envases de papel o cartón en los que se venden. Guarda el azúcar, la harina, el muesli y los cereales en recipientes con cierre. Se venden en toda clase de tamaños. El que te decidas por los de plástico o los de cristal es cuestión de gustos. El vidrio es insípido, mientras que el plástico pierde elasticidad con el tiempo, se vuelve quebradizo y puede coger olores. Cambia esos recipientes por otros nuevos.

CONSEJO

Para almacenar el pan son muy prácticas las bolsas para el pan o las paneras. En ellas, el pan no se seca rápidamente ni se humedece y, por tanto, no se enmohece tan deprisa.

Almacena los alimentos siguiendo el principio de "cada oveja con su pareja". Clasifica las especias en un estante para especias, guarda los ingredientes para hacer bizcochos que apenas se usan, tales como los fideos de azúcar de colores o la masa de mazapán, en una caja con cierre, almacena las conservas juntas en un estante de la despensa o de un armario de la cocina que no tengas que abrir a diario. Al café, el té y el cacao asígnales un lugar al alcance de la mano y los alimentos como el arroz, la pasta o el paquete de puré de patata compartirán un estante en la despensa.

ADVERTENCIA

La gente suele organizar un estante para las especias cerca de la placa de cocción. Parece práctico porque así están a mano mientras se cocina. Pero esta zona suele estar expuesta a la humedad y a los vapores de grasa. En este sentido, intenta que las especias no estén justo sobre la zona de la placa y utiliza recipientes de cristal que se cierren bien. Son más sencillos de limpiar y mantienen su aroma. Las especias se conservan mejor en la oscuridad, por lo que los recipientes deberían estar en el interior de un armario y no en un estante abierto.

La nevera, un caso especial: estante por estante

Cuando hacemos la compra, metemos los alimentos perecederos en la nevera, pero muchas veces lo hacemos a ciegas, es decir, allí donde haya espacio. Esto no tiene mucho sentido, pues las neveras modernas están divididas en diferentes zonas de frío y ofrecen así unas condiciones óptimas de almacenaje para los distintos grupos de alimentos como, por ejemplo, los productos lácteos, la carne o el pescado. ¡Pero cada cosa debe guardarse en el compartimento que le corresponde! La tabla 12.1 muestra qué zonas de refrigeración tiene una nevera y para qué son adecuadas.

Como el aire caliente tiende a subir, las zonas superiores de la nevera son más cálidas que la zona inferior que hay sobre el cajón de la verdura. Normalmente, esta se separa del cajón de la verdura mediante una bandeja de cristal, de manera que el aire frío no desciende hasta ese compartimento. Por eso, en el cajón para la fruta y la verdura hay una temperatura más alta que en el compartimento que tiene justo encima.

ADVERTENCIA

El lugar más cálido de la nevera es la puerta. No solo es la zona más alejada del refrigerador, sino que, al abrir la puerta, es donde entra más aire caliente. Por eso no es el mejor lugar para el brik abierto de la leche. Lo óptimo sería que lo pudieras cerrar de manera que cupiera en una de las bandejas centrales sin salirse.

TABLA 12.1 Almacenamiento óptimo de los alimentos en la nevera

Compartimento de la nevera	Temperatura media	Óptimo para...
Compartimentos en la puerta.	9 °C	Bebidas: zumo, cerveza, agua, vino blanco. Mantequilla. Huevos. Salsas.

TABLA 12.1 CONTINUACIÓN

Compartimento de la nevera	Temperatura media	Óptimo para...
Cajón para la verdura.	9-12 °C	Fruta: albaricoques, manzanas, peras, fresas, cerezas, kiwis, nectarinas, melocotones, uva. Verdura: alcachofas, coliflor, brócoli, hinojo, zanahorias, colinabo, puerro, rabanitos, lechuga, espárragos, espinacas.
Bandeja sobre el cajón de la verdura.	2-3 °C	Carne cruda: carne picada, bistec, salchichas crudas. Pescado fresco.
Bandeja central.	5 °C	Productos lácteos: leche, yogures, kéfir, requesón.
Bandeja superior.	8 °C	Embutido. Queso. Productos ahumados: pescado ahumado, embutido ahumado. Alimentos cocinados y restos de comida.

Bien envasado, aguanta mejor

Todo lo que entra en la nevera debería estar bien envasado. Para ello, existen varias razones:

1. **Los alimentos sin envasar cogen olores extraños.** Los platos cocinados y algunos alimentos con aroma propio e intenso se lo traspasan fácilmente a otros. Si quieres evitar que los trocitos de manzana huelan a queso cabrales o a sopa de ajo, envasa los trocitos tan cuidadosamente como el queso y la sopa.
2. **Los alimentos sin envasar se secan y pierden su aroma.** Sin un envase que lo evite, los bordes del embutido y el queso se secan y se comban hacia arriba. En el yogur abierto se forman grietas como en la tierra árida del desierto. Además de la pérdida de líquidos, también suele estropearse el sabor y aquellas bayas tan apetitosas se vuelven insípidas.
3. **Los alimentos sin envasar se echan antes a perder.** Los gérmenes que llegan a los alimentos a través de nuestras manos o los que ya estaban en ellos se extienden libremente. Pasan, por ejemplo, de la carne cruda a los productos lácteos.

Hay toda suerte de envases a la venta. ¿Cuál es el apropiado para cada cosa? A continuación se exponen los productos más usuales:

- **Papel de aluminio.** Sirve para envolver el bocadillo del recreo, ya que es un papel antigrasa. Si bien el pan termina por secarse en su interior, hasta entonces se mantiene crujiente durante más tiempo que, por ejemplo, si se envuelve en film transparente.
- **Papel de charcutería.** Cuando compras algo en la charcutería del supermercado, te dan los productos envueltos en este papel especial. Es un papel resistente recubierto por una fina lámina transpirable. Este papel conserva los productos de manera óptima. Así que, en vez de tirar el papel, deja los alimentos así envasados.
- **Film transparente.** Para cubrir platos de todo tipo siempre y cuando su aroma no sea demasiado fuerte. La lámina es transpirable, por lo que también es permeable a los olores. Impide que los alimentos se sequen, es antigrasa e impermeable.
- **Recipiente herméticamente cerrado.** Están hechos de plásticos aptos para uso alimentario. La mayoría pueden meterse en el lavavajillas, en el congelador o en el microondas. Los productos que guardes en su interior no pueden derramarse ni traspasar aromas ni gérmenes.

EN ESTE CAPÍTULO

Demasiado es demasiado: cuando las cosas se convierten en una carga

Soltar lastre con un buen sistema

Alegrar a los demás

Capítulo 13

Deshacerse de los trastos viejos de forma sencilla

Con la mano en el corazón: solemos tener más cosas de las que necesitamos para vivir y sentirnos bien. Guardamos y reunimos cosas como si nuestra felicidad dependiera de ello y hay quienes se dedican a cazar gangas solo porque en ese momento están de oferta. No se preguntan si tienen alguna utilidad o sitio en casa. Y así van llenando de cosas armarios y vitrinas, buhardillas, trasteros y, poco a poco, todas las habitaciones de la casa. Cuando la gente se cansa de estar rodeada de todas esas cosas, se va de vacaciones y disfruta de una habitación de hotel ordenada o de un apartamento vacacional equipado de forma espartana. Sí, vale, es un poco exagerado, pero hay algo de verdad tras esto.

Cuando nuestras posesiones son excesivas pueden convertirse en una carga, pues cada objeto reclama su atención y nos distrae de otras actividades u otros pensamientos: los zapatos quieren que los lleves a su sitio; el asa rota de la taza, que la pegues; la alfombra, que le pases el aspirador; las revistas, que las leas; la lana, que tejas algo con ella y los libros quieren que los clasifiques. Por eso es importante que, de vez en cuando, observemos nuestras posesiones con ojo crítico y nos preguntemos: "¿Esto se puede tirar?".

Apartar lo superfluo: el sistema de las tres cajas

Suena bien, pero ¿hay cosas de las que no eres capaz de separarte? No te preocupes, es normal, le pasa a mucha gente. Desechar, clasificar y tirar son acciones relacionadas con el hecho de "soltar riendas". Normalmente, un objeto es más que un simple objeto. Es, por ejemplo, un *souvenir* de unas vacaciones, un recuerdo de una persona amada, un regalo especial que te hicieron por un cumpleaños o un aniversario, o una distinción. Si uno se separa de esas cosas, se pierde el recuerdo de esas personas especiales o de aquella experiencia que vivimos Al menos eso se teme.

No hay que hacer *tabula rasa*, es decir, conservar solo lo imprescindible y vivir de modo austero. Se trata más bien de no conceder demasiado espacio a los objetos superfluos, los que nos resultan indiferentes o los que están rotos. ¡Sepárate de trastos y cachivaches! Prescinde de aquellas prendas de ropa y cosas que nunca te han gustado o de aquellas cuyo tiempo ha expirado.

CONSEJO

No pretendas hacerlo todo a la vez. Cuando limpies la cocina a fondo, examínala de cerca, o empieza por el armario de tu dormitorio cuando hagas el cambio de ropa. Si ya has actuado en una zona de la casa, proponte la siguiente.

Todo lo que necesitas para clasificar las cosas son tres cajas grandes. Colócalas en la habitación donde quieras poner orden. A la primera caja le pones la etiqueta "Conservar", a la segunda, "Ya se verá" y a la tercera, "Para tirar".

- **Conservar.** Mete en ella las cosas que te gustan y necesitas. Vuelve a ponerlas en su sitio cuando hayas limpiado el estante del armario o la estantería. Utiliza organizadores de distintos tipos para no perder la visión de conjunto (más sobre esto, en el capítulo 12).
- **Ya se verá.** Irán a parar ahí las cosas que te hagan sentir

indeciso, por ejemplo, las cosas que ahora mismo no necesites, pero quizá sí más adelante, o las prendas de ropa que, aunque te quedan bien, están pasadas de moda. Dentro de seis meses, como mucho, comprueba qué piensas sobre lo que guardaste en esta caja.

» **Para tirar.** Las cosas de esta caja, si están rotas, se van directamente a la basura. El resto lo puedes regalar, donar o vender (más sobre esto en el apartado "Qué pena tirar esto a la basura").

Pequeñas ayudas para tomar decisiones

¿No tienes nada para la tercera caja? ¿Nada de lo que puedas deshacerte? Esto claro que puede pasar, pero, probablemente, sea una señal de que te cuesta separarte de las cosas. Quizá las siguientes preguntas te ayuden:

» ¿Te gusta ese objeto? ¿Es bonito? ¿Te sientes bien cuando lo miras o lo utilizas? Si respondes a estas preguntas de modo afirmativo, el objeto debe ir a la primera caja. De lo contrario, es un caso para la tercera caja.

» ¿Necesitas ese objeto para el trabajo o te presta ayuda en casa? ¿Te ayuda en tus tareas? Si es que sí, consérvalo. Si no, a la tercera caja.

» ¿Funciona o podrías repararlo en un tiempo prudente? Si es así, quédatelo. No obstante, deberías repararlo. Si al cabo de medio año sigue roto, tiene que ir a la tercera caja.

» ¿Es un objeto único? Puede que postule para una de las dos primeras cajas. Si lo puedes reponer y actualmente no lo necesitas, puedes meterlo en la tercera caja.

Pregúntate lo siguiente: ¿qué aspecto tiene ahora tu caja de "Para tirar"? ¿Has encontrado algo de lo que puedas deshacerte? Muy bien, ¡todo es comenzar!

Para guardar, de momento

¿Estás bastante seguro de que no quieres conservar algunos de los objetos escogidos, pero no te atreves a tirarlos? ¿Y seguro que no los quieres meter en la segunda caja? Abre una caja más. Será una especie de "Paso previo a la basura". Mete en su interior todas aquellas cosas de las que, probablemente, puedas prescindir y pon a prueba esa intuición. Escribe una fecha en la caja —seis o doce meses desde que la escribas— y guarda la caja.

Cuando haya pasado ese tiempo, pregúntate: ¿te acuerdas de lo que metiste en la caja? ¿Hay algo que hayas echado dolorosamente de menos? Si la respuesta es "no", ha llegado el momento de prescindir del contenido de esta caja y probablemente ya no te cueste tanto.

Aprender a desechar lo innecesario

Por extraño que suene, se puede aprender (y practicar) a tirar cosas. Acostúmbrate a ir deshaciéndote de cosas antes de amontonarlas inútilmente, antes de que se conviertan en imanes del polvo o estén siempre por el medio. Ten esto en cuenta:

- Prospectos de tiendas en las que nunca compras nada.
- Catálogos de todo tipo con más de un año de antigüedad.
- Calendarios desfasados.
- Periódicos de hace más de un día.
- Revistas que no hayas leído en dos semanas.
- Recetas sueltas e instrucciones que no necesites.
- Libros con contenidos anticuados (¡a no ser que seas anticuario!).
- Viejos cuadernos escolares o apuntes de la universidad.
- Dibujos y manualidades de los niños (guarda solo los más bonitos de cada curso).
- Fotos borrosas o bochornosas (las más bonitas cuélgalas o pégalas en un álbum).
- Postales navideñas y tarjetas de felicitación (las importantes las puedes guardar en una "caja de los tesoros").
- Manuales de instrucciones sin el aparato correspondiente.
- Cosas incompletas, como botes de plástico sin tapa, platillos sin taza o puzles.

CONSEJO

Practica deshaciéndote de un objeto cada día durante los próximos tres meses. Quizá parece mucho, pero no es para tanto, ya que en todos los hogares hay muchas cosas superfluas. Comienza con los rotuladores que ya no escriben o la jarra rota de cerveza. Pasado un tiempo, te resultará más sencillo separarte de lo que no te gusta.

Aprender a prescindir de lo superfluo

Cuando hayas saltado una valla, ve más allá: prescinde de las cosas de las que tengas más de las que usas, por ejemplo, el montón de jarrones que guardas sin usar en el armario del sótano; los viejos CD que ya no escuchas; libros que te regalaron, pero no te interesan; el cajón repleto de manteles que no pones porque no te gustan los manteles; cajas de decoración navideña que no usas. La lista podría ser interminable.

Si te cuesta dar el paso, no tienes por qué tirar todas esas cosas: las puedes regalar.

Qué pena tirar esto a la basura

No todo lo que deseches tiene que terminar en la basura. Cuando un pantalón ya no te queda bien no se convierte en un pantalón inservible automáticamente. Que tú no uses servilletas de tela o que no leas libros de divulgación no significa que no lo hagan otras personas a quienes sí les pueden gustar estas cosas. Quizá te cueste menos separarte de determinados objetos si sabes que tus "tesoros" estarán en buenas manos o que no se han perdido para toda la eternidad.

CONSEJO

Todas las cosas han sido fabricadas en algún momento y para ello se han empleado energía y materias primas. Tirar a la basura objetos en buen estado es un malgasto. Por eso, comprueba si el objeto que tienes en casa:

- Podría cumplir otra función (una vieja lata de té puede convertirse en un bote para lápices; las servilletas de tela podrían pasar a ser una bolsita para el baño).
- Estaría mejor en casa de otra persona.

Prestar

Hay muchas cosas que te gustan que podrías prestar, aquellas que has seleccionado para la segunda caja con la ayuda del sistema de las tres cajas. Lo importante es que sean robustas y no se desgasten. Pueden ser piezas de Lego y figuras de Playmobil de los niños, el banco del jardín, para el que te falta el jardín porque te acabas de mudar, pero también pueden ser algunas prendas de ropa de bebé que apenas se llegan a usar porque los peques cambian de talla muy pronto, o la máquina de remo del gimnasio que (ahora mismo) no usas.

¿Tu amiga lleva tiempo poniéndole ojitos a esos jarrones que te quitan sitio? ¡Préstaselos! Puedes acordar un plazo o dejar la devolución sin fecha. Quizá te des cuenta de que esos jarrones lucen más en su casa y no los eches de menos.

CONSEJO

Haz la prueba: presta algo a algún conocido o amigo por un tiempo. ¿Echas de menos algo? ¿Te falta algún objeto poco tiempo después? Estás a tiempo de reclamarlo y darle un lugar adecuado en casa. Si pasado un tiempo no recuerdas que estas cosas te pertenecen, regálalas definitivamente.

Regalar

Regala las cosas superfluas, pero funcionales, a las que no tengas mayor apego. Se las puedes dar a amigos, conocidos y compañeros de trabajo, es decir, a personas que conozcas. Pero también hay muchas organizaciones e instituciones que se alegrarán de recibir determinadas cosas, o lugares en los que puedes dejar tus pertenencias para que otros las aprovechen. A continuación se ofrece un listado de algunos de los posibles puntos donde puedes entregar estas cosas:

- **Contenedor de ropa.** Puedes encontrarlo en todos los barrios. Son contenedores para prendas de ropa y zapatos en buen estado.

  ADVERTENCIA

  Los contenedores son administrados por diversas entidades y hace mucho que no todas usan las donaciones de ropa con fines caritativos. Con frecuencia, la ropa se vende y termina, por ejemplo, en mercados de África. Así que es mejor que te asegures de quién es el responsable del contenedor si quieres que tu donación cumpla un fin concreto.

- **Oxfam.** En toda gran ciudad existen tiendas Oxfam que aceptan ropa, libros, utensilios del hogar y juguetes en buen estado. Los dependientes son voluntarios y las ganancias se destinan a proyectos de ayuda humanitaria. En la tienda puedes enterarte de qué proyecto se está financiando en ese momento.

- **Tiendas solidarias.** Son administradas por Cruz Roja, Cáritas y otras organizaciones que, con la venta de las donaciones, persiguen fines sociales. En función del tamaño de la tienda solidaria, podrás entregar allí desde objetos de uso cotidiano hasta pequeños muebles y máquinas para hacer deporte.
- **Residencias para ancianos.** Pregunta en alguna residencia de tu zona si necesitan algo. Suelen alegrarse de recibir libros en buen estado, desde literatura ligera, novelas policíacas o cancioneros a libros ilustrados. Lo mismo se aplica a los juegos de mesa o al material para hacer manualidades.
- **Bibliotecas.** Muchas bibliotecas municipales aceptan libros en buen estado.

Otra posibilidad es poner un anuncio en internet, por ejemplo, en algún portal de subastas como eBay, con una foto de las cosas que regalas. Se las puedes dar a quien vaya a por ellas o las puedes enviar contra reembolso. Quizá en algún diario regional haya algún anuncio por palabras de objetos que se regalan.

Intercambiar

Queda de vez en cuando con tus amigos y conocidos e intercambiaos lo que no uséis: cada uno trae lo que ya no necesita y, con suerte, encuentra algo a lo que vaya a dar uso en su hogar. Estas plataformas de intercambio suelen ser siempre un evento divertido y, si todos lleváis algo para comer o beber, podéis pasar un rato agradable.

También puedes intercambiar cosas en internet con perfectos desconocidos. Si introduces "plataforma de intercambio" en un motor de búsqueda, obtendrás varios resultados. Echa un vistazo a las páginas e indica qué intercambias. Se intercambia prácticamente de todo: flores a cambio de tierra para flores, juguetes a cambio de gominolas, libros a cambio de fruta, muebles pequeños a cambio de cápsulas de café. Pruébalo e indica algo que querrías a cambio y que realmente vayas a necesitar.

Vender

Si eres una de esas personas a las que no les gusta tirar las cosas porque siempre tienes presente lo que pagaste en su día por ellas, vende las que ya no necesites. De este modo podrás mejorar las finanzas de tu hogar sin grandes esfuerzos.

En internet hay numerosos portales como Wallapop en los que, además de zapatos y libros, también puedes vender muebles, utensilios de jardinería y vehículos. Los objetos se ofrecen a un precio de venta fijo, que tú determinas de antemano o se subastan. No obstante, no puedes influir en el precio final.

Si te gusta estar con otras personas y eres comunicativo, quizá te parezca divertido montar un mercadillo o participar en uno.

ADVERTENCIA

Pero este solo merecerá la pena si puedes ofrecer productos de calidad y el mercadillo tiene mucha afluencia de visitantes. Ten en cuenta cuánto tiempo y dinero tendrás que invertir en tu puesto: si a cambio de 35 euros deberás estar de pie 7 horas, desde el punto de vista económico, el esfuerzo no te merecerá la pena.

4

Textiles y ropa: lavado y cuidado

EN ESTA PARTE . . .

Familiarízate con la lavadora y sus programas de lavado. Te enterarás de cómo cuidar este electrodoméstico, cómo hacer la colada y a qué temperatura lavar jerséis, camisas y ropa de cama para que no solo queden limpios, sino que, además, la colada salga sana y salva de la lavadora.

Conoce los diversos detergentes y sus aplicaciones y el maravilloso mundo de la plancha, así como el correcto cuidado y almacenamiento de la ropa.

Aprende a reconocer los tipos de manchas y descubre cuáles no son un problema si sabemos combatirlas.

EN ESTE CAPÍTULO

- **Los programas de lavado**
- **La elección del programa adecuado**
- **El detergente correcto para tus tejidos**
- **El cuidado de la lavadora**

Capítulo 14
Hola, soy tu lavadora

En España, hoy casi todo el mundo tiene una lavadora en casa. Este desarrollo era impensable a mediados del siglo pasado, cuando llegaron al mercado los primeros electrodomésticos de lavado.

Hasta el final de la Segunda Guerra Mundial, lavar la ropa entrañaba un pesado trabajo físico que requería una gran inversión de tiempo. No era inusual que todos los miembros de la familia, desde el marido y los abuelos, a los hijos y los tíos tuvieran que participar en esta tarea. En los pueblos, las mujeres solían ayudarse entre ellas y, juntas, lavaban su ropa el mismo día. El día de la colada —con frecuencia los lunes— reinaba el estado de excepción. El día antes había que realizar muchas tareas: preparar el barreño galvanizado y un gran hervidor de agua, recoger leña, clasificar la ropa, ponerla a remojo, a veces incluso darle un lavado previo, y cocinar la comida de los siguientes días, por lo general, un puchero.

El día de la colada comenzaba muy temprano encendiendo la estufa y calentando el agua para el lavado. La colada blanca se hervía, se removía en una tina y se golpeaba, se sacaba y se frotaba contra la tabla de lavar. Las manchas que quedaban se trataban con jabón duro o verde y se volvían a frotar. Después había que escurrir cada prenda y aclararla varias veces con agua fría hasta que el agua salía clara. A continuación, se iban metiendo en el agua —que ya no estaba tan caliente— la ropa de color, la ropa de trabajo de los hombres y, al final, cuando el agua estaba casi fría, las medias. Al igual que con la ropa blanca, cada prenda se escurría y aclaraba varias veces. En la medida de lo posible, la ropa blanca se blanqueaba sobre la hierba y el resto de los tejidos se ponían a secar en las cuerdas de fuera si hacía buen tiempo y, si no, en la buhardilla. Si no se tenía buhardilla, la ropa se balanceaba desde alguna cuerda en la cocina o la sala de estar.

Hoy hacer la colada no implica un día entero de trabajo ni un gran esfuerzo físico. El agua fluye desde el grifo directamente a la lavadora y, gracias al detergente y los movimientos del tambor, la ropa queda limpia sin mayor preocupación. La lavadora aclara el detergente y centrifuga el contenido del tambor según la necesidad. Lo único que tienes que seguir haciendo tú es meter y volver a sacar la ropa.

Para que el resultado del lavado salte a la vista y que ese jersey que tanto te gusta no tenga de repente talla infantil, necesitas, además de conocer el funcionamiento de la lavadora, saber cuáles son las temperaturas de lavado adecuadas, así como emplear los detergentes y demás productos para el cuidado de nuestras prendas. En caso contrario, ni la mejor de las lavadoras te servirá de mucho.

Programas para cada necesidad

Las lavadoras modernas pueden con todo. Junto con programas de lavado a diferentes temperaturas, ofrecen programas para tejidos como la seda, la lana o los vaqueros. La velocidad de centrifugado también suele regularse, y lo mismo pasa con la cantidad de agua; hay programas de lavado cortos para la ropa que no está muy sucia; puedes programar cuándo quieres que se encienda la lavadora, y no tienes que preocuparte por las inundaciones gracias al sistema AquaStop.

Colada a 30-40 °C

La mayoría de los tejidos de algodón puede lavarse a 30 °C. Normalmente, las camisetas y los vaqueros quedan limpios a esa temperatura. Si las prendas están muy sucias, se recomienda subir la temperatura a 40 °C. La mayor parte de la ropa de color puede lavarse con este programa. Pero ten siempre en cuenta las indicaciones de lavado de cada prenda. Suelen venir cosidas en el cuello o en una costura lateral y contienen las indicaciones para el tratamiento de la prenda. Los tejidos que presentan en su composición un alto porcentaje de elastano —unas fibras flexibles—, así como las prendas con aplicaciones o impresiones, solo suelen soportar lavados a 30 °C.

INFORMACIÓN TÉCNICA

¿Basta una temperatura baja para eliminar los gérmenes de la ropa? Esta pregunta se la plantean cada vez más personas y a los fabricantes de aditivos desinfectantes textiles seguramente les reportará suculentos beneficios. Sin embargo, en la mayoría de los casos estos productos no son necesarios. Al lavar la ropa a temperaturas bajas suele quedar limpia y, con el secado posterior, suficientemente "libre de gérmenes". "Suficientemente" significa que una persona sana no tiene por qué tener miedo a los gérmenes. En su justa medida, son necesarios para mantener activo el sistema inmunológico. Si sigue sin convencerte, seca tu ropa al aire libre. Los rayos UV reducen aún más la cantidad de gérmenes. Sin embargo, el uso de un aditivo desinfectante textil es razonable si en tu casa viven personas con enfermedades contagiosas o con un débil sistema inmunológico.

Colada a 60 °C

La ropa de cama, las toallas, la ropa blanca de mesa, la ropa interior blanca y los pijamas de algodón se lavan a 60 °C. Antes, estas prendas se lavaban a 95 °C. Hoy, no solo los electrodomésticos son más eficaces, sino que también los detergentes son tan eficientes como para que baste con lavar estas prendas a una temperatura baja para conseguir un óptimo resultado.

Colada a 90 °C

Este programa apenas se utiliza en los hogares. Si bien las prendas blancas de algodón puro soportan esta temperatura tan alta, en la mayoría de los casos no es necesaria para eliminar la suciedad normal. Solo si se padece una enfermedad puede ser práctico "hervir" la ropa que aguanta esta temperatura tan alta para que los demás miembros de la familia no se contagien.

Lavado en frío

Los tejidos delicados como la lana, la seda o algunos visillos se lavan en agua fría. Las lavadoras modernas dan la opción de lavar a 15 o 20 °C, mientras que los modelos antiguos presentan un punto de agua fría o un programa para lana, que funciona a una temperatura baja.

Programas eco

La duración del lavado depende del programa. Por norma general, lavar con agua caliente lleva más tiempo que con agua fría. Podrías pensar que los programas eco son los más cortos, pero no es así, ¡al contrario! "Programa eco" no se refiere al tiempo ahorrado, sino a un menor consumo energético por lavado. Se requiere menos energía porque necesita menos agua, una temperatura inferior y menos tiempo para calentar el agua. Un programa eco de 40 °C, por ejemplo, no llega a alcanzar la temperatura final. La duración del lavado se prolonga para que se llegue a ver el resultado del lavado pese al uso de agua fría. Pero sigue siendo más económico que un programa de lavado a una temperatura superior.

RECUERDA

La lavadora requiere más energía a la hora de calentar el agua. El consumo energético de un programa de lavado a 60 °C es casi el doble que el de un lavado a 40 °C. ¡A 30 °C puedes poner tres cargas con el mismo gasto energético!

Centrifugado

Las lavadoras presentan diferentes programas de centrifugado. Normalmente alcanzan valores aproximados de entre 600 y 1.400 revoluciones por minuto. Cuanto más alta sea esta cifra, más seca estará la ropa cuando la saques. Pero no siempre tienes que programar la velocidad más alta de centrifugado, ya que los tejidos delicados, por ejemplo, no resisten un centrifugado tan brusco. La seda, bajo ningún concepto; la lana, como mucho si es un centrifugado corto y suave, pues de lo contrario se apelmaza. Los programas de lavado para lana tienen esto en cuenta. Los tejidos resistentes como los de las sábanas, toallas, camisetas de algodón y vaqueros resisten un programa de centrifugado potente. Sin embargo, algunos tejidos tienden a arrugarse. Por eso nunca centrifugues unos visillos, tiéndelos mojados. Ahorrarás mucho tiempo de planchado si sacas la ropa de la lavadora al terminar el programa de lavado.

Clasificar y preparar la ropa

La lavadora puede quitarte muchas de las tareas relacionadas con la colada, pero clasificarla y prepararla sigue dependiendo de ti:

» **Ropa clara, de color y oscura.** No todos los tejidos resisten las temperaturas y los centrifugados altos, y la ropa de color puede desteñir la colada blanca. Si los calzoncillos rosas y las camisetas de color indefinido no son lo tuyo, deberías clasificar la colada por colores. Pon en un montón las prendas blancas, en otro, las oscuras y, en el tercero, todas las prendas de color. Para las prendas delicadas (lana, seda) se aconseja hacer un montón aparte. ¡Cada oveja con su pareja!

» **Polizones.** Comprueba siempre los bolsillos de chaquetas, jerséis y pantalones. Un pañuelo de papel que se cuele entre la colada se deshará por completo y, en el peor de los casos, "decorará" toda la carga de la lavadora con miguitas blancas. Retirarlas de cada prenda es casi misión imposible. En la ropa de los niños se puede encontrar todo tipo de cosas. Los clips de oficina dejan unas manchas de óxido de lo más feas, los caramelos se pegan en el interior de los bolsillos y las canicas no solo hacen que el lavado sea de lo más ruidoso, sino que podrían dañar el tambor.

» **De dentro hacia fuera.** Antes del lavado, da la vuelta a todas las prendas que tengan impresiones en colores llamativos o algún tipo de adorno. Así, las impresiones y las lentejuelas durarán más. Los vaqueros también deberían lavarse del revés.

» **¿Está todo abrochado?** Abrocha todos los botones y corchetes y sube todas las cremalleras. Así ni se engancharán con otras prendas ni les harán agujeros. Los sujetadores es mejor meterlos en una bolsa de lavandería o en una funda para almohadas cerrada, de manera que los cierres y los aros de metal no dañen otras prendas.

Leer y comprender las etiquetas

Las expresiones "etiqueta de lavado" o "etiqueta para el cuidado textil" se refieren a la pequeña etiqueta cosida en las prendas de ropa que indica si la prenda es lavable y, si es así, cómo ha de lavarse, secarse y plancharse. Algunas etiquetas son pequeñas y discretas, pero otras parecen la cola de una cometa. Incluso algunas crujen cuando llevas la prenda. Pese a lo que pueden llegar a molestar, es mejor que no quites las indicaciones de lavado, sobre todo si son tejidos especiales, cuyo tratamiento es distinto al de las prendas convencionales. Lo que puedes hacer es cortar la etiqueta de información sobre el país fabricante, que suele venir en varios idiomas, y la de la composición del tejido, si te molesta todo ese montón.

Las indicaciones de lavado se representan de forma gráfica y se comprenden en todo el mundo. Es práctico, pues pocas de nuestras prendas se han fabricado en España. No tienes que ponerte a descifrar los caracteres chinos para enterarte de la temperatura de lavado idónea para tus prendas favoritas, basta con ser capaz de leer y comprender los símbolos. La tabla 14.1 te aclara el significado de los más importantes.

TABLA 14.1 **Símbolos del cuidado de las prendas y su significado**

Símbolo de la etiqueta	Significado
LAVADO	
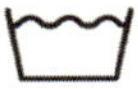	Este barreño representa la lavadora. El símbolo suele completarse con indicaciones adicionales sobre la temperatura o el tipo de programa de lavado como, por ejemplo, para prendas delicadas.
	La mano representa el lavado a mano. La temperatura del agua debería ser de 40 °C como mucho (de todos modos, la mayoría de la gente no aguanta una temperatura más alta). Los tejidos delicados y la lana han de lavarse a solo 20-30 °C.
	Si figura una cifra en el barreño, indica a qué temperatura máxima puede lavarse la prenda en un programa de lavado normal: 30, 40, 60 o 90 °C. El lavado a una temperatura inferior también sería posible. Como mucho, afectaría negativamente al resultado de lavado y la ropa no quedaría al cien por cien limpia. En cambio, deberías evitar una temperatura superior a la indicada. La ropa podría encoger o perder color.
	Si bajo el barreño hay una línea, indica un programa para prendas delicadas. El tambor de la lavadora no debería estar muy lleno y el número de revoluciones debería ser bajo.

TABLA 14.1 CONTINUACIÓN

Símbolo de la etiqueta	Significado
LAVADO	
	Dos líneas bajo el barreño indican que es ropa muy delicada. La carga del tambor no debe superar un tercio del total y se ha de seleccionar el programa para prendas delicadas o para lana.
	Las prendas con este símbolo no se pueden lavar, ya que podrían estropearse con un poco de humedad, o podrían ser demasiado grandes para una lavadora, como, por ejemplo, las alfombras.
SECADO EN SECADORA	
	El círculo dentro de un cuadrado indica que los tejidos son aptos para la secadora.
	El punto dentro de este símbolo hace referencia al grado de secado. Un único punto indica que esta prenda ha de secarse con precaución. Selecciona un programa corto de secado y una temperatura baja (máximo 60 °C). No llenes mucho el tambor.
	Si la etiqueta presenta dos puntos en el interior del círculo, este tejido resiste un secado normal a una temperatura de hasta 80 °C.
	Si el círculo está tachado, los tejidos no son aptos para la secadora. Tendrás que tenderlos en el tendedero o la cuerda de tender.
PLANCHAR	
	Los tejidos con este símbolo pueden plancharse.
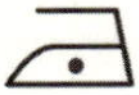	El punto en la plancha indica el grado de temperatura con la que se puede planchar la prenda. Las prendas con un único punto no pueden plancharse a una temperatura elevada. La base de la plancha tendrá una temperatura máxima de 110 °C. Como en la mayoría de las planchas no hay indicador de temperatura, selecciona un programa para fibras acrílicas, sintéticas o nailon.
	Las prendas con dos puntos en la plancha soportan un calor moderado, es decir, temperaturas de hasta 150 °C. Esta posición es adecuada para la lana, la seda y los tejidos mixtos.

TABLA 14.1 CONTINUACIÓN

Símbolo de la etiqueta	Significado
PLANCHAR	
	Los tres puntos representan una temperatura muy elevada. La base de la plancha se calienta hasta 200 °C. Con esta posición puedes planchar el algodón y el lino.
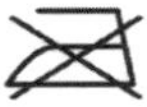	La plancha tachada significa "¡no planchar, por favor!". Los tejidos corren el riesgo de que su estructura cambie, es decir, se pueden quedar pegados o derretirse si se exponen a demasiado calor.
LIMPIEZA QUÍMICA	
	El círculo representa el tratamiento profesional de la prenda, es decir, limpieza en seco en la tintorería. Normalmente, en el interior del círculo hay una letra (P, F) que informa a la tintorería del disolvente con el que puede tratarse. Si bajo el círculo hay una raya, el tejido requerirá una limpieza en seco para prendas delicadas.
	Las prendas así etiquetadas no pueden limpiarse en seco ni ser tratadas con disolvente.
BLANQUEAR	
	El triángulo representa las prendas de ropa que pueden blanquearse. Se permite el uso tanto de oxígeno activo como de cloro blanqueador.
	Si en el triángulo figuran dos barras diagonales, el tejido puede tratarse con oxígeno activo como el que contienen, por ejemplo, los detergentes convencionales.
	Los tejidos etiquetados con un triángulo tachado no se pueden blanquear. Lava estos tejidos con detergente para prendas de color o delicadas, ya que no contiene productos blanqueadores.

Detergentes para cada necesidad: del detergente en polvo al líquido

Los detergentes suelen abarcar varios estantes en las droguerías o supermercados. Tantos metros y metros de detergentes en gel, en polvo y líquidos para ropa de color, delicada, estropeada y muy sucia, para un negro más negro, así como para la ropa de deporte sudada, pueden desalentarnos y confundirnos cuando se trata de elegir el correcto. ¿Se necesitan tantos detergentes? ¿Y cuál sirve para cada cosa?

Los detergentes que realmente necesitas

La buena noticia es que, por lo general, basta con tres detergentes para lavar cualquier clase de tejido.

1. **Detergente de gran potencia (universal).** Puede emplearse en lavados de entre 20 y 95 °C. Valen sobre todo para la colada blanca o clara de algodón o lino, así como para tejidos mixtos y sintéticos como el nailon. Usa este detergente para lavar tus toallas y paños de cocina, la ropa de cama, la ropa interior blanca, las camisas y las blusas. Al contrario de lo que sucede con el detergente líquido, el detergente de gran potencia en polvo contiene agentes blanqueadores. Este añadido otorga un blanco reluciente a tu ropa. No laves la ropa de color con este detergente en polvo, o al menos no con frecuencia, ya que los colores palidecerían.
2. **Detergente para ropa de color.** Este detergente se emplea en lavados de entre 20 y 60 °C y puede usarse para todos los tejidos resistentes de color como los vaqueros, las camisetas, las blusas y las camisas, pero también para la ropa de cama y las toallas. Los detergentes para ropa de color contienen unas sustancias que impiden tanto que los colores se deterioren como que destiñan otras prendas en el tambor. Aquí también tendrás que elegir entre el formato en polvo o líquido. Los detergentes líquidos tienen la ventaja de que rara vez dejan restos en la colada oscura. Pero, a cambio, el detergente en polvo suele ser más potente. Si tu ropa no está especialmente sucia, este factor no debería ser decisivo.

3. **Detergente para lana (prendas delicadas y seda).** Los detergentes para lana despliegan su poder de limpieza tanto en agua fría como a temperaturas de hasta 40 °C. No contienen blanqueadores ni enzimas degradantes de proteínas. Por ello son especialmente respetuosos con las fibras. Además, algunos ingredientes acondicionadores como la lanolina hacen que las fibras de la lana no se deshilachen con el roce en el interior del tambor.

INFORMACIÓN TÉCNICA

Junto con los llamados detergentes completos también es posible recurrir a un sistema modular. Por lo general, consta de tres componentes: un detergente suave sin blanqueadores, un producto blanqueador —responsable de eliminar las manchas— y un ablandador de agua. En función de la temperatura, el grado de suciedad y la dureza del agua, se añadirá cada componente. La colada que no presente muchas manchas no necesita el blanqueador. Añadir el ablandador de agua ablanda el agua sin que sea necesario añadir más detergente suave.

NO APTOS PARA TODO: LOS ESPECIALISTAS

Además del detergente de gran potencia, el específico para ropa de color y el específico para lana , existen detergentes especiales para prendas negras o delicadas. ¿Qué hacemos? ¿Comprar o no?

- Prescinde del detergente para prendas negras: las promesas publicitarias no se cumplen. En lugar de impedir que la colada negra vaya perdiendo color y se vuelva grisácea con el tiempo, algunos de estos productos parece que aceleren este proceso. Esta es la conclusión a la que llegó un estudio realizado por la institución alemana Stiftung Warentest. Es mejor que inviertas tu dinero en un buen detergente para prendas de color, que protegerá tu ropa de una pérdida de color prematura.
- Un detergente impermeabilizante para prendas de exterior tampoco es necesario. Este detergente no distingue entre la cara interior de la prenda —que no se tiene que impregnar— y la exterior —que sí ha de hacerlo— a la hora de lavarla. Así que la parte interna de la prenda se impregnará innecesariamente. Es mejor que laves esta prenda con un detergente líquido para prendas delicadas (comprueba la

composición: ¡sin suavizante!) y que a continuación utilices un espray de impregnación para que la prenda vuelva a ser impermeable.

» Los detergentes para prendas delicadas son adecuados para los tejidos delicados que puedan lavarse a temperaturas de entre 20 y 60 °C. Contienen enzimas y a veces también suavizante, y por eso no son adecuados para todos los tejidos. Pueden dañar la lana y la seda y tampoco son siempre adecuados (según el fabricante y la composición) para los tejidos funcionales.

La dosis correcta: medir en lugar de calcular a ojo

Ya has clasificado la ropa, el detergente está listo, podemos empezar. Llena el tambor de la lavadora y pon el detergente en una Ecobola o bola de lavado, directamente en el tambor o en el cajón para el detergente. Dosifica el detergente según las indicaciones del envase. Para ello, tienes que saber tres cosas:

» ¿Cuál es la dureza del agua de tu zona?

» ¿Cuánta suciedad tiene tu colada?

» ¿Qué cantidad de ropa quieres lavar?

La central que se ocupe de gestionar el agua de tu región te podrá informar sobre la dureza del agua. La unidad de medida de la dureza que suele utilizarse en España son los grados hidrométricos franceses (° H F). El agua blanda tiene valores de entre 7 y 14°; el agua poco dura, entre 14 y 32°; el agua dura, entre 32 y 54°, y el agua muy dura presenta valores por encima de 54°. Los detergentes contienen ablandadores de agua (excepto en el sistema modular). Si dosificas el producto según las indicaciones del fabricante, no es necesario añadir nada para ablandar el agua. En algunos hogares tienen instalado un dispositivo con este fin, por lo que en ese caso el agua para hacer la colada se considera blanda.

Cada persona percibe la suciedad de una manera. Al niño no le parece que el pantalón de deporte que se ha manchado de hierba en el entrenamiento de fútbol esté "tan asqueroso"; a tu suegra, en cambio, la mancha de té del mantel le resulta inaceptable. ¿A qué grado de suciedad se refieren, pues, los fabricantes de detergentes cuando en las indicaciones de la dosis hablan de "poca" suciedad o de suciedad "intensa"?

- **Suciedad ligera:** Prendas de ropa que se han usado poco tiempo y han adquirido olores corporales o de comida. No hay manchas visibles.
- **Suciedad media o normal:** Prendas de ropa que presentan manchas ligeras o que están sudadas. En esta categoría entran también la ropa de cama, las toallas y los visillos, siempre y cuando no tengan manchas de nicotina.
- **Suciedad fuerte:** La ropa presenta suciedad y manchas obvias. A este grupo pertenece la ropa de deporte, las manchas de hierba y la ropa de trabajo.

Para saber el grado de suciedad de tu colada, toma como referencia la prenda más sucia.

Las indicaciones de dosificación del detergente suelen referirse a una carga de 4,5 kg de ropa (en seco) en el caso del detergente para prendas de color. Por lo que se refiere al detergente normal, el de prendas delicadas o el detergente para lana, se parte del supuesto de una carga de 2,5 kg como máximo. Si tienes una lavadora con una capacidad de carga superior (por ejemplo, 6 kg), hay fabricantes que indican en el envase qué cantidad de detergente debes añadir. Si no es así, calcula la dosis correcta o recurre a alguna herramienta de conversión en internet. Lo importante es que utilices la menor dosis posible. Ahorrarás dinero y cuidarás del medio ambiente.

ADVERTENCIA

El tambor de la lavadora está lleno cuando, en la parte superior, queda espacio para meter una mano. No sobrecargues la máquina, ya que podría dañarse y tendrías que asumir una costosa reparación. Además, la ropa no queda limpia, ya que no puede moverse en el tambor, y el agua y el detergente no se distribuyen de forma óptima; en este caso, como el detergente no llega a disolverse bien, puede dejar marcas y manchas en la ropa. Cuanto más delicados sean los tejidos, menor debería ser la carga. Selecciona el programa sintético, no llenes el tambor más que hasta la mitad —y si son prendas delicadas o de lana, limítate a la cuarta parte de la carga máxima—. Si dudas, pesa la colada (antes de mojarla).

Suave, fragante, aséptico: el uso de suavizantes, fragancias de lavado y aditivos desinfectantes textiles

En los estantes de supermercados y droguerías, junto a los detergentes convencionales, hay muchos productos que consiguen que la ropa quede más suave, que esté casi libre de gérmenes y que huela como las flores. Las opiniones sobre estos productos son dispares. Lo incuestionable es que, al usarlos, la ropa no queda ni un ápice más limpia. Si lo único que te importa es limpiar la ropa, prescinde de estos artículos y, de paso, protegerás un poco el medio ambiente. Cada vez que empleas suavizante, fragancia de lavado o aditivos desinfectantes, los químicos llegan al agua y la contaminan más. Por eso no deberías usar estos productos a menos que necesites las funciones que ofrecen. En la tabla 14.2 puedes ver de cuáles se trata.

TABLA 14.2 **Función de suavizantes, fragancias de lavado y aditivos desinfectantes textiles**

Producto	Función	Efectos adicionales	Alternativa
Suavizante	Impide que la ropa quede rígida al secarse.	• Reduce la carga electroestática. • Reduce el tiempo de secado. • La colada se arruga menos y es más fácil de planchar. • Reduce la capacidad de absorción de, por ejemplo, las toallas.	Seca la ropa al aire libre. El viento y el movimiento evitan la rigidez del secado. En la secadora, la ropa también se ablanda con el movimiento.
Fragancia de lavado	Confiere un aroma agradable a la ropa.	• Puede provocar hipersensibilidad y reacciones alérgicas.	Seca la ropa al aire libre y tendrá un aroma delicado y fresco.

TABLA 14.2 CONTINUACIÓN

Producto	Función	Efectos adicionales	Alternativa
Aditivo desinfectante textil	Reduce la contaminación de la ropa por gérmenes.	• Combate los gérmenes necesarios para fortalecer el sistema inmunológico. • Puede provocar hipersensibilidad y reacciones alérgicas.	Utiliza un detergente de gran potencia y, si es posible, lava la ropa a una temperatura elevada.

Larga vida a la lavadora: cuidados

Has puesto la dosis adecuada, has seleccionado la temperatura correcta, pero ¿la ropa huele mal? Podría ser que la lavadora esté sucia. Cuesta de creer, pues la lavadora prácticamente se lava junto con la colada. Sin embargo, pueden quedar restos de detergente en el aparato y unirse a una película viscosa en la que los gérmenes proliferan de maravilla. Para que tu lavadora no se convierta en un caldo de cultivo de agentes patógenos y, además, funcione más tiempo, ten en cuenta estos consejos:

- Deja la puerta de la lavadora y el cajón para el detergente abiertos tras cada lavado, para que entre aire y se evapore el agua restante.
- Limpia el cajón periódicamente con una esponja o un cepillo y agua para eliminar los restos de detergente. En la mayoría de las lavadoras, el cajón puede sacarse para limpiarlo.
- Una vez al mes, pon una lavadora con prendas que puedas lavar al menos a 60 °C con un detergente de gran potencia en polvo. La combinación del calor con el blanqueador del detergente en polvo impide el desarrollo de los gérmenes y la formación de moho. Si es necesario, pon la lavadora vacía a 95 °C.
- Haz un control periódico del filtro. Al contrario de lo que haría suponer su nombre, aquí no solo terminan fibras y pelusas, sino

también pequeños objetos de los bolsillos de los pantalones y el famoso calcetín suelto.

ASÍ SE LIMPIA EL FILTRO

Según el tipo de lavadora, el filtro suele estar cerca de la manguera de evacuación o en la parte frontal inferior, detrás de una cubierta.

1. Abre el filtro. Cuidado, ¡puede salir un poco de agua! Es completamente normal. Ten a mano un paño para recogerla.
2. Extrae el filtro (cierre de rosca o de palanca) y límpialo bajo el grifo o con un cepillo.
3. Limpia también el conducto del filtro (la zona en la que se inserta el filtro).
4. Vuelve a colocar el filtro en su sitio.
5. Cierra la cubierta. ¡Listo!

EN ESTE CAPÍTULO

Tejidos fáciles

"Trátame con cuidado": prendas delicadas

Ropa de cama, cortinas, alfombras y otras "grandes empresas"

Capítulo 15

Prendas grandes y pequeñas: ¡cada una es un mundo!

Hay tejidos con los que es difícil hacer algo mal, pero hay algunas "divas" que se tomarán a mal cualquier error de lavado. Encogen, se deforman o te sorprenden con agujeros. Además, hay tejidos a los que no les gusta el agua y los cuidarán mejor en la tintorería. Con un poco de práctica, aprenderás cómo tratar debidamente los tejidos más diversos y, de este modo, podrás disfrutar de tu ropa durante mucho tiempo.

Vaqueros y camisetas: los resistentes

Los vaqueros y las camisetas son unas prendas muy populares a cualquier edad. Se encuentran en casi cualquier armario y son cómodas tanto para lavarlas como para llevarlas puestas. Ambas prendas suelen resistir temperaturas de lavado de entre 30 y 40 °C, pero echa un vistazo a la etiqueta por si acaso. Lava estas prendas con un detergente para prendas de color y prescinde del uso de un suavizante si en la composición de alguna de las prendas hay tejidos elásticos, ya que no son resistentes a este producto y se deforman. Existen algunas lavadoras que ofrecen un programa extra para vaqueros, pero si la tuya no lo tiene, selecciona uno para prendas de color.

Un par de consejos más para realizar una limpieza especialmente cuidadosa:

- Antes de lavarlos, abrocha los botones y cierra las cremalleras de los pantalones. Así los ojales no se deformarán y las cremalleras seguirán funcionando suave y correctamente durante más tiempo.
- Cuando los vaqueros son nuevos pueden desteñir, por lo que debes lavarlos por separado o junto con otros vaqueros cuyo color quieras avivar un poco.
- Vuelve los vaqueros del revés, es decir, la parte interior hacia el exterior. Así no surgirán marcas de color en caso de que se formen pliegues o por desgaste.
- Centrifuga los vaqueros a una velocidad máxima de 1.000 revoluciones. Para el secado, es mejor la cuerda de tender que la secadora porque el calor hace que los colores palidezcan antes.
- Vuelve del revés las camisetas que tengan algún tipo de impresión o de adorno para evitar que se dañen.

Jerséis y calcetines: los delicados

Los jerséis y los calcetines de lana han de lavarse con mucho cuidado. Esta fibra natural procedente de ovejas, cabras y conejos es algo exigente en lo referente al calor, la fricción y el agua. Si coinciden los

CÓMO TENDER BIEN LA ROPA

Indiferentemente de si tiendes la ropa al aire libre o en casa, en un tendedero o en la cuerda de tender, ahorrarás tiempo de plancha si tiendes las prendas nada más sacarlas de la lavadora al acabar el programa de lavado y, además, lo haces bien.

- » Sacude cada prenda antes de tenderla. Estira las arrugas y dale forma al cuello.
- » Como mejor se secan las blusas, las camisas, los vestidos y las chaquetas es en una percha. La humedad del tejido hace que la prenda pese más y le da forma automáticamente. Usa perchas redondeadas, pues no dejan bultos en el tejido.
- » No pongas las pinzas en las mangas a las camisetas, sino en el dobladillo, pues ahí las marcas de las pinzas de la ropa son más discretas. Si te metes la camiseta dentro de los pantalones, ni siquiera tendrás que planchar esa zona.
- » Cuando tiendas una funda nórdica al aire libre, abrocha la mitad de los botones y tiéndela con la abertura en la dirección del viento. Así podrá soplar en el interior de la funda y se secará antes y con menos arrugas.
- » Las prendas de lana no pueden tenderse porque se deforman. Extiende las prendas sobre el tendedero o ponlas estiradas sobre una toalla.

tres factores, la prenda encoge y se apelmaza, por lo que solo deberías lavar una prenda de lana pura en la lavadora si en su etiqueta figura el símbolo para el lavado a máquina. Si no es así, lava esa prenda a mano con agua tibia. Los tejidos mixtos (lana y fibras sintéticas) son menos delicados que los productos naturales y resisten sin problema un programa de lavado para lana.

Así te asegurarás de que todo vaya bien:

- » Clasifica la colada por colores —ropa blanca y oscura— para que no destiña.
- » Vuelve los jerséis del revés para lavarlos.
- » La carga del tambor no debe superar un tercio de la carga máxima.

- Utiliza detergente de gran potencia y selecciona el programa para prendas delicadas para garantizar un lavado suave (máximo 30 °C). Aquí ya se tiene en cuenta que el centrifugado de estas prendas debe ser corto. Selecciona un centrifugado suave (pocas revoluciones). Algunos programas para lana ofrecen una selección previa de 1.200 revoluciones por minuto. Si es posible, redúcelas a menos de 1.000 revoluciones por minuto.
- Saca la ropa de la lavadora en cuanto finalice el programa de lavado.
- Seca los jerséis en posición horizontal para que no se deformen.

Los pantis, los calcetines cortos o tobilleros y los pinquis de nailon son muy delicados. Para que no se rompan en el tambor de la lavadora por la interacción con otras prendas o lleguen a perderse (esto pasa más a menudo de lo que te imaginas), mete estas prendas en una bolsa de lavandería. Usa un detergente para prendas delicadas.

CONSEJO

Ya es casi un cliché eso de que, después de cada lavado, en la lavadora aparece algún calcetín desparejado. Puedes ponerle remedio y ahorrarte el juego "*Memory* de los calcetines" (¿cuál va con cuál?), que tanto tiempo nos roba. Existen los llamados "clips para calcetines", que puedes comprar por poco dinero, con los que puedes emparejar los calcetines al lavarlos. "Emparejados" van a parar también a la cuerda de tender y una vez se hayan secado los puedes guardar en el cajón o la cómoda sin esfuerzo.

La ropa de deporte y las prendas funcionales: los especiales

Las camisetas que evaporan el sudor de la piel, los forros polares —ligeros pese a que abrigan mucho—, o las chaquetas que no dejan que entren el viento ni el agua y que evitan la humedad, están de moda. Concebidas inicialmente para la actividad deportiva, las prendas de tejidos funcionales se llevan cada vez más a diario. Suelen estar compuestas por diversos tejidos, por ejemplo, una mezcla de poliamida, elastano, algodón y poliéster.

RECUERDA

Cuando una prenda tiene solo fibras sintéticas o tiene un alto porcentaje en su composición, solo puede lavarse a una temperatura baja o encogerán.

Esto también deberías tenerlo en cuenta:

- Cíñete a las indicaciones de lavado de la etiqueta de cada prenda para evitar que pierda su funcionalidad.
- Emplea un detergente líquido para prendas delicadas o algún detergente especial para tejidos funcionales, ya que los restos de un detergente en polvo podrían taponar las membranas de esta ropa.
- ¡No uses suavizante! Se deposita como una película sobre el tejido, limitando su funcionalidad.
- Si la ropa huele mucho a sudor y el olor no desaparece después de lavarla, deberás utilizar un aditivo desinfectante textil. Con eso debería bastar.
- Seca los tejidos funcionales al aire libre en lugar de en la secadora. El tejido del forro polar y las camisetas de deporte suele secarse muy deprisa, por lo que no merece la pena poner en marcha la secadora.

Camisas y blusas: para colgar

Las camisas y las blusas que no sean de seda pueden lavarse en la lavadora. Clasifica antes las prendas según su color (blanco u oscuro). Las camisas blancas se pueden lavar a una temperatura más alta que las de color (¡ten en cuenta las indicaciones de la etiqueta!). Para las camisas y las blusas blancas deberás emplear un detergente de gran potencia y, para las de color, uno para prendas de color.

Ten en cuenta lo siguiente:

- Lava las camisas y las blusas por separado. Con seis o siete camisas, la lavadora ya está suficientemente llena.
- Retira las ballenas o varillas del cuello de las camisas. Vuelve las prendas del revés y dobla el cuello hacia dentro.
- Selecciona un programa sintético a 40 °C cuando laves estas prendas. Es un programa con un centrifugado relativamente suave. Si quieres, reduce las revoluciones del centrifugado y las camisas se arrugarán menos.
- Tiende las blusas y las camisas inmediatamente después del lavado y dales forma. Así te costará menos plancharlas.

Lencería y pañuelos de seda: los sensibles

La lencería y la ropa de seda son muy delicados y han de lavarse con mucho cuidado. Lo ideal es hacerlo a mano. Si rehúyes ese esfuerzo y prefieres meter estas prendas en la lavadora, selecciona un programa de "lavado a mano". Si tu lavadora no ofrece un programa así, opta por otro para prendas delicadas, por ejemplo, el programa para lana. En la etiqueta averiguarás si tus prendas de lencería y tu pañuelo de seda son aptos para la lavadora.

Por lo que se refiere al lavado en la lavadora, ten en cuenta los siguientes aspectos:

» Lava la lencería de color claro separada de la de color y emplea un detergente para prendas delicadas y, para los productos de seda, algún detergente específico para seda.

» Cierra los corchetes del sujetador y mételo en una bolsa de lavandería, especialmente cuando sea un sujetador con aros.

» No uses suavizante ni seques estas prendas en la secadora, solo al aire libre.

» Tiende los sujetadores con aros en una percha; los sujetadores preformados es mejor que se sequen en posición horizontal.

Lo ideal es lavar a mano las prendas de tejidos muy delicados. No laves más de dos prendas del mismo color cada vez. Procede del siguiente modo:

» Llena el lavabo o una palangana con agua fría o templada y añade un poco de detergente para prendas delicadas o uno líquido adecuado para la seda. Disuelve el detergente en el agua antes de meter las prendas.

» A los tejidos delicados no les gusta que los amasen ni los froten, por lo que solo deberías moverlos un poco en el lavabo con cuidado, en especial la seda.

» Al acabar, no retuerzas las prendas, ya que la seda podría rasgarse cuando está mojada. En su lugar, escurre el agua con cuidado antes de aclarar las prendas. Evita que haya diferencias de temperatura entre el agua del lavado y el del aclarado. Habrás aclarado el detergente por completo cuando el agua salga clara.

» Si puedes, seca estas prendas en posición horizontal y el tejido no se deformará.

Trajes y vestidos: un caso para la lavandería

Pese al sinfín de detergentes especiales y las lavadoras con programas para casi todo, hay prendas cuya limpieza deberías confiar a la tintorería. Entre ellas, los trajes tanto de caballero como de señora, los abrigos de lana y los vestidos muy elaborados, con encaje, perlas o lentejuelas. La combinación de diversos materiales —como, por ejemplo, la lana y el tafetán o la seda y el encaje— supone un reto para la limpieza, ya que cada tejido reacciona de un modo distinto. Es mejor que no te pongas a hacer experimentos de lavado con prendas de ropa en las que figure el símbolo de "limpieza en seco". El resultado podría ser una prenda desteñida, deformada o encogida. Naturalmente, en la tintorería también puede cometerse algún error. Pero en ese caso la responsabilidad sería de ellos o del fabricante y te darían una indemnización.

RECUERDA

Cuando se trate de un conjunto de prendas combinadas, llévalas juntas a la tintorería para que no presenten tonalidades diferentes. Si el pantalón del traje o la falda del otro traje tienen una mancha, pero la chaqueta está limpia, lleva ambas prendas a la lavandería.

CONSEJO

La ropa que ha estado en la lavandería desprende un aroma muy peculiar. Se debe a los disolventes que se han empleado. Si cuelgas la prenda al aire libre durante un día, el olor desaparecerá. En cambio, en el armario, el traje o el vestido de noche seguirán emanando ese olor durante un tiempo.

Cómo lavar las prendas y los tejidos voluminosos

La ropa interior, las camisetas y los calcetines sudados te los cambias a diario, y con esa misma frecuencia terminan en la lavadora. El caso de las prendas y los tejidos voluminosos, difíciles de manejar, es distinto. En las siguientes páginas se explica cómo y con qué frecuencia han de lavarse o limpiarse.

Lavar las sábanas y las toallas

Unas toallas limpias que desprendan un aroma agradable y una cama recién cambiada aumentan la sensación de bienestar en el cuarto de baño y el dormitorio. Las sábanas y las toallas que no se cambian regularmente al cabo de un tiempo terminan oliendo mal y hacen que el aire de las estancias resulte "viciado". Por eso deberías cambiar las camas semanalmente o, como mucho, cada dos semanas, y poner toallas limpias.

Por lo general no hay problema en utilizar la lavadora. La tabla 15.1 expone los tipos de tejidos y su tratamiento.

TABLA 15.1 **Tipos de tejidos y su tratamiento**

Material	Tratamiento
Algodón, franela de algodón, felpa	Las prendas de color se lavan con un detergente para prendas de color a 60 °C. Las blancas suelen tolerar temperaturas de hasta 95 °C (lee la etiqueta) y se lavan con un detergente de gran potencia.
Microfibras	Lávalo a una temperatura máxima de 60 °C. No uses suavizante.
Satén	Lava el satén de fibras sintéticas a un máximo de 40 °C. El satén de algodón puede lavarse a una temperatura de hasta 60 °C.
Seda	Lávalo a una temperatura máxima de 30 °C con un detergente especial para seda.
Mil rayas o ***seersucker***	Lávalo a una temperatura máxima de 40 °C. No lo metas en la secadora.

CONSEJO

Vuelve la ropa de cama del revés y, si los hay, cierra los botones y cremalleras de las fundas nórdicas. Durante el lavado, las prendas pequeñas tienden a "desaparecer" dentro de las grandes. Cuando pasa, las prendas no se reparten bien en el tambor y la máquina traquetea durante el centrifugado. Y, además, al acabar el lavado te costará sacar del tambor esa funda tan llena.

RECUERDA

Lava las sábanas siempre junto con sus fundas de almohada para que las prendas no terminen presentando diferentes tonalidades. Deberás hacer lo mismo si tienes una cama de matrimonio con dos fundas nórdicas individuales. Lávalas con la misma frecuencia para evitar este efecto.

Lavar la ropa de cama y los colchones

Con el paso del tiempo, el edredón y las almohadas van perdiendo frescor y terminan presentando decoloraciones y manchas. Lo mismo le sucede al colchón, que, junto con la ropa de cama, cada noche absorbe hasta un litro de sudor. Elimina la humedad ventilando la habitación a diario. Pero las manchas y los restos de descamación, un pozo sin fin para los ácaros del polvo, no los eliminarás así. Lo único que sirve es una limpieza periódica. Te recomiendo limpiar los edredones, almohadas y colchones dos veces al año. Así se hace:

» Gran parte de los edredones y almohadas pueden lavarse en la lavadora. Pero echa un vistazo a la etiqueta con las indicaciones de lavado. Normalmente, se pueden lavar a una temperatura de hasta 95 °C. Utiliza un detergente para prendas delicadas y lava una cosa tras otra para que las almohadas o el edredón tengan espacio para moverse en el tambor. Sécalo todo al aire libre o en la secadora, en función de las indicaciones.

» Aunque los colchones no quepan en la lavadora, puedes hacer bastante para que se mantengan presentables e higiénicos durante mucho tiempo. En el caso ideal, los colchones tienen una funda extraíble y lavable que puedes meter en la lavadora siguiendo las indicaciones de lavado. Si no es así, cómprate una funda o un protector para evitar las manchas directas sobre el colchón. Ventila bien y da la vuelta al colchón periódicamente, por ejemplo, cada vez que cambies las sábanas. Gira la parte superior hacia abajo y la cabecera hacia la zona de los pies. Al hacerlo, pasa el aspirador por el colchón. También es práctico poner de vez en cuando el colchón en posición vertical y así el aire le llegará de todas partes.

RECUERDA

A los diez años, incluso el más cuidado de los colchones estará tan lleno de ácaros del polvo y de sus excrementos por lo que habrá que comprar uno nuevo.

Un caso especial: limpiar el edredón y las almohadas de plumón

Limpiar un edredón de plumón es un procedimiento complicado y, en función de la capacidad de nuestra lavadora, puede que no podamos hacerlo en casa. A pesar de que la almohada cabe justa, la mayoría de las lavadoras muestran sus límites cuando se trata de lavar un edredón de plumón. Las alternativas son lavarlo en una lavandería, llevarlo a la tintorería o a un lugar profesional especializado en este tipo de edredones.

- » La lavandería es barata. Pero tendrías que llevarte un detergente especial para artículos rellenos de plumas, ya que los detergentes que suelen incluirse en el precio de las lavanderías no son adecuados para el plumón. Antes de comenzar el lavado, revisa el tambor. Cualquier prenda de ropa que se hubiera olvidado alguien podría desteñir tu edredón y, si el tambor presentara un desperfecto, el edredón podría desgarrarse y entonces te llevarías las plumas de una a una de vuelta a casa. Para acabar, es mejor que lo seques varias veces brevemente en la secadora en vez de exponer los delicados plumones a unas temperaturas altas durante un tiempo prolongado. Mete en la secadora un par de pelotas de tenis limpias y con su color original. Impedirán que las plumas se apelmacen.
- » La limpieza química en la tintorería es cara. Pregunta que método emplean para la limpieza del plumón. Si allí no van a limpiar tu edredón de un modo distinto al que utilizarías en tu casa o en la lavandería, puedes hacerlo tú. Si quieres ir sobre seguro, en una tintorería estará en buenas manos, ya que allí podrías reclamar tanto el resultado de la limpieza como cualquier daño que pudiera surgir.

Si en tu lavadora hay espacio suficiente para al menos la almohada, lávala de la siguiente manera:

- » Mete la almohada en una funda con cremallera. Así, si la almohada llegara a dañarse durante el lavado, no tendrías el tambor repleto de plumas.
- » Utiliza un detergente especial para artículos rellenos de plumas y selecciona un programa para prendas delicadas, por ejemplo, para lana. La temperatura de lavado no debería superar los 30 °C.
- » Selecciona un programa de centrifugado suave.
- » Sacude y mulle la almohada varias veces mientras se seca al aire libre para que las plumas se despeguen unas de otras. Si la metes en la secadora, añade dos pelotas de tenis y te ayudarán a mullir las plumas de la almohada.

La ropa de cama adecuada para los alérgicos a los ácaros del polvo

Alrededor del 5 % de la población española padece alergia al polvo. Para ser exactos, los afectados no son alérgicos al polvo que se acumula por los rincones y bajo el sofá, sino a las excreciones de los ácaros del polvo. Por eso, el nombre correcto para esta alergia es *alergia a los ácaros del polvo*. En casa, estos microscópicos arácnidos se encuentran por todas partes, pero el verdadero problema de los alérgicos está sobre todo en el colchón y la ropa de cama. Esto se debe a la cantidad de tiempo que pasamos en la cama bajo el edredón. Con cada movimiento, las pequeñas excreciones que hay mezcladas con el polvo se elevan en el aire, se arremolinan y nosotros las inhalamos con cada inspiración. Con el fin de reducir los alérgenos:

- Utiliza sábanas y ropa de cama que puedas lavar al menos a 60 °C. Cambia las sábanas una vez por semana y limpia el colchón periódicamente.
- Compra fundas especiales para alérgicos tanto para el edredón y las almohadas como para el colchón. Son unas fundas lavables en cuyo tejido no pueden penetrar los ácaros del polvo.

Limpiar cortinas y estores

Si bien lavar cortinas o estores sigue siendo más laborioso que lavar unas camisetas y unos vaqueros, hace ya tiempo que dejó de ser una labor que requiera un día entero de trabajo. Lo que más cuesta es descolgarlos y volver a colgarlos. El lavado en sí es, en cambio, un juego de niños.

CONSEJO

Limpia tus cortinas dos veces al año. Los tejidos especialmente expuestos (a nicotina, vapores de la cocina, hollín de la chimenea...) deberían lavarse entre tres y cuatro veces al año. Se hace de la siguiente manera:

- Descuelga el visillo antes de lavarlo y retira los ganchos metálicos, ya que podrían provocar manchas de óxido. Los ganchos de plástico los puedes dejar en el visillo siempre y cuando estén bien sujetos. Si no estás seguro, mete el visillo en una bolsa de tela para que no se pierdan estas piezas tan pequeñas.

- Las cortinas lavables han de lavarse según las indicaciones de su etiqueta. El resto deberá tratarse en la tintorería.
- Usa un detergente de gran potencia para los visillos blancos y uno para prendas de color para los visillos de color. También hay detergentes especiales para visillos.
- No llenes más de un tercio del tambor de la lavadora y elige un programa para prendas delicadas (programa para lana) con una temperatura máxima de 30 °C.
- En la medida de lo posible, no centrifugues las cortinas o selecciona un programa de centrifugado suave (entre 400 y 600 revoluciones por minuto).
- Tiende los visillos mojados. Pesarán más y las arrugas se irán solas. Coloca unas toallas bajo los visillos para que absorban el agua que gotee.

CONSEJO

Conseguirás que unos visillos amarillentos vuelvan a lucir blancos si añades al detergente el contenido de un sobrecito de levadura en polvo o la misma medida de bicarbonato sódico. También existen unos sobrecitos dosificadores que se añaden a la colada y tienen el mismo efecto blanqueador. Otra posibilidad es utilizar un apresto al finalizar el lavado, que se deposita como una película blanca sobre las fibras del tejido. Lo encontrarás en las droguerías.

Limpiar alfombras

La mayoría de las alfombras son demasiado grandes para meterlas en la lavadora, y los tambores de las lavanderías, que tienen un tamaño mayor, tampoco son, ni de lejos, lo suficientemente grandes. Las piezas pequeñas, como las alfombras de retales, pueden lavarse en la lavadora siguiendo las recomendaciones de lavado. Para las alfombras o las moquetas se aconseja realizar la siguiente limpieza:

- Pasa el aspirador por las alfombras de tu casa y hazlo con regularidad.
- Elimina las manchas inmediatamente después de que se produzcan. Retira los líquidos y otros tipos de suciedad con un trapo. No frotes, ¡solo conseguirías que la mancha penetrase más en el tejido! En el capítulo 18 encontrarás más información acerca de cómo tratar las manchas.

» Otro modo sencillo para limpiar una alfombra es emplear espuma en seco. Este producto, que puedes encontrar en cualquier droguería, se aplica en la alfombra y, con la ayuda de un cepillo o un escobillón, se frota para que penetre en las fibras. El producto va cogiendo la suciedad y, pasado el tiempo indicado, puedes retirar ambas cosas con el aspirador.

CONSEJO

Un método que se usa en algunos países para limpiar alfombras es la limpieza en la nieve. Si tienes ocasión, pruébalo. Enrolla la alfombra y sácala fuera en posición vertical para que se refresque. Extiéndela unas horas más tarde con la cara superior hacia abajo. Golpéala por la cara posterior. Si tienes alguien que te ayude o si la alfombra no es demasiado grande, arrástrala un poco por la nieve limpia. Vuelve a meter la alfombra en casa y déjala secar en posición horizontal. Evita el contacto directo con el suelo para que se seque bien la parte inferior.

» En el caso de las moquetas, puedes realizar una limpieza profunda si toleran el agua. Necesitarás una máquina limpiadora de alfombras que puedes alquilar en una tienda especializada o de bricolaje. Esta máquina rocía la alfombra con un líquido de limpieza y se aspira junto con la suciedad. Esta limpieza es exhaustiva, pero exige algo de tiempo. Si te da pereza, encarga la limpieza de tu alfombra a un profesional. Se recomienda realizar una limpieza profunda cada cinco u ocho años.

EN ESTE CAPÍTULO

Algunas prendas necesitan calor: regular la temperatura

Pliegues en vez de arrugas: consejos para el cuello & Co.

Cuando la plancha suelta suciedad: el mantenimiento

Capítulo 16
Un asunto candente: planchar

Dicen que hay personas a quienes les gusta planchar. Sin embargo, según las encuestas, son una minoría. Al resto de la humanidad no le gusta y pospone esta actividad hasta que tiene en su casa una pila de ropa arrugada. A apretar los dientes y a pasar por ello, dicen entonces. Con el fin de que el esfuerzo merezca la pena y al final no resulte que la falda tenga más arrugas que antes o que quemes tu camisa favorita, debes observar una serie de reglas básicas. Familiarízate con el funcionamiento de tu plancha y su mantenimiento y aprende a planchar sin perder el tiempo, eliminando cualquier arruga.

Que no se queme nada: seleccionar la temperatura correcta

Las planchas modernas disponen de un regulador de temperatura. Según el tipo de tejido que se ponga bajo el hierro, se selecciona una temperatura baja o alta. Para que uno sepa qué hacer, en la plancha figuran los tipos de tejido en vez de la temperatura. El lino se plancha a temperaturas muy altas, mientras que los tejidos sintéticos, como el nailon, han de plancharse con poco calor. En algunas planchas, el regulador presenta puntos (de uno hasta tres). Corresponden con las indicaciones de la etiqueta de la prenda, donde también ha de figurar el símbolo de la plancha con uno, dos o tres puntos, que indican la temperatura máxima de planchado. Si las indicaciones que te ofrece tu plancha no te parecen lo suficientemente claras, recurre a la tabla 16.1.

TABLA 16.1 **Temperaturas de planchado y tipos de tejidos**

Símbolo en la etiqueta	Temperatura adecuada para...
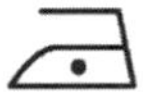	Temperatura baja: fibras químicas (acrílicas, nailon, acetato, poliéster, poliamida).
	Temperatura media: lana y seda.
	Temperatura alta: algodón y lino.

CONSEJO

Antes de comenzar, clasifica la ropa que vayas a planchar en función de la temperatura de planchado. Empieza por las prendas que haya que planchar con poco calor y ve regulando la plancha según vayas avanzando. De este modo, no tendrás que esperar a que la plancha se enfríe.

UN ASUNTO CANDENTE

Hoy planchar es una tarea sencilla. Para manejar una plancha de vapor no hay que ser fuerte ni ir a por carbón. Pero antes era diferente. Las planchas eran muy pesadas. Podían ser de hasta 12 kg y tenían que calentarse una y otra vez.

Las planchas de hierro se componían de una única pieza de metal y podían tener un agarre extraíble. Por lo general, el ama de casa tenía varias planchas. Una estaba siempre en el fogón para calentarse y se planchaba con la otra. Las planchas de tipo chimenea o planchas de carbón se rellenaban con brasas para que alcanzaran la temperatura de planchado. Las planchas de perno también presentaban un espacio en el que se introducía un núcleo candente de hierro. En ese caso, el ama de casa tenía varios hierros en el fuego para solventar su tarea sin tiempos de espera.

Sobre arrugas y pliegues

Al margen de la raya de la falda o del pantalón, apenas hay prendas de ropa en las que uno planche un doblez con intención. La mayoría de las prendas deben quedar libres de arrugas una vez planchadas, por lo que siempre es una ventaja impedir desde el principio que lleguen a formarse. Esto no siempre te facilitará la tarea de planchado, pero la hará más corta.

Cómo evitar arrugas en la ropa

» Tiende todas las prendas al acabar el lavado.

» Usa perchas para tender camisas, blusas, vestidos y chaquetas.

» Dobla cuidadosamente las prendas que vayas a planchar más tarde. Si evitas que se arruguen los tejidos, ahorrarás tiempo de planchado.

Al planchar puede que, sin querer, hagas una nueva arruga con la plancha. Es más fácil que pase cuando la prenda no está bien estirada sobre la tabla, cuando los bolsillos cosidos, los botones o los adornos están "en medio" o cuando no tienes una tabla de planchar o una para mangas. También puedes planchar sobre la mesa del comedor si usas como base una superficie de algodón, pero obtendrás mejores resultados con una tabla de planchar regulable. Podrás trabajar con la espalda erguida y separar los tejidos de doble capa de manera que no tengas que planchar ambas capas a la vez. En vez de eso, coloca las fundas nórdicas, las camisas y las camisetas sobre la parte abierta de la tabla de planchar y plancha la parte superior por separado de la inferior.

INFORMACIÓN TÉCNICA

Una tabla para mangas es la versión mini de una tabla de planchar (sin la superficie para posar la plancha). Es idónea para planchar mangas y puños, pero solo vale la pena que te la compres si planchas camisas y blusas con frecuencia.

Cómo evitar pliegues y arrugas en el tejido

- » Plancha las partes pequeñas y los "apéndices" —como los bolsillos interiores, las cintas y los lazos— antes de ponerte con las superficies grandes. No se arrugarán tan deprisa y podrás estirar mejor las superficies que superpongas.
- » Pon la prenda sobre la tabla de planchar estirándola bien y trabaja las superficies grandes en dirección contraria a tu posición. De este modo, el tejido que ya hayas planchado no te molestará y, cuando sea una prenda grande que llegue hasta el suelo, no terminará sin querer entre tus pies.
- » Plancha siempre de las zonas amplias de la prendas a las estrechas. Así podrás usar la punta de la plancha para acceder bien a los "auténticos" pliegues del tejido y alisarlos sin eliminar el pliegue deseado.

Consejos y trucos para la camisa y el pantalón

Los tejidos de corte recto, como los paños de cocina, se planchan en nada. No hay más que estirarlos, pasarles la plancha y listo. Eliminar todas las arrugas de las camisas y las blusas es otro cantar. Cuando acabas de planchar una arruga en una manga, aparece una nueva por la otra parte. ¡Es desesperante! Pero podría ser diferente, ya que si sigues estos pasos en orden, las arrugas no tendrán nada que hacer.

1. Si la camisa (o la blusa) ya está seca cuando vayas a plancharla, humedécela un poco. Utiliza una plancha de vapor o rocía la ropa con un vaporizador.
2. Plancha primero la cara interna del cuello y luego, la externa.
3. Ahora es el turno de los puños. Aquí se hace lo mismo: primero el interior y, luego, el exterior.
4. Estira las mangas dándoles forma y plánchalas por ambas partes.
5. Coloca la parte de los hombros sobre el extremo redondeado de la tabla de planchar y alísala partiendo del cuello.
6. Plancha la botonadura y, partiendo de ahí, la primera mitad de la parte delantera de la camisa.
7. Desliza la prenda hasta llegar a la segunda mitad de la parte anterior pasando por la espalda y plancha la botonadura también ahí.
8. Cuelga la camisa y abrocha el botón superior.

Si se te ha dado bien, planchar un pantalón te parecerá un juego de niños. De nuevo, habrá que ir de las superficies pequeñas a las grandes.

- Comienza por los bolsillos interiores y pasa de ahí a la cinturilla.
- A continuación, coloca la primera pernera sobre la tabla de planchar de modo que las costuras del pantalón queden hacia fuera.
- Plancha la pernera por una parte y luego por la otra, y procede de la misma manera con la segunda pernera.

Para aprender cómo ha de plancharse la raya del pantalón, lee el apartado "Cómo devolver la raya al pantalón y a la falda".

ADVERTENCIA

Plancha los pantalones oscuros del revés o le saldrán brillos en la cara exterior y parecerá que estén sucios. En lugar de dar la vuelta al pantalón, pon encima un pañuelo de algodón ligeramente húmedo y plánchalo.

CONSEJO

Si no tienes una plancha a mano, como cuando vas de viaje, la camisa y el pantalón se alisarán si los cuelgas al vapor de la ducha caliente. Una alternativa es aplicar el calor del secador de pelo sobre la prenda ligeramente húmeda.

Cómo devolver la raya al pantalón y a la falda

» **Pantalones.** Plancha los bolsillos interiores y la cinturilla. Coloca luego la pernera izquierda sobre la tabla de planchar de modo que la costura interior y la exterior queden superpuestas. Plancha las costuras antes de acometer el resto de la pernera. Procede también así con la pernera derecha.

» **Faldas, vestidos, blusas.** Cuando sean prendas con costuras, plancha sección por sección sobre la tabla de planchar. Coloca la prenda de manera que el pliegue se asiente y pasa la plancha por encima. El frunce y el plisado son más delicados. Pon la prenda sobre la tabla de modo que puedas levantar la zona arrugada. Usa la punta de la plancha para alisar los pliegues y alisa el tejido en el aire sin presión.

Cuando termines de planchar, fija los pliegues continuos al dobladillo con unas pinzas de la ropa. Así aguantarán más.

Los útiles de planchado: el chorro de agua y el almidón

Siempre deberíamos organizar aquellas tareas que nos gusten menos para que nos resulten lo más agradables posible. Por eso debes utilizar aparatos que sepas manejar y que te faciliten la labor en lugar de hacerte perder el tiempo y los nervios.

El utensilio más importante a la hora de planchar es, naturalmente, la plancha. Hoy día, las más vendidas son las planchas de vapor. Cuando vayas a comprarte una, comprueba lo siguiente:

» ¿Me resulta cómoda en la mano (en especial si eres zurdo)?

» ¿Te ves planchando con esa plancha durante una hora, o es demasiado pesada para ti? ¡Cuidado! Con el depósito lleno pesará todavía más.

» ¿El cable es lo suficientemente largo y flexible?

» ¿La plancha se desliza bien sobre los tejidos?

Además de la plancha, una tabla de planchar de altura regulable será también muy práctica. Te protegerá la espalda mientras planchas y podrás posar la plancha en un lugar seguro. Usa, además, una funda con revestimiento de aluminio. Ahorrarás energía, ya que ese revestimiento refleja el calor.

Los rociadores o vaporizadores, que puedes comprar por un par de euros en unos grandes almacenes o una droguería, también son prácticos. Llena la botellita con agua tibia y rocía la ropa con ella antes de plancharla. Será más sencilla de planchar y el consumo energético, menor, ya que plancharás con menos vapor.

La ropa almidonada también es más fácil de alisar. El almidón se aplica en mantelerías, servilletas de tela o camisas y blusas para obtener una mayor rigidez del tejido. Los almidones líquidos y listos para usar son fáciles de manipular: se introducen en el cajón de la lavadora o se rocían las prendas con ellos justo antes del planchado (almidón en espray). Las indicaciones de uso figuran en el envase.

En la mayoría de los casos puede prescindirse de los centros y sistemas de planchado y las planchas de rodillo. Si no tienes que afrontar a diario montones de ropa para planchar, o si no te apasiona esta actividad, no vale la pena que te compres uno de estos aparatos. Son pesados y no se pueden guardar bien. Por lo que se refiere a su precio, es superior al de una buena plancha de vapor y una tabla de planchar.

Limpiar la plancha

Una plancha nueva se desliza con ligereza sobre las prendas textiles. Con el paso del tiempo, en la base de la plancha se acumulan restos de detergente, grasa y fibras textiles que hacen que la superficie se vuelva más tosca. La plancha ya no se desliza tan bien, por lo que debes limpiarla con regularidad. Hazlo así:

» Limpia la base frotándola con un paño empapado en ácido cítrico.

» Si alguna fibra se ha quedado pegada a la suela de la plancha, retírala con una rasqueta para vitrocerámicas.

» Limpia con un palillo los orificios del vapor obturados por restos de cal.

» Para eliminar la suciedad grande pon la plancha sobre un paño húmedo. Así se disuelve la suciedad. A continuación, frótala con un paño limpio. Otra forma de hacerlo es pasar la plancha sobre un trozo de papel de aluminio hasta que dejen de aparecer manchas en el papel.

NO LE DES UNA OPORTUNIDAD AL ÓXIDO NI A LA CAL

Dado que una plancha de vapor funciona con agua, en algún momento pueden aparecer manchas de óxido o de cal. Con el fin de prevenir las calcificaciones, para el depósito utiliza exclusivamente el agua recomendada en el manual de instrucciones, por ejemplo, agua destilada. Vacía el depósito después de cada uso y pulsa el botón del vapor para eliminar los restos de humedad del aparato. Coloca la plancha en posición vertical para que se enfríe. Así impedirás que la base se humedezca si todavía sale algo de agua. Guarda la plancha en un lugar seco.

EN ESTE CAPÍTULO

Capítulo 17

Cuidado y mantenimiento de la ropa

Cuando uno se pone ropa recién lavada y planchada está bastante presentable. Pero antes de que llegues a ponerte esas prendas, estas suelen desaparecer en el armario o la cómoda hasta que las vuelves a necesitar. ¿Cuál es la mejor manera de guardar las cosas y, sobre todo, el mejor modo de protegerlas de las polillas? Sobre esto vamos a hablar a continuación. Antes de meter la ropa en el armario, revisa si hay botones o hilos sueltos, así como también algún agujero. En este capítulo podrás averiguar cómo puedes realizar tú mismo estas pequeñas mejoras estéticas.

Solucionado en un momento: cepillar y airear

No hay por qué lavar todas las prendas de ropa cada vez que uno se las pone. A muchas de ellas como, por ejemplo, los trajes, ni siquiera les sentaría bien. Es mejor cepillar la suciedad superficial como el polvo. Para ello, lo ideal es que uses un cepillo de cerdas naturales. Para los tejidos especiales como el terciopelo, opta por uno para terciopelo o ante. Cepilla el polvo en el sentido del tejido.

Después del cepillado, debes airear la prenda. Cuelga el traje o el abrigo en una percha adecuada y sácalo al aire libre. Un buen lugar es uno donde no dé el sol y la prenda esté a resguardo de la lluvia. La humedad del aire suaviza las arrugas de la ropa y elimina los olores. Airear una prenda no cuesta dinero ni esfuerzo y, cuando vuelvas a meter tus prendas en casa, desprenderán un aroma fresco.

ADVERTENCIA

Un alérgico al polen no debería airear su ropa al aire libre durante la época de polinización. En su lugar, cuelga tus cosas dentro de casa (dormitorio o cuarto de baño) antes de meterlas en el armario.

Un alto en el camino: trajes y vestidos a salvo de las polillas

Son temidas y difíciles de combatir: hablamos de las polillas. Las hembras prefieren poner huevos en algún rincón oscuro y donde haga calor. En el armario ropero, entre la ropa, encuentran un lugar ideal, pues, cuando nacen las hambrientas larvas de sus huevos, encuentran su fuente de sustento. Allí se alimentan con ansia. Les gusta la ropa de materiales naturales como lana, seda, pieles o plumas. Si las dejamos, durante su vida como larvas pueden hacer enormes agujeros en un traje o un vestido de seda —y la siguiente generación quizá esté a punto de nacer—. Así que, si descubres polillas en casa, actúa con rapidez. Aunque los ejemplares que vuelan ya no pueden dañar la ropa, pues no disponen de las herramientas necesarias en la boca, con su presencia suelen anunciar una plaga cuyo foco debes encontrar lo antes posible.

- Saca la ropa del armario y revisa cada prenda en busca de calvas, agujeros o huevos.
- Limpia el armario con vinagre de limpieza sin olvidarte de las ranuras y grietas. Si hay zonas de difícil acceso, usa el secador de pelo (temperatura máxima). Estos bichitos tan molestos no soportan las temperaturas por encima de 50 °C.
- Las prendas afectadas pueden lavarse con agua muy caliente (por encima de los 50 °C) o meterse en el congelador en una bolsa de plástico durante una semana. Estos parásitos no sobrevivirán a ninguna de estas dos opciones. Ten en cuenta las indicaciones de lavado de cada prenda. ¡Un jersey de lana encogerá si lo lavas a una temperatura tan elevada! Utiliza el secador para tratar los tejidos voluminosos como las alfombras o los muebles.

INFORMACIÓN TÉCNICA

A las polillas les gusta la ropa sucia. Allí encuentran pelos y escamas de piel y esto las atrae como si de una lucecita mágica se tratase. No guardes en el armario más que ropa limpia (en especial, tras el cambio de la ropa de temporada).

Naturalmente, lo mejor es que las polillas no lleguen ni siquiera a anidar. Hay algunos aromas que pueden ser de ayuda, como la lavanda o la madera de cedro. Pon saquitos con flores de lavanda o trocitos de madera de cedro en tus armarios. A la mayoría de las personas les gustan estos aromas y las polillas los evitarán. En las droguerías también puedes conseguir unas trampas para polillas, un papel que se coloca o cuelga desplegado en el interior de los armarios. Sin embargo, estos productos químicos suelen presentar un olor muy intenso y la ropa de esa zona del armario apestará. Además, se recomienda guardar los trajes (tanto de caballero como de señora) y otras prendas caras en fundas de plástico. Las polillas no podrán acceder al tejido.

Por turnos: ropa de invierno y de verano

Son pocas las personas que disponen de espacio suficiente en sus armarios como para albergar durante todo el año tanto la ropa de verano como la de invierno. Dos veces al año (primavera y otoño) cambiamos el grueso jersey y el abrigo de invierno por las camisetas, los tops y las chaquetas finas. Las prendas que no necesitamos en función de la estación del año terminan en cajas en el sótano, la buhardilla o bajo la cama.

Este cambio de temporada es una buena ocasión para examinar cada prenda con detenimiento y hacer limpieza en el armario. Hazlo así:

1. **Vaciar el armario.** Saca toda la ropa del armario y forma tres montones. En el primero pon las cosas que puedan tomarse un descanso de seis meses. En el segundo montón, coloca las prendas que te pones sin importar la época del año (como las camisetas) y puedan volver al armario. El tercer montón es para las prendas que desees desechar porque ya no te valen, no te gustan o están rotas.

2. **Limpiar el armario.** Limpia el armario en profundidad con un paño húmedo.

3. **Guardar la ropa a prueba de polillas.** Guarda solo ropa limpia y lavada y arregla los pequeños desperfectos. Para almacenar las prendas son prácticas las cajas de plástico, las maletas, las bolsas de viaje o las bolsas al vacío. Pero estas son mejores para la ropa que no tienda a arrugarse demasiado. Si utilizas cajas de cartón, el lugar donde las almacenes tiene que ser un lugar seco y ventilado.

   ADVERTENCIA

   En general, nunca almacenes la ropa en un lugar húmedo y con malos olores. Los tejidos cogerán olor y, en el peor de los casos, podrían desarrollar moho.

4. **Seleccionar la ropa.** Guarda en el armario la ropa del segundo montón. Examina la ropa de verano (o de invierno) que vuelva al armario para pasar los siguientes seis meses y repara los posibles desperfectos (en el apartado "Agujeros e hilos sueltos: pequeños arreglos" verás cómo se hace). Si sabes que alguna prenda no te la pondrás más, deshazte de ella y ponla en el tercer montón. Si es necesario, airea la ropa nueva y plancha las blusas o las camisas antes de colgarlas.

5. **Deshacerte de la ropa desclasificada.** Mete la ropa desechada en una caja de cartón y decide qué harás con ella (más información al respecto, en el capítulo 13).

Agujeros e hilos sueltos: pequeños arreglos

Cuando el botón de la chaqueta se descose justo antes de una entrevista de trabajo, o cuando el dedo gordo del pie atraviesa el calcetín, es un fastidio, pero no es para tanto. Apenas se necesita tiempo para recomponer estos pequeños desperfectos si tienes las herramientas adecuadas: aguja e hilo.

CONSEJO

Cuando compres una prenda, revisa los botones. Es frecuente que estén cosidos con un par de puntadas y queden muy sueltos. Cose los botones con un hilo de un color similar. Guarda los botones de repuesto que suelen venir en las prendas por si alguno se pierde.

Coser un botón

Los botones pueden tener dos o cuatro agujeros. Por eso, la forma de coserlos difiere un poco según el tipo de botón.

- **Dos agujeros.** Mete la aguja por debajo de uno de los agujeros y, al sacarla por el otro lado. Luego, pásala por el siguiente agujero desde arriba hacia abajo.
- **Cuatro agujeros.** Toma los otros botones como referencia. ¿El hilo forma una X o ves dos hilos paralelos? En el primer caso, mete la aguja desde arriba en el agujero opuesto y, en la segunda variante, saca la aguja por el agujero contiguo.

Para coser necesitas una aguja, hilo de coser del color y el grosor según el tejido, un botón del color y tamaño correctos, y unas tijeras. Se hace así:

1. Corta una hebra de unos 30 centímetros de longitud de la bobina de hilo.
2. Introduce el hilo por el ojo de la aguja y hazle un nudo en el extremo largo. Este evitará que la hebra vuelva a salirse del tejido.

CONSEJO

Se cose más rápido si la hebra es doble. Corta una hebra de 60 centímetros, enhebra la aguja y haz un nudo con ambos extremos.

3. Sitúa el botón en la posición correcta. Por lo general, se

identifica enseguida gracias al par de hilos sueltos que suelen quedar donde se encontraba el botón. También puedes medir el lugar con una cinta métrica, si el botón estaba cosido en línea junto con otros.

4. Coloca el botón en el tejido en la posición correcta y sujétalo. Clava la aguja desde abajo, primero a través del tejido y luego a través de uno de los agujeros del botón. Tira suavemente del hilo hasta que notes la resistencia del nudo. Luego mete la aguja desde arriba a través del siguiente agujero y la tela. Repite estos pasos hasta que el botón esté bien sujeto.
5. Para asegurar la hebra al acabar, da varias puntadas por la zona inferior del botón, pasando la aguja entre las puntadas previas. Corta luego la hebra sobrante.

Zurcir un agujero

Necesitas una aguja de coser o de zurcir (según el grosor del hilo), hilo de coser (del color y grosor del tejido), tijeras y, para los agujeros grandes, un huevo u hongo de zurcir.

1. Enhebra la aguja. Sé generoso con la longitud de la hebra, pues tendrás que dar muchas puntadas para zurcir el agujero.
2. Coloca el tejido que quieres zurcir sobre el huevo de zurcir de manera que el agujero quede en el centro.
3. Clava la aguja en un punto distante del agujero y da ahí unas puntadas en forma de lazada. Esta sustituye el nudo e impide que el hilo vuelva a soltarse.
4. El calcetín se zurce siguiendo la misma pauta que al tejer, es decir, se entretejen puntadas cruzadas. Comienza dando puntadas en una dirección: inserta la aguja un poco más alejada del agujero y da una puntada cruzándolo. Desde el otro lado del agujero, mete la aguja de la cara superior a la inferior del tejido y lleva la aguja en ángulo recto hacia un lado y de nuevo hacia arriba. Da la siguiente puntada en línea paralela a la primera, atraviesa el tejido en ángulo recto y vuelve a dar la siguiente puntada en la misma dirección. Sigue dando más puntadas hasta cubrir el agujero en intervalos regulares.
5. Ahora haz lo mismo dando puntadas perpendiculares a las anteriores. Cuando hayas cubierto el agujero con las puntadas en un sentido, da las puntadas pasando la aguja por encima y por debajo de las puntadas previas hasta llegar al otro extremo

del agujero. Repite lo mismo de vuelta en dirección contraria y esta vez invierte las puntadas, es decir, donde habías pasado por encima de unas puntadas, pasa ahora por debajo, y viceversa.

6. Cuando el agujero esté remendado, haz un nudo en la hebra y da un par de puntadas por la cara inferior del tejido antes de cortar el hilo sobrante.

Detener una carrera

Los pantis son muy delicados y es fácil que aparezca una carrera. Si no llevas un segundo par en el bolso, lo suyo es poner freno a la desgracia lo antes posible. Cuando los pantis tienen una carrera, no hay remedio. No obstante, puedes frenarla y evitar que el daño sea visible a ojos de todos. Estos dos trucos te ayudarán:

1. Aplica laca de uñas transparente en el final y el inicio de la carrera (para ello, debes llevar puestas las medias). La laca pega los puntos e impide que la carrera se extienda.
2. La laca de pelo produce el mismo efecto adhesivo. Rocíala a cierta distancia sobre el principio y el final de la carrera.

DETENER UNA CARRERA EN UNA PRENDA DE PUNTO

Cuando en una prenda de punto, como tu jersey favorito, por ejemplo, se sueltan unos puntos y dejan un agujero, suele haber una solución. Los puntos están unidos de un modo distinto al que presentan los puntos de unos pantis y es más sencillo recomponerlos. Usa una aguja de ganchillo o croché y aborda el desperfecto donde empiece. Pasa el punto suelto a través del resto (si es suficientemente largo) o una hebra similar para sustituir la otra. Haz una cadeneta con los puntos y, para acabar, cose la hebra.

ADVERTENCIA

Para evitar las carreras en tus pantis, quítate las joyas antes de ponértelas. Este tejido tan fino se engancha en los anillos y las pulseras de bordes afilados. Otro consejo: antes de ponerte los pantis, métetelos un par de horas en el congelador. Se dice que las fibras se vuelven más robustas y no se rompen con facilidad. ¿Será cierto? En cualquier caso, no cuesta probarlo y, en verano al menos, como efecto secundario tendrás unas piernas maravillosamente frescas durante un ratito.

Ocuparse de los enganchones

Cuando se te engancha el jersey de lana en el velcro o cuando el gato no esconde a tiempo las uñas, es fácil que se produzca un enganchón. Las hebras no se rompen, pero ya no están en su lugar. No queda estético, pero en la mayoría de los casos no es una catástrofe.

Primero, intenta estirar el tejido en todas las direcciones. A veces basta con eso para que la hebra vuelva a "su sitio". Si no funciona, usa una aguja de ganchillo o una cogepuntos (las venden en la mercería) para tirar de la hebra hacia dentro. Si sobresale en forma de lazada, no se te ocurra cortarla. En lugar de eso, hazle un nudo.

Zapatos elegantes: el betún y los cepillos entran en acción

Los zapatos tienen que aguantar lo suyo a diario. Los llevamos durante horas mientras vamos de paseo por la ciudad, campo a través cuando practicamos senderismo o *cross*, los sudamos en la oficina cuando la calefacción está alta o en esos días calurosos de verano y, en invierno, se ven expuestos a la nieve y a grandes diferencias de temperatura. Unos zapatos bien confeccionados son capaces de resistir estas exigencias, pero solo si uno los cuida. Esto se aplica tanto a unas zapatillas de deporte como, sobre todo, a unos buenos zapatos de piel, que no pueden faltar cuando llevas traje. Si los limpias y tratas bien, tendrás mejor aspecto con ellos y pueden convertirse en el centro de atención. El modo de limpieza cambia según el zapato.

» **Zapatillas de tela, *sneakers*.** Unas zapatillas de tela sin bisutería ni otros añadidos laboriosos pueden lavarse en la lavadora a una temperatura baja (30 o 40 °C, programa para prendas delicadas). Si tu lavadora dispone de un programa para zapatillas, selecciónalo. Retira los cordones y cualquier otro elemento suelto antes del lavado y mete las zapatillas en una bolsa para lavadora o en una funda de cojín con cierre. Mete también unas toallas en el tambor para amortiguar las zapatillas y evitar que se produzca cualquier daño en el interior del tambor. Si lavas las zapatillas a mano, usa, al igual que para la lavadora, un detergente para prendas delicadas y agua templada. Para secar las zapatillas, mételes dentro papel de periódico (cámbialo de vez en cuando) y ponlas en un lugar ventilado.

ADVERTENCIA

Aunque las zapatillas se secarán antes en un lugar soleado o sobre un radiador, la goma se estropeará y podrían aparecer manchas de moho.

» **Zapatillas de deporte.** Elimina el polvo y la suciedad con un cepillo para zapatos. Las zapatillas de deporte o el calzado funcional suelen estar compuestos por diversos materiales (tejido con membranas, piel) y poseen suelas acolchadas y con una buena amortiguación. Limpia los zapatos a mano para que no penetre agua en las suelas ni se deforme el material superior. Pasa un paño húmedo por el zapato para retirar las impurezas. No emplees productos de limpieza y deja que los zapatos se sequen con cuidado (ni luz del sol directa ni calefacción).

» **Zapatos de piel.** Elimina el polvo y la suciedad con un cepillo para zapatos o un paño húmedo. A continuación, aplica una fina capa de betún o emulsionante (del mismo color que los zapatos) y frótala con un cepillito o un paño. Una alternativa es emplear un cepillo de dientes o un paño suave. Cuando la crema penetre, pule los zapatos con un cepillo suave para zapatos. Usa un cepillo diferente para cada color para no desteñir los zapatos. También es muy efectivo pulirlos con unas medias de nailon.

CONSEJO

Cuando vas con prisas, una crema autobrillante es una buena alternativa a la limpieza tradicional del calzado, que requiere su tiempo. Elimina la suciedad, aplica el producto y ¡listo! Pero esto no sustituye la limpieza en profundidad que se hace con una buena crema para zapatos, ya que puede formar unas capas que, con el tiempo, podrían generar grietas.

» **Zapatos de velur, serraje, ante o nobuk.** Quita la suciedad superficial con un cepillo. Para estos tipos de piel existen cepillos especiales. Para el calzado de nobuk, utiliza un cepillo con crepé y, para el serraje o el ante, un cepillo para ante con cerdas de goma o metálicas. Estos cardan las posibles calvas del material y respetan su estructura y su aspecto. Esta clase de zapatos debe tener siempre una impregnación para impermeabilizarlos. Trata los zapatos nuevos dos veces antes de estrenarlos e impermeabilízalos regularmente con un aerosol de impregnación, que realzará los colores. Carda los zapatos antes de que se sequen por completo.

CONSEJO

Cualquier zapato agradecerá que se le conceda una pausa después de usarlos. La norma debería ser: un día de uso, un día de descanso. Airea bien tus zapatos (retira las plantillas) y usa una horma para que conserven su forma.

CONTENIDO DE UNA CAJA DE LIMPIEZA DE ZAPATOS

Si tienes zapatos de velur o nobuk y de piel, deberías tener estos productos de limpieza en tu caja:

- Paños suaves para aplicar la crema y pulir.
- Crema o betún de los colores de tus zapatos de piel.
- Un aerosol de impregnación para el calzado de velur o nobuk.
- Un cepillo para eliminar la suciedad superficial.
- Cepillos para zapatos para aplicar las cremas (un cepillo por color).
- Cepillos suaves para el pulido.
- Un restaurador para ante y nobuk, que reaviva el color.
- Crema o betún autobrillante de los colores de tus zapatos o incoloros, para aplicar de vez en cuando.

EN ESTE CAPÍTULO

Limpiar y cuidar del medio ambiente a la vez

Composición de los productos de limpieza para baños

La elección del producto de limpieza adecuado

Capítulo 18

¡Qué horror, una mancha!

Una de las definiciones que ofrece el *Diccionario de la lengua española* de la Real Academia Española del término *mancha* es "Señal que una cosa hace en un cuerpo, generalmente ensuciándolo o echándolo a perder". Suena bastante inofensivo, pero en la práctica puede llegar a ser un problema bastante tenaz, sobre todo cuando ni el producto ni el método sirven para erradicar la mancha. Y es que las manchas pueden ser de diversa índole y, para que desaparezcan, han de tratarse según su tipo.

Pese a que una mancha de hierba en un pantalón de color claro, una copa de vino tinto derramada sobre la alfombra o una salpicadura de salsa en una corbata son bastante molestos en un primer momento, por suerte no son imposibles de limpiar. A menudo ni siquiera hace falta recurrir a un producto químico, pues con el tratamiento adecuado y, sobre todo, si se actúa lo antes posible, se podrán eliminar muchas manchas con productos convencionales presentes en cualquier hogar. Por ello, ¡que no cunda el pánico! Cuando actuamos atropelladamente y frotamos y restregamos a lo loco suele pasar que la mancha se agrande en vez de desaparecer.

La ciencia de las manchas: proteína, almidón, grasa y colorante

Aunque cada mancha parece única, puede clasificarse en una de estas cuatro categorías:

1. **Manchas de proteína y almidón,** como huevo, productos lácteos, sangre o papilla.
2. **Manchas de grasa,** como mantequilla, margarina o aceite.
3. **Manchas de colorante,** como tinta, zumo de frutas, vino tinto, té o colorantes.
4. **Manchas especiales,** como óxido, moho, cera o chicle.

Para estas cuatro clases de manchas, existen cuatro grupos de quitamanchas con los que puedes declarar la guerra a cualquier mancha.

Enzimas

Las enzimas son unas moléculas de naturaleza proteica capaces de dividir la proteína y el almidón de manera que se disuelven en el agua y pueden lavarse. Se añaden, por ejemplo, a los detergentes para temperaturas bajas, pues las enzimas pierden su eficacia a partir de 60 °C, ya que, como todas las proteínas, son sensibles al calor.

Las enzimas presentan la misma acción en todos los detergentes: las manchas en la ropa son de almidón, proteína, grasa o colorante. Se adhieren a la ropa y no pueden disolverse solo con agua. Las enzimas del detergente aceleran la degradación de las proteínas y las convierten en compuestos solubles que pasan al agua y se eliminan.

Las enzimas presentes en los detergentes son las siguientes:

- **Proteasa:** Actúa contra la suciedad con base proteica, como la del huevo, la leche y la sangre.
- **Amilasa:** Degrada el almidón, presente, por ejemplo, en el puré de patata o de avena.
- **Lipasa:** Actúa contra las manchas de grasa.
- **Celulasa:** Restaura la suavidad y el color del tejido.

Disolventes

La acetona, la glicerina y, sobre todo, el aguarrás mineral son los quitamanchas idóneos para eliminar las manchas de aceite y grasa.

ADVERTENCIA

La acetona y el aguarrás mineral son altamente inflamables y sus vapores no deben inhalarse. Por ello, procura que la estancia esté bien ventilada o aplica estos productos al aire libre.

Blanqueadores

Son el medio más eficaz cuando se trata de una mancha de alimento o bebida con presencia de taninos, como el zumo de fruta, el café o el té. Los detergentes en polvo de gran potencia contienen un blanqueador, de manera que debería bastar para eliminar las manchas superficiales en la lavadora. En cambio, los detergentes para ropa de color no contienen producto blanqueador. El zumo de limón y el sol también funcionan como blanqueadores muy suaves y no tendrás que recurrir a productos químicos.

BLANQUEO SOBRE LA HIERBA

Antes se ponía la ropa blanca sobre la hierba para blanquearla. Se extendía la ropa recién lavada y todavía húmeda en la pradera y se iba regando con la regadera. De la combinación de los rayos del sol con el agua y el aire surgía peróxido de hidrógeno, en cantidades muy pequeñas, pero suficientes para que las prendas volvieran a lucir un blanco reluciente. Cuando se terminaba una cara, se le daba la vuelta y se volvía a regar. La recompensa a ese esfuerzo eran unas sábanas blancas relucientes siempre y cuando no pasara por allí alguna gallina.

Hoy pueden adquirirse estos productos para blanquear:

- **Lejía.** La denominación química es hipoclorito de sodio (NaClO), cuya disolución en agua se conoce como lejía: blanquea mediante la liberación de oxígeno activo (O). Sin embargo, hay países europeos en los que apenas se utiliza, pues este producto es más perjudicial para el medio ambiente que el oxígeno activo.

- **Peróxido de hidrógeno o agua oxigenada.** Su fórmula química es H_2O_2. Suele utilizarse para blanquear lana y lino.
- **Agua de amoniaco.** Su nombre químico es hidróxido de amonio (NH_3), una solución de amoniaco en agua en diferentes concentraciones. El agua de amoniaco está presente, además de en los blanqueadores, en los productos limpiacristales.
- **Oxígeno activo.** Por lo general se usa percarbonato de sodio ($2\ Na_2CO_3 \cdot 3\ H_2O_2$), una combinación de carbonato de sodio (Na_2CO_3) y peróxido de hidrógeno (H_2O_2). Se descompone en el agua y libera oxígeno, que funciona como blanqueador.

Los blanqueadores destruyen la estructura de los tintes, que pierden la capacidad de adherirse a los tejidos, se disuelven con facilidad y terminan en el agua de lavado. En el caso ideal, esas manchas de colores tan poco vistosas ya no se verán tras el lavado.

ADVERTENCIA

Utiliza los blanqueadores químicos con moderación y solo en tejidos blancos. Los de color lo terminarán perdiendo y surgirán zonas descoloridas de lo más feas.

Productos especiales o un tratamiento especial

Las manchas especiales requieren un quitamanchas especial o, a veces, un tratamiento creativo. Por ejemplo, los productos con ácido oxálico son útiles para quitar las manchas de óxido.

INFORMACIÓN TÉCNICA

El ácido oxálico es un ácido potente que se encuentra en algunos vegetales como el ruibarbo o la acedera, pero también se puede producir químicamente. Se utiliza como blanqueador para el cuarzo, los tejidos, la madera y para combatir los ácaros varroa en la apicultura.

Además, es fácil encontrar preparados contra el moho en cualquier droguería. El frío ayuda a combatir algunas manchas, mientras que otras pueden eliminarse con calor sin dejar rastro. Si quieres tratar un tipo concreto de manchas en un tejido, echa un vistazo a la tabla 18.1 para saber cómo actuar.

Productos de limpieza alternativos

Además de los productos antimanchas convencionales que se aplican para eliminar manchas de fruta, hierba o sangre, hay una serie de productos y métodos alternativos que también son eficaces para combatir las manchas.

- **Vinagre.** En prácticamente todos los hogares hay vinagre de mesa y esencia de vinagre. El vinagre de vino y el de frutas tienen una concentración de ácidos de entre el 5 y el 6 % (máximo 15,5 %), mientras que la esencia de vinagre no puede presentar más del 25 % de ácido acético. Para fabricar vinagre de limpieza, se disuelve esencia de vinagre en agua en una proporción de una parte de vinagre por cada ocho de agua. Sirve para eliminar las manchas amarillentas de desodorante en las camisetas blancas de algodón, así como para las manchas de óxido o para los restos de sal de deshielo en los zapatos de piel.
- **Glicerina.** La glicerina es un tipo de alcohol presente en muchos productos cosméticos, pero también se utiliza en alimentos como humectante. A la hora de erradicar manchas, es eficaz contra el curri, la hierba, el café y el vino tinto.
- **Alcohol.** El alcohol (de quemar) tiene múltiples usos en el hogar. Se puede usar tanto para limpiar ventanas como para encender un hornillo portátil o una *fondue*. Como quitamanchas sirve, entre otras cosas, para eliminar pegamento con disolvente y manchas de bolígrafo.
- **Disolvente.** Es una bencina ligera que se emplea sobre todo como disolvente para pintura y lacas, así como para la limpieza de las herramientas usadas en esas tareas. También es capaz de eliminar las manchas de resina, alquitrán y cera.
- **Zumo de limón, ácidos cítricos.** El zumo de limón y el ácido cítrico (pueden comprarse en polvo) tienen poder blanqueador. Mientras que el zumo de limón contiene un 5 o 6 % de ácido cítrico, el envase en polvo es ácido cítrico puro y debe diluirse con agua (¡ten en cuenta las indicaciones del envase!). Ambos productos actúan contra los restos de cal y contra las manchas de desodorante y sudor en la ropa.
- **Frío y calor.** Los cambios de temperatura son un método eficaz para librarse de las manchas. Las manchas de grasa y cera pueden eliminarse con calor (plancha), mientras que el frío (congelador) endurece, por ejemplo, los chicles tanto que pierden su elasticidad y se pueden retirar de los tejidos sin problema.

¿Un producto para todo? La superarma: el jabón de hiel

El jabón de hiel, una mezcla de jabón duro con un porcentaje de hasta un 8 % de hiel de vaca o buey, se considera un remedio probado contra las manchas. A mediados del siglo XIX se apreciaban sus propiedades para combatir las manchas de grasa, fruta o proteína en los tejidos. Hoy este producto puede adquirirse como jabón seco o líquido.

Sus propiedades vienen de las sales y ácidos que presenta la vesícula vacuna. No solo ayudan en la digestión, sino que, como quitamanchas, son de lo más eficaces. Si antes a las amas de casa les encantaba este jabón tan poco llamativo, hoy día las organizaciones de consumidores y los comercios ecológicos recomiendan el uso de este producto natural en lugar de los quitamanchas químicos.

Tan sencillo como el jabón de hiel, así de fácil es su uso:

- Humedece la mancha y frótala con el jabón de hiel.
- Deja que el jabón actúe un par de minutos antes de lavar a mano la prenda sucia o de meterla en la lavadora.
- Procede del mismo modo con el jabón de hiel líquido: aplícalo sobre la mancha, déjalo actuar y acláralo.
- Si todavía se viera la mancha, repite el proceso.

ADVERTENCIA

¿El jabón de hiel puede causar una mancha en lugar de quitarla? Puede pasar si no aclaras bien la prenda después de tratarla. Por ello, no lo apliques a menos que vayas a tener tiempo de lavar la prenda a continuación. Si el jabón de hiel se seca, puede provocar manchas amarillentas.

Medidas eficaces para quitar las manchas y cuidar de los tejidos

Si sabes a qué categoría pertenece la mancha del vestido o del sofá y de qué grupo es el quitamanchas que debes emplear, no hay nada que te impida combatir esa mancha. Pero antes de ponerte manos a la obra, deberías familiarizarte con algunas normas básicas. Así te asegurarás de que esa mancha tan pequeña e insignificante no se convierta en un problema mayor.

No actúes enseguida, hazlo de inmediato

Independientemente del tipo de mancha al que te enfrentes, no esperes, ¡haz algo de inmediato! En principio, es más fácil eliminar una mancha si aún no ha penetrado en el tejido o en otros materiales como, por ejemplo, la madera. Si una camisa manchada pasa un par de días en el cesto de la ropa sucia antes de ir a la lavadora, la mancha habrá tenido tiempo de sobra para extenderse y asentarse. Actuar de inmediato es más importante cuando se trata de una prenda que no puede lavarse en la lavadora o que no cabe en ella, como un colchón.

Mejor mojado que seco

Reaccionar con rapidez ante una mancha tiene otra ventaja: no llega a secarse. Salvo en contadas excepciones como, por ejemplo, un pantalón salpicado de arena después de un aguacero o unas botas de montaña llenas de barro tras haber hecho senderismo, las manchas son más fáciles de limpiar y el proceso, más eficaz, cuando están mojadas. En cambio, el barro o el lodo pueden eliminarse cuando se secan dándoles unos golpecitos o pasándoles un cepillo.

Primero lo gordo, luego el trabajo fino

Si se te cae la cuchara llena de espinacas sobre el mantel, primero hay que rascar. Retira todo el alimento que puedas con una cuchara u otro objeto. Esto vale para cualquier tipo de suciedad o impureza similar. Cuando ya no se pueda retirar nada más, hay que centrarse en combatir la mancha. Absorbe los líquidos con papel de cocina o con un paño claro que no suelte pelusas.

De fuera a dentro

Cuando nuestro invitado trata de limpiar con grandes movimientos el cacao que ha derramado en ese precioso mantel, seguro que tiene buena intención, pero eficaz no es. Cuando se actúa así, se suele limpiar de dentro afuera y la mancha se agranda en vez de reducirse. Haz lo contrario: limpia la mancha de la parte exterior a la interior y así limitarás el daño.

Dar toquecitos suaves, sin frotar

Cuando observamos a alguien mientras trata de limpiar una mancha, solemos ver cómo esa persona se esfuerza en frotar y restregar la mancha con energía. El resultado es, probablemente, una mancha todavía mayor. Y es que en lugar de eliminar la humedad y el tinte, así se facilita que penetren todavía más en el tejido. Sobre todo, los tejidos delicados no resisten un tratamiento tan brusco. En lugar de ello, límpialos con unos toquecitos suaves. Lo mejor es hacerlo con un paño claro de algodón o con papel de cocina.

ADVERTENCIA

Los pañuelos y las servilletas de papel no sirven para tratar manchas, ya que se deshacen y, en el peor de los casos, destiñen. La mancha cambiaría de aspecto, pero seguiría ahí. Si ya has causado un "traspaso de color", en la tabla 18.1 verás cómo actuar.

Frío en lugar de caliente

Si no conoces el origen de la mancha, aplica agua fría para el primer tratamiento, ya que las composiciones proteicas —como, por ejemplo, la leche— se asientan con el calor, y, en consecuencia, la mancha será muy complicada o imposible de limpiar. Tras el primer aclarado con agua fría, podrías actuar de modo más preciso, si hace falta.

CONSEJO

¡El agua mineral con gas puede obrar milagros como ayuda inicial! El ácido carbónico refuerza el poder de limpieza del agua y permite limpiar las manchas de vino tinto y de fruta con facilidad.

Primero inapreciable, luego visible

Con los quitamanchas químicos hay que tener cuidado. Si no sabes de qué material es la camiseta de deporte o si la alfombra es de lana, antes de aplicar el quitamanchas en una superficie grande, haz la prueba en una zona discreta. En el caso de la camiseta, prueba en el dobladillo, y en el de la alfombra, en la zona que estará debajo del piano. Si el producto de limpieza que has elegido no es apto para ese tejido y el tratamiento modifica su estructura o su color, no se verá y el daño estará controlado. Y si quedas satisfecho con el resultado, ya puedes tratar la mancha en sí.

El pequeño ABC de las manchas para los tejidos

La tabla 18.1 muestra los agentes que causan las manchas más frecuentes y cómo combatirlas. Cuando hayas tratado la mancha, lava los tejidos sucios según indique el fabricante, en la lavadora o a mano. Selecciona la temperatura más alta permitida.

TABLA 18.1 **Manchas frecuentes en tejidos y el quitamanchas adecuado**

¿Qué clase de mancha es?	¿Cómo se quita?
Aceite de motor, aceite para cadenas.	Dale unos toquecitos suaves con mantequilla y déjala actuar 30 minutos. El ácido butírico disuelve la mancha. A continuación, trata la mancha con alcohol de quemar o un quitamanchas. Si es necesario, frota la mancha con jabón de hiel antes del lavado.
Acuarelas.	Aclárala con agua fría, frótala con jabón de hiel y lava la prenda.
Arándanos, grosellas negras, moras.	Métela unos 30 minutos en suero de mantequilla y deja que haga efecto. Luego, enjuágala con agua caliente.
Bolígrafo.	Dale unos toquecitos con alcohol, trata las posibles manchas restantes con jabón de hiel y aclárala.
Cacao.	Aclara las manchas recientes con agua fría. Pon a remojo las manchas antiguas en leche caliente y lávalas con un detergente con enzimas.
Café.	Aclara el café negro con agua caliente. Aclara el café con leche con agua fría y trata la mancha con jabón de hiel.
Cera.	Congela la prenda y sácala después. Mete el tejido en papel secante y plánchalo para quitar el resto de la cera. Las manchas de cera sobre una alfombra también pueden retirarse con la plancha a temperatura baja, poniendo papel secante entre medias.

TABLA 18.1 CONTINUACIÓN

¿Qué clase de mancha es?	¿Cómo se quita?
Cerveza.	Usa vinagre de limpieza o agua mineral con gas, aclárala con agua templada, frota con jabón de hiel y lava la prenda.
Chicle.	Mete la prenda en una bolsa de plástico en el congelador durante una hora. El chicle debería haberse endurecido y retirarse con facilidad. Si el chicle se ha pegado en una alfombra, usa un espray congelante y, si quedan restos, elimínalos con aguarrás mineral.
Chocolate.	Aclárala primero con agua fría y luego con agua caliente. Si es necesario, ten la prenda en remojo en agua jabonosa 30 minutos y lava la prenda a continuación.
Curri.	Enjuágala con agua templada, trátala con glicerina y deja que actúe 30 o 60 minutos. A continuación, lava la prenda.
Espinacas.	Aclárala con agua mineral con gas. Frota la mancha con una patata cruda y, a continuación, lávala con agua y jabón.
Frambuesas, fresas, grosellas rojas.	Humedécela con zumo de limón sin diluir (recién hecho o envasado) y límpialo dando unos toques suaves.
Grasa (mantequilla, margarina)	Frótala con jabón de hiel, deja que haga efecto y luego enjuágala con agua. A veces basta con tratar la mancha con detergente líquido o lavavajillas.
Helado.	Aclárala con agua fría y a continuación lávala con algún detergente con enzimas.
Hierba.	Frota las manchas frescas con jabón de hiel y aclároralas. Si no son recientes, aplica glicerina antes del lavado.
Huevo.	Aclara las manchas de proteína con agua salada fría. Las manchas de yema se tratan con sal. Se dejan secar, se cepillan y se lavan al final.
Kétchup.	Enjuágala con agua fría, frótala con jabón de hiel y lava la prenda.
Lápiz de color.	Dale unos toques ligeros con alcohol, aclárala con agua templada y lava la prenda.
Manchas de pintura o barniz.	Dale unos toquecitos suaves con aguarrás hasta que no queden restos en el tejido.

TABLA 18.1 CONTINUACIÓN

¿Qué clase de mancha es?	¿Cómo se quita?
Mostaza.	Rasca la mancha, dale unos toquecitos con agua y jabón y enjuágala con agua caliente. Trata las manchas persistentes antes del lavado con agua de amoniaco.
Óxido.	Rocía encima de la mancha zumo de limón y aclárala después de que actúe unos minutos.
Pegamento universal.	Dale unos toques ligeros con acetona cuando el tejido sea de algodón o lino. Para tratar fibras sintéticas, usa un quitaesmaltes sin acetona.
Pintalabios.	Dale unos toquecitos con alcohol, aplica detergente lavavajillas o jabón en las manchas restantes y lava la prenda.
Polen de flores.	Aspira el polen, da unos toques suaves con alcohol en las manchas restantes, aclara la prenda y lávala.
Resina.	Retira las gotas. Disuelve el resto de la resina con bencina de uso doméstico o con un quitamanchas.
Salsa de tomate.	Aclara la mancha con agua fría, frótala con jabón de hiel y lávala con un detergente que contenga enzimas.
Sangre.	Enjuaga la mancha con agua fría y, si es necesario, mete la prenda en agua salada y deja que actúe hasta que quede más pálida. A continuación, lava la prenda como de costumbre.
Té.	Aclara la mancha con agua tibia, trátala con jabón de hiel y lava la prenda.
Tinta.	Dale unos toquecitos con agua de amoniaco y frótala con suavidad. Lávala a continuación.
Tinta china.	Aclara la mancha con agua fría. Da unos toquecitos con agua de amoniaco en las manchas y enjuaga la prenda.
Vino tinto.	Empapa la humedad, aclara la mancha varias veces con agua mineral con gas, echa sal sobre la mancha y, cuando se haya secado, aspíralo. Elimina los restos de la mancha con alcohol.
Yeso.	Deja que se seque, ráscala con una cuchara y lava la prenda como de costumbre.

Malas combinaciones: las manchas y el material

La temible mancha de vino tinto a veces es inofensiva y la mancha de mostaza te la quitas de encima con un solo movimiento. Eso no puede ser posible, ¿o sí? Sí lo es, pues a la hora de eliminar una mancha, la sustancia que la ha causado no es el único factor decisivo, sino también el material sobre el que ha ido a parar. Así, una copa de vino Burdeos derramada sobre un sofá tapizado de color claro supone todo un reto, mientras que si cae sobre un suelo de baldosas, probablemente te sacará una sonrisa de cansancio sin más. Como mucho, lo que puede suceder es que el tinte rojo penetre en las juntas y las tiña. Pero incluso para eso existen remedios. A continuación encontrarás los materiales y las superficies más frecuentes y una serie de consejos para limpiar y eliminar las manchas.

Del cuero a la lana

» **Cuero / Piel.** Trata con calor las manchas de grasa sobre el cuero. Por ejemplo, pon una bolsa de agua caliente sobre la superficie manchada hasta que la grasa se vuelva líquida. Espolvorea la mancha con polvos absorbentes, como el talco para bebés o los polvos de tiza, para que absorban la humedad. A continuación, cepilla o aspira los polvos. Las manchas de agua y nieve en los zapatos de piel pueden eliminarse dando unos toquecitos suaves con un paño mojado en agua de vinagre. Para limpiar el ante se emplea una goma de borrar especial para ante y un cepillo para volver a cardarlo.

» **Tapicería.** Trata la tapicería siguiendo las mismas instrucciones que para el resto de los textiles. Para "aclarar" el quitamanchas después de aplicarlo, da toquecitos con agua fría y absórbela con un paño absorbente. Repite este procedimiento tantas veces como sea necesario para eliminar cualquier resto.

» **Seda.** La seda es una fibra natural proteica que se estropea si usas detergentes alcalinos. Los detergentes especiales para seda protegen las fibras y son prácticos para eliminar las manchas.

Las corbatas de seda pueden limpiarse con el agua templada de cocer unas patatas. Empapa un paño en el líquido y da unos toquecitos suaves en el tejido para realizar una limpieza suave.

» **Alfombras.** Las manchas pequeñas de bebidas alcohólicas se tratan con alcohol de quemar. Aplícalo con un trapo y ve dando toquecitos sobre la mancha.

Para combatir las manchas de grasa, espolvoréalas con levadura en polvo, déjala actuar una hora y cepíllala o aspírala para retirarla.

» **Lana.** Mete la prenda a remojo durante la noche en agua mineral con gas o en agua salada (500 g de sal por cada 10 l de agua). Si es necesario, trátala con jabón de hiel y lávala después a baja temperatura para que no se apelmace.

» **Tejidos funcionales.** Con el fin de conservar la funcionalidad de los tejidos de deporte o exteriores, en especial de aquellos con membranas, hay que proceder con cautela cuando queremos eliminar una mancha. Prueba con jabón de hiel líquido, que ha de aplicarse con suavidad (¡nada de frotar!). Deja que el producto actúe durante unas horas antes de lavar la prenda siguiendo las indicaciones. Cuando las manchas sean muy resistentes, puedes llevar la prenda a la tintorería.

Del acero inoxidable a la porcelana

» **Acero inoxidable.** Las manchas de cal en el fregadero se tratan con ácido cítrico de uso comercial. También es efectivo frotar la superficie de acero inoxidable con la cara interna de un limón exprimido y aclararla con agua fría. Esto ayuda a prevenir la formación de manchas y huele bien.

» **Baldosas.** En principio, pueden limpiarse fácilmente con agua, un detergente lavavajillas o un producto de limpieza para baños. Las manchas de cal se pueden prevenir secando las baldosas cuando entren en contacto con el agua o utilizando una rasqueta limpiacristales para retirar la humedad. Trata las juntas descoloridas o sucias con lejía: aplica muy poca cantidad (con un pincel o un cepillo de dientes viejo), deja que actúe y aclara las juntas con agua.

» **Madera.** Te librarás de las (de)coloraciones en la madera si aplicas crema de zapatos incolora en esas zonas.

Las manchas de agua pueden tratarse con una mezcla de aceite de oliva y sal: vierte unas gotas de aceite y una pizca de sal en un paño y frota la zona sucia. Usa papel de cocina para retirar el aceite sobrante.

» **Mimbre.** Prepara una solución salina (2 cucharadas de sal en 1 litro de agua) y cepilla el mimbre con ella. Acláralo con agua y deja que se seque bien.

» **Plástico.** Muchas superficies son de plástico, como los teclados, los teléfonos o los botones. Todos pueden limpiarse fácilmente con un paño y bencina de uso doméstico o alcohol de quemar.

» **Mármol.** Esta roca caliza es más sensible de lo que parece. Los ácidos fuertes y los productos abrasivos lo dañan y vuelven mate su superficie. No obstante, las pequeñas manchas pueden tratarse con ácido cítrico. Pero no dejes que actúe demasiado tiempo —¡como mucho, 2 minutos!— y neutralízalo con agua jabonosa. Para acabar, acláralo o pasa un paño con agua.

» **Porcelana.** Para eliminar las manchas sobre la porcelana debes emplear un corcho y sal. Humedece el corcho, coge un poco de sal con él y frota la zona sucia con esa superficie. También es eficaz usar una mezcla de zumo de limón y sal.

¿Qué hacer si esto no ayuda y no hay manera de eliminar una mancha? ¡No te enfades y pon al mal tiempo buena cara! Nuestras (tatar-) abuelas ya sabían que no se pueden aniquilar todas las manchas. Por eso se ponían delantales para trabajar en el jardín o en la cocina y la ropa de los domingos solo se la ponían para ir a misa o a una boda.

CONSEJO

Si es necesario, siempre puedes ocultar las manchas: plancha un parche chulo en los vaqueros manchados del niño, ponte un pañuelo o un broche sobre la mancha de la blusa. Si la mancha es grande, puedes teñir la prenda de otro color.

5

Mi primer hogar

EN ESTA PARTE . . .

Te enterarás de qué gastos deberás afrontar, aprenderás a controlar tu presupuesto y sabrás a quién debes informar de tu mudanza.

En esta parte amueblarás tu primera casa. Aprenderás qué objetos y utensilios necesitas, qué te falta y cómo puedes conseguirlo a buen precio.

Aprenderás la diferencia entre la fecha de consumo preferente y la fecha de caducidad y qué es la cadena de refrigeración, así como a almacenar las provisiones.

En esta parte también encontrarás consejos de cocina. Da igual si se trata de carne, pescado, verdura o un pastel: en un abrir y cerrar de ojos, serás el rey de tu cocina.

EN ESTE CAPÍTULO

Sin pasta poco puede hacerse: arreglárselas con el presupuesto

Solventar una mudanza con maestría

Hacer que tu casa sea acogedora

Capítulo 19
Adiós, Hotel Mamá

Abandonar el hogar familiar para irse a vivir a un piso de estudiantes, un piso compartido o a tu piso de soltero marca una nueva etapa en la vida. Normalmente, coincide con el comienzo de los estudios universitarios o de una formación profesional. Todo es nuevo, excitante, pero a algunos les invade cierta inquietud cuando piensan en la mudanza: "¿Me sentiré a gusto en mi nuevo entorno? ¿Tendré suficiente dinero? ¿Me apañaré bien con las tareas del hogar?". Pese a estos pensamientos iniciales, la mayoría de estos jóvenes recién independizados cruzan el puente entre el Hotel Mamá y su hogar. Los requisitos para que esto sea así son que dispongas de una buena organización y que no pierdas de vista el presupuesto con el que cuentas. Todo lo demás se normaliza solo.

Encontrar una vivienda

Antes de empezar a buscar vivienda hay que preguntarse: ¿dónde quieres vivir? ¿En un piso, en la habitación de una residencia de estudiantes o en un piso compartido con amigos? En función de la respuesta a esta pregunta, deberás abordar tu búsqueda.

Puedes encontrar viviendas en la sección de anuncios por palabras de los diarios regionales y en los portales inmobiliarios de internet. En los tablones de anuncios de las universidades suele haber noticias de habitaciones en pisos compartidos, y en las delegaciones o asociaciones de alumnos de tu ciudad quizá puedan informarte sobre las habitaciones disponibles en las residencias de estudiantes. Algunos empleadores disponen de residencias propias; por ejemplo, hay hospitales que alojan a sus enfermeros. Aunque no sea el caso, muchos empleadores ayudan a sus aprendices o empleados en prácticas en la búsqueda de la vivienda. ¡No está de más preguntar!

¿QUÉ TIPO DE HABITANTE ERES TÚ?

Estarás mejor en una casa para ti solo o sola si...

- Te gusta disfrutar de tu tranquilidad y centrarte en lo tuyo.
- Te horroriza la idea de compartir el cuarto de baño con personas que no son tu familia.
- Todo objeto tiene su lugar y así debe ser.

Probablemente, estés más a gusto en un piso compartido si...

- No te gusta estar solo y siempre buscas gente alrededor.
- Te gusta celebrar fiestas y eres bastante relajado con el tema de la limpieza.
- Te gusta compartir tus cosas.

Lo tuyo debería ser la habitación de una residencia de estudiantes si...

- Quieres centrarte en tu formación.
- No necesitas mucho espacio.
- Te gusta estar con gente de tu edad, pero valoras tener un lugar al que retirarte.

Cuando decidas cómo quieres vivir, comienza a buscar un alojamiento adecuado. Independientemente de a dónde te quieras mudar, quizá tardes un tiempo. En las ciudades donde hay mucha demanda hay pocas viviendas asequibles y son difíciles de conseguir. Lo mismo sucede con las plazas en algunas residencias de estudiantes: son tan populares que no es raro que tengan listas de espera de meses. Es mejor que empieces a buscar una vivienda o una habitación con tiempo para no verte de repente con las maletas en la calle cuando comience el curso. Si tus padres viven en la misma ciudad, la situación no sería tan problemática porque podrías quedarte más tiempo en su casa. Pero la situación es diferente si pretendes mudarte a otra ciudad o a un país extranjero donde no conozcas a nadie que pueda acogerte de forma provisional.

Conseguir un contrato de alquiler

Si has encontrado una vivienda que satisfaga tus expectativas por lo que se refiere al tamaño, la situación y el precio, concierta una cita para ir a verla. Esto no es lo habitual en el caso de las residencias, ya que allí las estancias suelen tener el mismo tamaño y estar idénticamente equipadas. Allí te facilitarán los documentos necesarios para presentar una solicitud. El requisito suele ser que estés matriculado como estudiante (para obtener una habitación en una residencia de estudiantes) o que puedas presentar un contrato laboral en la empresa que alquila la habitación.

Si ya has concertado una cita, pide a un amigo o a tus padres que te acompañen. Así podréis hablar sobre los pros y contras de la vivienda y te aconsejarán. Si la vivienda no presenta mayores deficiencias y te imaginas viviendo en ella, presenta la solicitud. En el caso de una habitación en un piso compartido, lo habitual es hablar con los demás habitantes con el fin de determinar si los otros te caen bien y si todos tenéis el mismo concepto de orden y limpieza. En cuanto al mercado inmobiliario, cada vez es más frecuente que el arrendador te pida que rellenes un impreso de solicitud. Se suelen pedir datos sobre ti e información sobre tu situación económica. Puede que quienes no tengan ingresos propios deban nombrar a un avalista que se haga cargo del alquiler en el caso de que incumplan el contrato. Si el arrendador da luz verde, no hay impedimento para firmar el contrato de alquiler.

Esto es lo que pone en el contrato de alquiler

No firmes el contrato de alquiler hasta que hayas podido leerlo con detenimiento. Pregunta lo que no te quede claro. En un contrato de alquiler deben figurar, al menos, los siguientes datos:

- Nombre y dirección del arrendador.
- Tamaño de la vivienda en metros cuadrados, cantidad y tipo de las habitaciones alquiladas, equipamiento, uso de los espacios comunes (por ejemplo, el sótano, lavadoras comunitarias en el sótano), cantidad de llaves que se entregan.
- Precio de alquiler y costes adicionales, importe de la fianza (normalmente, una o dos mensualidades de alquiler en función del tipo de vivienda).
- Duración del contrato de alquiler y plazos de rescisión del contrato.

ADVERTENCIA

¿Cuándo se puede subir el precio de alquiler de un contrato? El propietario de una vivienda no puede subir el precio mientras el contrato esté vigente, solo puede hacerlo cuando esté a punto de expirar o se acerque la renovación.

Algunos arrendadores recogen en un protocolo todos y cada uno de los detalles del estado en el que se encuentra la vivienda que se alquila, igual que los desperfectos. Estos pueden ser ventanas que no cierran bien, llaves que faltan en una habitación, baldosas estropeadas o desperfectos en el rodapiés. Si es el caso, sé muy puntilloso y haz constar incluso aquellos mínimos desperfectos que no te molesten. De no ser así, podría darse el caso de que el arrendador te pida que asumas los costes de esas reparaciones al abandonar la vivienda.

Calcular los costes

Tienes el sueño de vivir en tu propia casa o en una habitación de un piso compartido y se viene abajo por el presupuesto. Si mensualmente no dispones de mucho dinero, quizá no baste más que para una pequeña habitación a las afueras de la ciudad. Si tus padres aportan algo o tienes un trabajillo bien pagado, a lo mejor puedes permitirte un piso de un dormitorio en una zona inmejorable. Pero los costes del alquiler no son más que uno de los factores económicos que has de tener en cuenta al planificar tus finanzas. Hay una serie de gastos adicionales que debes contemplar. Igualmente, considera los costes de alimentación, higiene y limpieza, el transporte, el teléfono, los seguros, así como los costes de ropa y las actividades culturales y el entretenimiento. Y no te olvides del pago único de la comisión, si alquilas la vivienda a través de una agencia inmobiliaria, así como el de la fianza.

INFORMACIÓN TÉCNICA

El arrendador debe entregar la fianza en un depósito previsto por el organismo autonómico correspondiente. Si cuando dejes la vivienda no hay desperfectos de los que seas responsable, te devolverán este dinero.

Los costes adicionales

El precio del alquiler suele incluir los gastos de comunidad y, dado el caso, la calefacción central. Pero al margen del alquiler podrían surgir otros gastos que tendrías que asumir en función de tu contrato de alquiler, como el impuesto de basuras, entre otros.

Suma la cuota del alquiler y los gastos adicionales. La suma total no debería superar un tercio del dinero del que dispones mensualmente. Si eres de los que viven con poco, puede que también te las arregles si el alquiler asciende al 50 % de tus ingresos. Pero si supera ese límite, busca una vivienda más barata.

El presupuesto del hogar, una cantidad que se subestima

El tercer gran bloque de gastos se deriva del coste de vida, es decir, los alimentos, la ropa, los gastos de transporte (coche, tren, autobús) y las actividades culturales (cine, conciertos, teatro). Como valor orientativo, deberías calcular entre 250 y 350 euros al mes. A cuánto asciendan estos gastos dependerá de tu estilo de vida. Con la tabla 19.1 te harás una idea de cuánto dinero necesitarás al mes y sumar esa cantidad a los gastos de alquiler y los adicionales. ¿Sigue estando dentro del presupuesto? Si no es el caso, revisa dónde puedes reducir los gastos.

TABLA 19.1 Listado del coste de vida

Tipo de gastos	Importe mensual
Alimentos.	
Artículos de higiene (por ejemplo, gel de ducha, papel higiénico...).	
Ropa (calzado incluido).	
Móvil, internet y teléfono.	
Transporte (coche, tren, autobús...).	
Club deportivo o similares.	
Seguros (por ejemplo, del coche, responsabilidad civil, del hogar...).	
Tiempo libre y ocio, arte y cultura.	
Peluquería.	
Total	

CONSEJO

Vale la pena que, durante un par de meses, registres en una libreta todos los gastos de la casa. Parece anticuado, pero tiene su razón de ser. Además, a estas alturas existen aplicaciones para el móvil. Anota cada gasto (también el helado que te tomas por ahí o la revista del quiosco) y súmalos a final de mes. De este modo, no solo sabrás cuánto gastas, sino que al cabo de unos meses podrás determinar en qué ámbitos puedes ahorrar.

Organizar una mudanza

Una mudanza no comienza cuando te instalas en tu nueva casa, sino semanas antes. Hay que planificar y organizar muchas cosas. A lo mejor aún tienes que adquirir o tirar esto o aquello. En cualquier caso, empieza a planificar y empaquetar con tiempo, para que puedas realizar la mudanza sin problemas. Si no has terminado de empaquetar las cosas en las cajas cuando lleguen tus ayudantes, podéis perder el tiempo y los nervios. En el peor de los casos, tendrías que pagar el camión de la mudanza un día más. Con la lista de tareas de la tabla 19.2 verás todo lo que has de preparar, independientemente de que te mudes por primera vez o si ya te has cambiado de casa un par de veces.

TABLA 19.2 Lista de tareas para la mudanza

Calendario	Actividad
1-3 meses antes	• Firmar el contrato de alquiler. • Tomar medidas de la nueva vivienda (planificar las compras). • Si es necesario, reparar daños en la antigua vivienda.
4 semanas antes	• Pedir o contratar ayuda para la mudanza. • Reservar un camión para la mudanza. • Solicitar señales de estacionamiento. • Reunir papel de periódico para embalar.
2 semanas antes	• Solicitar en Correos un reenvío postal de cartas y paquetes por cambio de dirección. • Cambiar la dirección de periódicos y revistas. • Deshacerte de las cosas innecesarias. • Comprar cajas de mudanza.
1 semana antes	• Empaquetar. • Reunir las herramientas para desmontar y volver a montar los muebles. • Informar a los vecinos sobre la mudanza.
El día anterior	• Empaquetar las últimas cosas (meter en una bolsa los documentos importantes, las llaves de casa y la bicicleta, el dinero y los contratos).
El día de la mudanza	• Ir a por el camión de la mudanza. • Distribuir a los ayudantes: ¿quién es el responsable de qué? ¿Quién se queda en cada sitio? • Establecer descansos. • Desmontar y volver a montar en el mismo día los muebles grandes. • Devolver el camión de la mudanza.

TABLA 19.2 CONTINUACIÓN

Calendario	Actividad
Después de la mudanza	· Cambiar la dirección en los registros y documentos de identidad. · Poner el nombre en el buzón. · Desembalar cajas a buen ritmo. · Hacer los nuevos contratos de teléfono e internet. · Darse de alta en las empresas del agua, el gas y la electricidad. · Si es el caso, contratar nuevos seguros o cambiar pólizas. · Comunicar tu nueva dirección: amigos, conocidos, familia, autoridades, colegio, universidad, asociaciones, bancos y seguros. · Celebrar una fiesta de inauguración para amigos, ayudantes y nuevos vecinos.

Empaquetarlo todo

La vajilla tiene que llegar sana y salva a tu nueva casa, el colchón debe seguir limpio y seco, las cajas de libros no han de ser demasiado pesadas y cada caja que se descargue debe ir a parar a la estancia que le corresponda. Con la organización adecuada y un poco de "cabeza" al empaquetar y cargar las cosas, seguro que lo logras.

» **Cuidado, ¡es frágil!** Antes de la mudanza, haz acopio de papel de periódico o compra plástico de burbujas en la tienda de bricolaje. Ambos son aptos para embalar el cristal, la porcelana y otros objetos frágiles de forma segura, si bien el papel de periódico pesa más que el plástico. Empaqueta los objetos pesados en la parte inferior de las cajas de cartón y, las ligeras, en la parte superior.

» **Cuidado, ¡pesa!** Los libros pesan lo suyo y una caja llena de libros puede pesar mucho (lo normal es que sea demasiado peso para algunos de tus ayudantes, como tu abuelita o tu hermano pequeño). Por eso es mejor que no llenes las cajas con libros más que hasta la mitad. Para ello, coge los libros del estante tal y como están y mételos en la caja de la misma manera, es decir, en posición vertical. Esto tiene la ventaja de que luego los podrás volver a colocar en la estantería a la velocidad del rayo. Sobre los libros puedes poner objetos más ligeros como, por ejemplo, mantas o cojines, para llenar la caja. Una alternativa es utilizar cajas de cartón más pequeñas y especiales para libros.

» **Atención, ¡que se desmonta!** Los armarios y baúles se transportan siempre vacíos. Los cajones pueden transportarse de uno en uno o asegurarse con cinta adhesiva para que las cosas no se salgan durante el transporte. Las puertas de los armarios se cierran y se aseguran con cinta adhesiva. Las llaves se meten todas en una bolsita con cierre y los documentos importantes se ponen en una caja aparte.

» **Ay, ¡qué difícil de transportar!** A veces los colchones pueden enrollarse para que sean más sencillos de transportar. Sujeta el rollo con una cuerda o una correa y envuelve el colchón con plástico. De esta manera, si cae un chaparrón, no afectará al colchón y podrá apoyarse un momento en el suelo sin ensuciarse.

» **Traspapeladas por error.** Las cajas de mudanza tienden a no aparecer en la habitación que les corresponde después de la mudanza. Si no quieres tener que buscar tus cosas continuamente, etiqueta las cajas, y no solo en la parte superior, donde suele haber una casilla impresa estupenda, sino también en los laterales. Si las cajas se apilan unas sobre otras, etiquetarlas solo en la parte superior te servirá de poco, pero si lo haces así podrás leer el texto en los laterales. Anota qué contiene la caja y a qué habitación tiene que ir.

» **Muebles enoooormes.** Los muebles voluminosos como los armarios y las estructuras de las camas son lo último que se carga y lo primero que entra en nuestro nuevo domicilio. Así se pueden colocar en su lugar y no obstaculizan los pasillos cuando las habitaciones ya están repletas de cajas.

CONSEJO

Lo mejor que puedes hacer con las tuercas y los enganches de las estanterías, armarios y otros enseres que se desmonten es guardarlos en un táper o bolsa de plástico y etiquetarlos. Utiliza un recipiente para cada mueble y luego métels todos en la caja de herramientas o en la de los documentos y objetos importantes. Así, después de la mudanza, podrás volver a montar los muebles sin problemas.

Burocracia: certificados, documentos, inscripciones

Toda mudanza está asociada a un montón de papeleo. Comienza con la firma del contrato de alquiler y termina con la baja o el alta en las instituciones oficiales pertinentes, así como, si se da el caso, con la contratación de algún tipo de seguro. Lo mejor es que te hagas una lista de antemano para tener claro a quién tienes que notificar tu nueva dirección y que luego vayas marcando a quién has avisado ya. A los amigos, conocidos y familiares quizá puedes mandarles un mensaje por WhatsApp o un correo electrónico; a lo mejor puedes darte de alta *online* en el club deportivo, mientras que las instituciones oficiales suelen requerir un comunicado escrito por correo y a veces tienes que ir a sus oficinas. Infórmate sobre los posibles plazos estipulados y síguelos.

UNAS PALABRAS SOBRE LOS SEGUROS

Cuando uno abandona el hogar familiar, surge la duda de si es necesario contratar algún seguro propio y, en ese caso, cuál. En la mayoría de los casos, el seguro médico suele seguir funcionando a través de los padres y no tienes que ocuparte de nada más. Otra cosa son el seguro del hogar y el de responsabilidad civil. Deberías plantearte la contratación de un seguro para estar tranquilo.

Un seguro privado de responsabilidad civil te protege ante las demandas por daños y perjuicios de terceros que puedan producirse por daños materiales, personales o patrimoniales y que hayas causado tú. Una reclamación de esta índole podría ascender a sumas astronómicas. Un seguro de responsabilidad civil te protege en estos casos a cambio de una pequeña prima anual.

Igualmente recomendable es que contrates un seguro del hogar. Cubre los daños que pudieran ocasionarte en tu hogar un robo, un incendio o las inclemencias del tiempo. Según las condiciones del contrato, también podrías asegurar tu bicicleta. No es que haya menos probabilidades de que la roben, pero al menos, en el peor de los casos, podrás permitirte una bici nueva.

Resuelve primero las comunicaciones e inscripciones en los registros oficiales:

- Oficina de empadronamiento.
- Jefatura de tráfico.
- Universidad, empleador, colegio.

- Bancos.
- Seguros.

El resto de las notificaciones no son tan urgentes. Si has solicitado en Correos un reenvío postal de cartas y paquetes por cambio de dirección, o si tus padres te avisan cuando llegue correo para ti a su casa, puedes ir solucionando lo demás poco a poco.

Mesa, cazuela y tostadora: los básicos para equipar tu hogar

Has alquilado un piso o una habitación y ya falta poco para la fecha del traslado. Plantéate qué muebles tienes, cuáles querrás llevarte y qué otros objetos te faltan para equipar tu nuevo hogar: por lo general, uno puede vivir bastante tiempo sin unos cubiertos para servir la ensalada, pero, sin una cama en condiciones, no. Haz una lista de lo que vayas a necesitar desde el principio y piensa qué tienes que adquirir.

Es frecuente que nuestros familiares nos regalen algunos elementos necesarios o podemos conseguirlos a buen precio en mercadillos y subastas. Si te mudas a un piso compartido, la lista de las cosas que tienes que llevarte se reduce. Normalmente, en el piso habrá productos de limpieza y utensilios de cocina. En cualquier caso, habla con tus futuros compañeros sobre qué muebles o utensilios podrías aportar para las zonas comunes.

Mobiliario mínimo

Un piso nuevo no tiene por qué estar perfecto desde el primer día. Suele ser más bonito que las estancias vayan llenándose poco a poco y que, un día, te veas rodeado de cosas que te gusten de verdad. Seguro que la intención de la tía Clara es buena cuando quiere darte su juego de café con florecitas, y lo mismo pasa cuando el abuelo desea regalarte un viejo sillón que guarda en su buhardilla. Pero, si estas cosas ni te gustan ni te parecen útiles, recházalas con amabilidad, pero con determinación. Al fin y al cabo, eres tú quien tiene que vivir en el piso o la habitación y querrás sentirte a gusto allí. Menos es más, sobre todo cuando el espacio del que dispones para vivir, dormir y comer es reducido. En la tabla 19.3 tienes un listado con los elementos más importantes para equipar tu casa. Marca lo que ya tienes y lo que te falta.

Si solo dispones de una estancia, podría ser práctico que comprases un sofá cama (con cajón) en lugar de una cama. Durante el día haría las funciones de sofá y, por la noche, se transformaría en una agradable cama. Para diferenciar los distintos espacios, resulta práctico usar unas estanterías como separadores de espacios. Si tienes poco espacio, procura que tus muebles sean multifuncionales. Una vieja maleta de viaje puede servir como mesa de salón, un escritorio puede pasar a ser una mesa de cocina, una silla, por ejemplo, se convierte en una mesita de noche.

TABLA 19.3 **Lista para equipar la casa**

Equipamiento	Lo tengo	Por comprar
Salón / Dormitorio		
cama con somier		
mesita de noche		
armario		
estantería(s)		
escritorio		
silla de escritorio		
perchas		
sábanas / fundas nórdicas		
sábanas bajeras		
edredón y almohadas		
lamparita para mesita de noche		
lámpara de escritorio		
lámpara de techo		
cortinas, visillos, estores		

Equipamiento	Lo tengo	Por comprar
Cocina		
mesa de cocina		
sillas de cocina		
estantes		
armarios de cocina		
nevera		
trapos de cocina		
cazuelas, sartenes		
cubiertos		
vajilla		
tablas de cortar		
hervidor de agua		
cafetera		
vasos		
abrelatas y abrebotellas		

TABLA 19.3 CONTINUACIÓN

Equipamiento	Lo tengo	Por comprar
Cocina		
cucharones, cucharas de palo, espátulas		
Entrada		
perchero de pie o de pared		
zapatero		
Baño		
estante		
lavadora		
toallas		
bolsa de lavandería		
tendedero		
pinzas para la ropa		

Equipamiento	Lo tengo	Por comprar
Otros		
productos de limpieza y trapos		
escoba y recogedor		
cubo de fregar		
aspirador		
plancha, tabla de planchar		
cubo de basura		
felpudo		
espejo		
herramientas (alicates, martillo...)		
cable alargador		

ADVERTENCIA

Que no se te olvide medir tus muebles antes de la mudanza para comprobar si caben en el piso nuevo. Si la entrada es tan estrecha como para que la puerta del armario no pueda abrirse, o si tienes que subirte a la cama cuando quieras abrir la ventana, la calidad de vida en este nuevo piso se irá al traste. Por eso es mejor que prescindas de esos muebles y busques otros elementos que se adapten mejor.

Barato, de segunda mano, regalado

Seguro que podrás llevarte varias cosas de casa; el resto, lo tendrás que comprar. Si necesitas muchos muebles y enseres nuevos, su compra puede influir en tu bolsillo. Es más barato si consideras la opción de comprar cosas de segunda mano. La oferta es amplia y la única dificultad es encontrar lo que buscas. Prueba estas opciones:

- **Mercadillos.** En todas las grandes ciudades se celebra al menos un mercadillo semanal. Suelen ser una mina de oro para encontrar pequeñas cosas como, por ejemplo, utensilios de cocina. Es divertido acudir a uno y, si eres hábil con el regateo, puedes hacerte con auténticos chollos.
- **Periódicos y tablones de anuncios.** En algunas ciudades existen periódicos semanales que se publican por distritos municipales. Aquí puede haber anuncios de muebles, bicicletas y de las citas de los mercadillos que vayan a celebrarse próximamente. También puedes encontrar artículos en venta en los tablones de anuncios de muchos supermercados y universidades.
- **Internet.** Además de las conocidas casas de subastas *online*, hay portales de venta de objetos de segunda mano como Wallapop.
- **Tiendas de segunda mano y tiendas benéficas.** Hay muchas instituciones sociales que administran tiendas de segunda mano en las que uno puede encontrar todo tipo de utensilios y muebles para el hogar, desde un sillón hasta una cucharilla de té. Los precios son económicos y, pagando un pequeño porte, es posible que te lleven a casa las cosas grandes. Infórmate sobre las condiciones de compra. A veces hay que cumplir algún requisito para comprar allí, pero la venta suele estar abierta a todos los públicos.

Equipar la cocina

Independientemente de si te gusta cocinar o prefieres comer platos precocinados, necesitas una cantidad mínima de aparatos y utensilios de cocina. Esto empieza por los cubiertos, pero no termina con el detergente lavavajillas. En casa, puedes hacerte una idea general de lo que necesitas. Pregúntate: ¿cuántos platos y cubiertos usas a diario? ¿Qué cazuelas y electrodomésticos utilizas continuamente y qué es lo que nunca usas? Si no te gusta comer ensalada, podrás prescindir de una centrifugadora de ensalada. Si sueles tomar una tostada en el desayuno, debería haber una tostadora en tu cocina. Ponerte a comprar un rebanador de queso, un vaciador de manzanas o una cazuela de barro por intuición, sin saber si lo vas a utilizar alguna vez, es innecesario y caro. En caso de duda, espera a ver si echas algo en falta y no lo compres hasta asegurarte de que, de tenerlo, lo habrías utilizado varias veces y que no puedes sustituirlo por otra cosa. Tu equipamiento básico podría parecerse al de la tabla 19.4.

TABLA 19.4 **Lista para el equipamiento básico de la cocina**

Vajilla
4 platos pequeños
4 platos hondos
4 platos lisos
4 vasos
4 tazas
1 olla grande con tapa
1 olla pequeña con tapa
1 sartén antiadherente grande con tapa
1 ensaladera
4 cuencos
1 molde para horno
Cubiertos
4 tenedores
4 cuchillos
4 cucharas soperas
4 cucharillas
4 tenedores de postre
1 cuchillo del pan
1 cuchillo de cocina
1 cuchillo de pelar
1 cucharón
1 cubierto para servir la ensalada

Accesorios
1 batidor
1 juego de molinillos de sal y pimienta
1 rallador
1 molde para bizcocho
1 abrelatas
1 abrebotellas
3 cucharas de palo
1 espátula
1 vaso medidor
1 báscula de cocina
1 bol para mezclar
2 tablas de cortar
Almacenar, envasar y limpiar
4 botes
papel de aluminio
film transparente
bolsas para congelar
detergente lavavajillas
4 paños de cocina
papel de cocina
bayeta, estropajo
cepillo para platos

CONSEJO

En los grandes almacenes, además de vender elementos individuales, también tienen baterías de cocina, cuberterías y vajillas que reúnen los utensilios de cocina más importantes. Si no tienes vajilla ni cubertería, es una buena alternativa y, a menudo, más económica que comprar las piezas sueltas.

Conectados: electrodomésticos importantes y superfluos

La mayoría no sabe qué es cocinar sin electricidad más que de cuando se van de acampada. En lugar de eso, en muchas cocinas hay un sinfín de electrodomésticos, desde la placa de cocción hasta el cuchillo eléctrico. Tras la euforia inicial por la nueva y "práctica" adquisición, la mayoría de ellos termina olvidada sin que se le preste atención y condenada a una polvorienta existencia al fondo de algún estante. Por eso es mejor que te asegures de qué electrodomésticos —al margen de la placa— necesitas y usarás con regularidad. Entre los más importantes están los siguientes:

» **Nevera.** Imprescindible. La mejor amiga de la cocina del piso compartido y el punto central de toda fiesta por su provisión de bebidas frías. Está bien si la nevera, además, tiene un congelador de tres estrellas para la pizza, los cubitos de hielo y el plato preferido que te ha cocinado mamá.

» **Tostadora.** Cualquier tipo de pan se pone crujiente en una tostadora y al pan del día anterior le proporciona el mismo toque.

» **Cafetera.** Si bebes mucho café, deberías tener una. Para quienes beben café de vez en cuando, basta con una cafetera francesa o de émbolo, en la que viertes el café en polvo con agua caliente.

» **Batidora de varillas.** Absolutamente necesaria para los golosos. Con este pequeño electrodoméstico puede mezclarse y amasarse la masa de bizcocho en un abrir y cerrar de ojos.

» **Batidora de mano.** A quien le gusten los purés y los *smoothies*, sabrá apreciarla. En un momento, se le da al puré una consistencia maravillosamente espesa y la fruta se transforma en la bebida de moda.

» **Microondas.** Aquí difieren las opiniones. Algunos no han usado un microondas en su vida y no tienen intención de hacerlo en el futuro; otros no pueden ni pensar en preparar su comida sin este pequeño electrodoméstico. Si sueles alimentarte de productos que no hay más que calentar, compra uno, pero no lo hagas si eres de los que fríen los alimentos frescos en la sartén y hacen estofados en la cazuela.

Además de estos electrodomésticos hay también robots de cocina multifunciones, heladoras, peladores de ajos, ralladores eléctricos, exprimidoras, molinillos de pimienta, molinillos de hierbas, sandwicheras, espumadores de leche y muchos más. La mayoría apenas necesita nada de todo esto, lo cual no significa que no tengan estos aparatos. A veces uno compra algo que, a primera vista, le parece de lo más útil, pero, en la práctica, se ve que a largo plazo no merecía la pena.

CONSEJO

Los electrodomésticos también han de tenerse en cuenta desde el punto de vista de su limpieza. Si te ahorras tiempo picando las hierbas, pero luego tardas media hora en limpiar el aparato, no lo compres. Por experiencia, estos utensilios se usan dos o tres veces y luego uno no tiene ganas de perder tanto tiempo limpiando.

Primera clase: depende del uso que se le dé

"A caballo regalado, no le mires el diente." Recuerda este viejo refrán cuando alguien te ofrezca una nevera vieja para tu nueva casa. Desde el punto de vista de las finanzas, no es recomendable que, para el

LA ETIQUETA DE EFICIENCIA ENERGÉTICA

Existe una normativa europea que clasifica la eficiencia energética de los electrodomésticos. Gracias a ella, los consumidores pueden saber si, por ejemplo, la nevera de la marca X consume más que la de la firma Y. Junto a una serie de barras de colores (rojo = consumo energético alto, verde = poco consumo), aparece una identificación por letras que va desde A+++, la mejor eficiencia energética, hasta D o G, mala eficiencia energética. Este etiquetado ofrece información adicional, al margen del tipo de aparato, con el fin de facilitar la decisión de compra como, por ejemplo, el volumen de ruido del aspirador o el consumo de agua de la lavadora. Al comprar un nuevo electrodoméstico, observa la etiqueta. Aunque los electrodomésticos A+++ suelen ser más caros que los que no tienen un nivel energético tan bueno, a largo plazo te irá mejor con ellos, pues las facturas de la luz y el agua te lo agradecerán.

nuevo hogar, te lo compres todo nuevo desde el principio. Los meses iniciales son los más caros, porque se necesitan muebles y otros enseres. Por eso es mejor que no asumas gastos innecesarios.

A largo plazo, es práctico invertir en electrodomésticos de bajo consumo, en especial la nevera, el congelador, la lavadora y la secadora. Casi siempre se usan o se ponen en marcha con frecuencia y durante bastante tiempo, por lo que consumen mucho. Los pequeños electrodomésticos como la batidora de mano solo se encienden unos minutos, por lo que, si consumen mucha energía, tampoco tiene mayor importancia.

EN ESTE CAPÍTULO

La lista de la compra

¿Caduca o ya ha caducado? La caducidad de los alimentos

Almacenar las provisiones sin acumular

Capítulo 20
Comprar con cabeza, gestionar con sensatez

Abandonar el hogar familiar te ofrece un montón de nuevas libertades. Los fines de semana puedes levantarte cuando te dé la gana y recoger cuando te venga bien. Pero debes cuidar de ti y ocuparte de las compras. Si no quieres comer en la cafetería o en el bar de la universidad a diario, o si de vez en cuando te apetece invitar a tus amigos, no te quedará más remedio que ir a hacer la compra. Hay quienes prefieren hacer la compra a menudo para tener productos frescos en casa, mientras que otros optan por hacer una compra semanal grande. En cualquier caso, es importante conocer la caducidad de cada producto y saber cuál consumir antes.

Hacer la compra con cabeza

Quien no sabe qué comprar, termina comprando demasiado. Este es el resultado de encuestas y estudios sobre hábitos de compra. Ir por el supermercado de aquí para allá no solo requiere más tiempo que si sabes qué quieres y necesitas, sino que también lleva a que compres más cosas de manera impulsiva. Esto está bien para el margen de beneficios del supermercado, pero es malo para tu bolsillo. Infórmate antes de las ofertas, prepara una lista de la compra y coge solo lo que ponga en la lista. Parece fácil, pero para algunas personas es todo un desafío. Las supuestas ofertas especiales son demasiado tentadoras, el aroma de la bollería es irresistible. Así es como debe ser —al menos desde la perspectiva del encargado del supermercado— y pondrán en práctica todos los trucos posibles para convencerte de que compres más productos.

» Envuelven la fruta y la verdura en "niebla" para que parezca más apetitosa y fresca. Estos productos no suelen estar en la entrada del supermercado, de manera que has de cruzarte toda la tienda para llegar hasta la caja. ¿No necesitas nada más aparte de la verdura? Entonces es mejor que la compres en la frutería de siempre o en el mercado y así no caerás en la tentación de comprar nada más.

» Ese aroma tan tentador que desprenden los productos de bollería y panadería hace que a muchas personas se les haga la boca agua. Nos entra el hambre y, ¡hala! A comprar más. Nunca vayas a comprar con el estómago vacío.

» Suelen situar los productos caros a la altura de los ojos. Para coger los baratos, tienes que agacharte o estirarte.

» Los carros de la compra suelen ser muy grandes y, en su interior, tres únicos artículos resultan míseros. Esa es la intención y tiene la función de animarte a llenar el carro. Si puedes, elige el carro de compra más pequeño o usa una cesta.

» Los artículos en promoción suelen estar en medio de los pasillos y el cliente tiene que sortearlos con su carro de la compra. En ese momento hay tiempo de sobra para echar un segundo vistazo al producto y su precio, que sugiere que podría ser un chollo. Pero estos productos en promoción no siempre son más baratos que los de los estantes. Compara los tamaños de los envases y sus precios de base.

ADVERTENCIA

Comprar productos de proximidad está de moda. Se evitan innecesarios gastos de transporte y se apoya a los productores de la zona. Al menos, esa es la idea. Pero como "producto de proximidad" no parece tener una definición legal clara, puede que esos elogiados productos provengan de alguna zona alejada del país. Echa un vistazo a la etiqueta del envase, en la que pone dónde se ha producido.

¿Todavía está bueno? La vida útil de los alimentos

Los alimentos no aguantan todos el mismo tiempo. La vida útil de un alimento depende, por un lado, de los ingredientes y del método de elaboración y, por otro, del envase y su almacenamiento. En Europa (incluida Suiza) está estipulado cómo han de etiquetarse los productos envasados y en los envases tiene que figurar la fecha de consumo preferente o la fecha de caducidad. Sin embargo, es frecuente que la gente no tenga claro en qué se diferencian estas dos fechas y cómo han de interpretarse. ¿Cuándo se ha echado a perder un alimento y qué se puede comer sin dudar, pese a que se haya excedido la fecha indicada en el envase?

INFORMACIÓN TÉCNICA

Hay productos alimenticios en los que no se indica fecha de consumo preferente, como la fruta y las verdura frescas, el alcohol con un volumen superior al 10 %, el vino, el vino espumoso, el licor, los productos de panificación y pastelería, el vinagre, el azúcar y los chicles.

Fecha de consumo preferente

La fecha de consumo preferente indica el tiempo que el alimento conserva sus propiedades tales como el sabor, el aroma, el aspecto, los valores nutricionales y la consistencia. El fabricante determina la fecha y esta supone una especie de garantía para el consumidor. En el envase figura la etiqueta "Consumir preferentemente antes de". Una vez transcurrida la fecha indicada en el envase, el contenido no tiene por qué haberse echado a perder, sino que en muchos casos puede consumirse sin vacilar. Quizá el producto haya perdido algo de color o se haya reblandecido, pero mantendrá el mismo sabor de siempre. Por ello no tienes por qué tirar los alimentos con una fecha de consumo preferente ya pasada, sino comprobar si pueden consumirse:

Abre el envase y échale un vistazo al contenido.

» Si tiene buen aspecto, huélelo.
» Si sigues sin ponerle reparos, pruébalo.
» Si tiene el sabor de siempre, no hay nada que impida su consumo.
» Si te parece que presenta algún tipo de cambio en cuanto al olor o al aspecto, (por ejemplo, tiene manchas de moho), ya no puede consumirse y deberías tirarlo.

Fecha de caducidad

Aquellos alimentos en cuyo envase figura la fecha de caducidad son propensos a desarrollar gérmenes. Entre estos figuran, por ejemplo, la carne cruda de pollo, la carne picada, las salchichas crudas, las ensaladas precocinadas y la leche fresca. En el envase figura la etiqueta "Fecha de caducidad". A diferencia de los alimentos en cuya etiqueta se incluye una fecha de consumo preferente, en el caso de los alimentos en cuyo envase se indique una fecha de caducidad, no deben consumirse después de esa fecha ni ponerse a la venta.

Temperaturas de refrigeración recomendadas

Además de en los productos delicados a nivel microbiológico, también en los que tienen una fecha de consumo preferente suele aparecer una indicación adicional referente a su almacenamiento ("fresco y seco") y la temperatura de refrigeración recomendada. Esta temperatura se relaciona con las fechas de consumo preferente y de caducidad. Atenerse a la temperatura de refrigeración influye en la conservación del producto y por eso es especialmente importante que no se rompa la cadena de refrigeración. Es decir, desde que coges el producto de la nevera del supermercado hasta que lo guardas en la nevera de tu casa, deberías mantenerlo refrigerado. En invierno no supone un problema, pero en verano necesitas guardarlo en una bolsa de refrigeración o una nevera portátil.

Los alimentos y su vida útil

La tabla 20.1 te ofrece una idea aproximada de la vida útil de los alimentos. Los datos se refieren a alimentos frescos y envases sin abrir.

Un brik de leche abierto puede echarse a perder en cuestión de días y, si no se mantiene refrigerado, el proceso puede ser incluso más rápido. Por eso es mejor que guardes en frío los productos empezados que contengan una proporción alta de agua y que los consumas rápido.

TABLA 20.1 **La vida útil de los alimentos**

Tiempo de conservación largo	Tiempo de conservación medio	Tiempo de conservación corto	Consumo inmediato
sémola	cerveza	pan	ensaladas aliñadas (ensalada de fruta del mostrador de ensaladas del supermercado)
copos de avena	embutido curado	huevos	ensalada de huevo
miel	quesos curados	queso fresco	pescado fresco
legumbres	productos lácteos (UHT)	leche fresca	platos con huevos crudos, como el tiramisú
café, té	pan de centeno horneado	zumos recién exprimidos del supermercado	carne picada
cacao	nueces	yogur	pollo
confitura, mermelada	jamón serrano	jamón cocido	longanizas
conservas	zumo procesado	salchichas precocinadas	leche cruda
harina	chocolate	fruta	
agua mineral	pan tostado	requesón	
pasta		carne de vacuno, cerdo y ternera	
arroz		salmón ahumado	
especias secas		lechuga, verdura	
sopas de sobre		*smoothies*	
vino		queso blando	
azúcar			

CONVIÉRTETE EN EL SALVADOR DE LOS ALIMENTOS

Cada año se tiran a la basura toneladas de alimentos que todavía son comestibles. Provienen de supermercados, restaurantes, mercados y hogares. Contrarresta este desperdicio de alimentos comprando para tu casa lo que vayas a consumir. Si quieres, puedes hacer todavía más, pues cada vez hay más comercios y restaurantes que ofrecen productos alimenticios a precios reducidos que, si no, tendrían que tirar. Y no se trata de productos estropeados o en mal estado, sino de mercancías que no se han vendido ese día. En panaderías, por ejemplo, ofrecen bizcochos y pan, y en restaurantes, platos recién preparados cuyos ingredientes no aguantarían todo el fin de semana.

Los bancos de alimentos son también una buena opción para que no terminen en el contenedor. Si has comprado demasiadas cosas para la fiesta que organizabas o si la nevera no ha llegado a vaciarse antes de las vacaciones, puedes dar las cosas a tus amigos y vecinos o llevarlas a un banco de alimentos.

Organizar las provisiones

Antes, las provisiones se guardaban en el sótano o en la despensa. Allí se almacenaban legumbres, copos de avena, harina y azúcar, así como las conservas caseras de fruta y verdura. Las latas de conserva de carne completaban las reservas. Hoy día, muchos supermercados abren hasta las 22.00 h y algunos hasta las 00.00 horas. Incluso en los pueblos pequeños hay restaurantes y algún que otro puesto de comida, de manera que conseguir algo que comer es rara vez una tarea complicada. Además, apenas hay ya viviendas que dispongan de una despensa y no todos los sótanos son aptos para almacenar alimentos.

Acumular provisiones parece algo desfasado, pero los gobiernos de algunos países tienen elaborado un listado de los alimentos básicos que habría que tener en casa por si se produjera una catástrofe como una inundación, un alud o un apagón prolongado. Incluso sin una catástrofe natural puede ser práctico que uno siempre tenga en casa un par de provisiones por si recibimos una visita inesperada o si alguna vez no llegamos a fin de mes para hacer la compra.

El *top* 10 de los alimentos que habría que tener siempre en casa

Con estos diez productos puedes idear diez platos e, incluso, preparar un pastel:

1. **Harina:** para preparar pan y pasteles, empanar carne o pescado o espesar las salsas.
2. **Azúcar:** para las cosas dulces como los bizcochos y el pudin, sazonar los platos con tomate o endulzar el café, el té o el cacao.
3. **Sal:** sin sal, todo está insípido. Además de condimentar los platos, puedes utilizarla para secar el pescado o para los asados con costra de sal.
4. **Margarina:** para asar y hornear, como base para un bocadillo o para engrasar los moldes de horno.
5. **Pasta de tomate:** en lugar de margarina para los bocadillos, como base para salsas y pizzas y para sazonar platos.
6. **Pasta:** rápida y saciante, como plato principal con salsa, como ingrediente en las sopas o como ingrediente en los platos de cazuela.
7. **Patatas:** las patatas cocidas sin piel están ricas con el asado; las cocidas con piel, con requesón; si las cueces y salteas con pimienta y especias, estarán sabrosas con un salteado de verduras en la sartén o acompañando un plato de pescado, al igual que el puré de patata combina con salchichas o huevos.
8. **Copos de avena:** un superdesayuno, pero también son idóneos para empanar albóndigas, hacer bizcochos y espesar salsas.
9. **Huevos:** cocidos para el desayuno, a mediodía, revueltos y por la noche, revueltos con tocino. Para preparar bizcochos y, para la sopa, en daditos.
10. **Leche:** como bebida, para el café y los cereales del desayuno, hacer yogur y *roux* o preparar bizcochos.

Almacenar correctamente los alimentos

Si tienes reservas de alimentos en casa, no debes perderlas de vista. En caso contrario, podrían echarse a perder o, en el peor de los casos, llenarse de parásitos sin que te des cuenta. A continuación incluyo algunos consejos para almacenar las provisiones:

- Almacena solo lo que os guste comer.
- Trasvasa los envases empezados a recipientes transparentes de vidrio o plástico.
- Coloca las provisiones recién compradas en la parte de atrás de los estantes. Así te asegurarás de que consumes primero los alimentos que van a caducar antes.
- Etiqueta las bolsas o táperes para congelados con el contenido y la fecha de congelación. Los alimentos congelados tampoco duran eternamente y deberían consumirse a tiempo.
- Controla las reservas periódicamente. Comprueba la fecha de caducidad y asegúrate de que no hayan sido invadidas por ningún parásito.

EN ESTE CAPÍTULO

Cocinar y hornear para principiantes

Hacer conservas como un profesional

Tendencias e intolerancias alimentarias

Capítulo 21

Hecho en casa: cocinar, hornear, hacer conservas

Aunque nunca te hayas puesto a cocinar ni hayas preparado un bizcocho en tu vida, te darás cuenta de que no es tan complicado. Solo necesitas los ingredientes y utensilios de cocina correctos, y una receta. Si respetas las cantidades y el orden que se indica, nada puede salir mal. Más adelante, cuando tengas más experiencia y te atrevas a ir más allá, podrás variar las recetas y experimentar con tus ingredientes favoritos.

Los diferentes métodos de preparación

Existen recetas y métodos de preparación básicos para cualquier ingrediente principal como la carne, el pescado o la verdura. Añadiendo especias y otros ingredientes se crean sabrosos platos. Cuando domines las bases, tus ganas de experimentar y tu fantasía no conocerán límites y, quién sabe, ¡a lo mejor cocinar se convierte en uno de tus *hobbies* favoritos!

» **Asar.** Es el método de cocción más popular. Puedes preparar alimentos con poco aceite (carne, pescado, verdura, platos con huevos) en la sartén o en el horno, tanto en un recipiente abierto como en una cazuela o cazo. Asa los alimentos en aceite caliente procurando que se hagan por todos los lados y termina de cocinarlos a fuego lento. Un alimento que se prepara con este método es el filete ruso o empanado en la sartén. En el horno, pollo, ternera y cochinillo asados.

CONSEJO

No utilices un tenedor para comprobar si la carne está hecha, ¡o se saldrá su jugo! Mejor presiona la carne con una cuchara de palo. Si está asada, no cederá a la presión. Si se hunde ligeramente, estará entre rosada y poco hecha.

» **Estofar.** Estofar consiste en dorar la carne en aceite o grasa caliente para terminar de cocinarla en una cazuela con tapa con un poco de líquido, a fuego lento. Se puede estofar tanto una pieza entera de carne como la troceada. Según la receta, se pueden añadir al líquido verdura, tocino o setas para refinar el sabor. Preparar un estofado requiere tiempo y a veces la carne tiene que permanecer durante horas en una cazuela tapada. El caldo servirá más tarde como base para la salsa.

INFORMACIÓN TÉCNICA

Para el estofado no vale cualquier grasa. Esto se debe al llamado punto de humeo de la grasa. Este punto indica la temperatura a la que la grasa comienza a humear en la sartén. La mantequilla y la margarina tienen un punto relativamente bajo (unos 175 °C) y solo deberían usarse a una temperatura moderada. Los puntos de humeo de la manteca de cerdo (182 °C), la grasa de coco (185-205 °C) y la mantequilla clarificada (unos 200 °C) son más altos, así que también pueden freír la carne a temperaturas elevadas. Además de por el punto de humeo, los tipos de grasas se diferencian por el sabor. Por ello, en algunas recetas se utiliza, por ejemplo, mantequilla clarificada, pese a que podrían usarse aceite o margarina.

CONSEJO

Para saber si la grasa de la sartén o la cazuela está suficientemente caliente para dorar o sofreír el alimento, solo necesitas una cuchara de palo: ponla sobre la grasa calentada. Si surgen burbujitas alrededor de la cuchara, la grasa ha alcanzado la temperatura correcta para añadir los ingredientes.

- **Cocer.** Los alimentos se cuecen en una gran cantidad de líquido a unos 100 °C. El líquido puede ser leche, caldo, vino blanco o agua. Puedes cocer carne vacuna o de ave, pescado, verdura o productos a base de cereales como pasta, arroz o copos de avena. Algunos platos típicos cocidos son los pucheros y las sopas.
- **Rehogar.** Los alimentos se cocinan en una cazuela con tapa a unos 100 °C. Algunos como el pescado, la fruta y las espinacas pueden rehogarse en su propio jugo, mientras que otros como las zanahorias necesitan agua o caldo adicional.
- **Hacer a la plancha.** El alimento (carne vacuna o de ave, pescado, verdura, fruta) se cocina a una temperatura muy alta. Se requiere poca grasa para la preparación y existen diferentes aparatos para cocinar a la plancha, como sartenes asadoras o parrillas, que funcionan con carbón vegetal, gas o electricidad.
- **Freír.** Los alimentos se cocinan con mucha grasa caliente y el resultado queda crujiente. La grasa para freír, como el aceite, ha de calentarse a 200 °C. La cazuela debería ser tan alta como para que el alimento quede completamente cubierto y no la llenes con más de un tercio de grasa. Calienta la grasa e introduce después la carne o la verdura. Utiliza unas tenazas para evitar quemaduras si la grasa salta.
- **Hornear.** Los alimentos se cocinan en el horno con aire seco y caliente. Las temperaturas suelen oscilar entre 100 y 250 °C. Puedes hornear pan, bizcochos, carnes y pescados.

Manipular alimentos sensibles

Antes de que te lances a la cocina con todo tu entusiasmo, es necesario aclarar algunas cosas acerca de la seguridad al manipular los alimentos delicados. En mayor o menor medida, todos los alimentos son delicados y se echan a perder más o menos rápido. Se secan y se arrugan o, lo que es peor, se vuelven pastosos y mohosos. Nunca deberías ingerir un alimento podrido, ¡tíralo de inmediato! También hay que prestar atención cuando son alimentos frescos. Esto se aplica especialmente a la carne vacuna y a la de ave, el pescado y los huevos crudos. Si no se tratan adecuadamente ni se conservan en frío, pueden desarrollar bacterias y gérmenes a una velocidad vertiginosa —y también pasa una vez cocinados— y provocarnos malestar o alguna enfermedad. Por eso debes ser meticuloso con la limpieza y la higiene mientras los manipulas. Hazlo así:

- Cuando lleves carne y pescado a casa, ponlos en una bolsa para congelados y mételos de inmediato en la nevera. Sigue las indicaciones de la temperatura de refrigeración recomendada en el envase. La carne picada, por ejemplo, debe almacenarse a 2 °C. Muchas neveras solo alcanzan esta temperatura en la zona situada sobre el cajón de la verdura. Los huevos también deberían ir a la nevera después de comprarlos.
- Consume los productos crudos lo antes posible y en ningún caso tras la fecha de caducidad indicada en el envase.
- Para la carne vacuna, la de ave y el pescado usa unas tablas de cortar distintas de las que utilizas, por ejemplo, para la verdura y la ensalada. Cuando acabes de usar los objetos que han estado en contacto con la carne, lávalos de inmediato con agua caliente o mételos en el lavavajillas. Cambia periódicamente las tablas de cortar, ya que en sus grietas se acumulan gérmenes.
- Calienta la carne vacuna, la de ave y el pescado hasta que en su interior se alcance una temperatura de 70 °C durante al menos 2 minutos. Así te asegurarás de eliminar los gérmenes por completo. Si tienes dudas sobre la temperatura, utiliza un termómetro para carne. Cuando cortes la carne, comprueba si está bien hecha:
  - La carne de ave está blanca y la zona cercana a los huesos no tiene tonos rosados.
  - Las espinas del pescado pueden separarse con facilidad y no tiene un aspecto vidrioso.
  - La carne picada es marrón, no rojiza.
- Procura cocinar bien los platos con huevo. Para los platos que se preparen con huevos crudos —como, por ejemplo, el tiramisú—, usa huevos muy frescos.
- Refrigera y consume los platos cocinados sin demora.

» La carne cruda, la de ave y el pescado han de descongelarse dentro del frigorífico. ¡Ni te imaginas cómo aumenta la cifra de gérmenes presentes en el alimento a temperatura ambiente! Evita el contacto con otros alimentos y tira el agua del descongelado. Lava la vajilla que hayas utilizado antes de volver a hacerlo.

» Los gérmenes no se propagan en la cocina solo por alimentos incorrectamente almacenados, sino también por las manos, superficies y textiles de cocina. Lavarse las manos antes de cocinar debería ser automático, aunque solo sea por guardar las formas.

» La encimera de la cocina y las tablas de cortar tienen que estar limpias, y esto solo se consigue si las bayetas, estropajos y paños de cocina que utilices lo están. Lava regularmente las bayetas, los cepillos de fregar y los trapos de cocina, pues con el paso del tiempo se convierten en auténticos focos de propagación de gérmenes. Cambia las bayetas y los paños al menos una vez por semana.

Platos de carne y ave

Ya estás informado y puedes comenzar. Primero vamos a preparar un plato de carne. Independientemente de si es carne de ave, venado, ternera, cerdo, conejo o cordero, la carne se puede estofar, asar y hacer a la plancha. Encontrarás recetas para cada método de cocción.

Estofar

Existen varias recetas de estofado realmente ricas. ¡Empieza con un sabroso *gulasch*!

Receta: *gulasch*

Un buen *gulasch* requiere tiempo, pero la inversión merece la pena. Se puede preparar en grandes cantidades y recalentarlo, y es idóneo tanto para ofrecer a los padres como para "alimentar" a tus hambrientos invitados cuando organices una fiesta. Un poco de pasta o unas patatas cocidas sin piel serían una buena guarnición para un *gulasch*.

Ingredientes para 4 personas

- 500 g de carne (ternera, cerdo, pavo o pollo)
- 1 cebolla grande
- 1-2 cucharadas de grasa (margarina o aceite)
- sal
- ⅛ l de agua
- 500 g de zanahorias
- 1-2 cucharadas de nata agria
- 1 cucharada de espesante para salsas
- pimienta a tu gusto

Preparación

1. Con cuidado, seca la carne con papel de cocina. Si has comprado la carne sin cortar o si los dados son demasiado grandes, córtalos en trozos pequeños que se puedan comer bien.
2. Pela y trocea la cebolla.
3. Calienta la grasa en una cazuela grande e introduce los trozos de carne. Deja que los trozos se doren un poco, dales la vuelta y repite este paso hasta que la carne se haya dorado por todas partes.
4. Añade la cebolla troceada a la carne y dórala.
5. Añade media cucharadita de sal y vierte el agua.
6. Pon la tapa y deja que el *gulasch* se estofe a fuego lento durante unos 35 minutos. Remuévelo de vez en cuando. Controla la temperatura al inicio: el líquido de la cazuela tiene que borbotear.
7. Pela y corta las zanahorias. Han de añadirse a la carne cuando haya transcurrido el tiempo indicado del estofado.
8. Añade un poco más de agua si es necesario, de modo que el líquido cubra todos los ingredientes.
9. El *gulasch* debe seguir estofándose durante unos 20 o 30 minutos más. Remuévelo de vez en cuando. Si la carne está tierna, añade un poco de nata agria y, si ves que el *gulasch* está demasiado líquido, añade espesante para salsas. Salpimienta.

INFORMACIÓN TÉCNICA

En los viejos libros de cocina suele indicarse que, antes de la cocción, hay que lavar a conciencia tanto la carne vacuna como la de ave. Esto ya no es necesario e incluso puede ser peligroso. Los gérmenes y bacterias sobreviven a esa pequeña cantidad de agua y no se eliminan hasta la cocción. Al lavar la carne, el agua infestada de gérmenes podría salpicar y contaminar utensilios de cocina y otros alimentos que estén cerca. Por ello, hoy día se recomienda no lavar la carne.

Asar en el horno

Para asar en el horno valen todos los tipos de carne y su preparación no es tan complicada. En la mayoría de los casos, una vez está la carne en el horno, ya no tienes mucho que hacer y puedes dedicarte a otras cosas. En función de la receta, el asado se mete en el horno en un recipiente cerrado o abierto, o se usa film para hornear.

Receta: asado de cerdo con costra

Hacer un asado de cerdo con costra es algo que incluso un aprendiz de cocina puede conseguir. Tanto en el supermercado como en la carnicería suelen vender la carne a buen precio. Si se lo pides al carnicero, es posible que te haga los cortes en forma de rombos en la corteza del cerdo. Un poco de puré de patata o una ensalada de patata y una cerveza fría pueden ser unos complementos perfectos para este asado.

Ingredientes para 4 personas

- 1 kg de carne de cerdo para asar
- 1 cucharadita de sal
- 1 cucharadita de pimienta (recién molida)

Preparación

1. Calienta el horno a 180 °C con calor arriba y abajo.
2. Seca la carne con cuidado y, si el carnicero no lo ha hecho, corta la corteza en forma de rombos con un cuchillo afilado.

   CONSEJO

   Ten mucho cuidado y no hagas cortes demasiado profundos. Si cortas hasta llegar a la carne, perderá jugo durante la cocción y al final se resecará demasiado.
3. Salpimienta la carne por todas partes.

4. Engrasa la fuente con margarina o aceite y pon la carne con la corteza hacia arriba.
5. Asa la carne a media altura durante 2,5 o 3 horas en el horno precalentado. Unta de vez en cuando la carne con agua con sal (cada media hora). Para ello, diluye ½ cucharadita de sal con 150 ml de agua. Úntala con un pincel de repostería.
6. Si la carne ya está hecha y la corteza, bien crujiente, sácala del horno. Corta el asado en rodajas y sírvelo de inmediato.

Asar en la sartén

Existen muchos platos rápidos que se hacen en la sartén. Hay algunos alimentos, como las salchichas, que van a parar directamente a la sartén mientras que otros, como los filetes empanados o los rusos, requieren preparación previa. Sin embargo, estos platos se hacen luego del mismo modo.

1. Calienta la sartén con algo de grasa (en el caso del filete empanado puede ser un poco más) y añade la carne cuando la grasa esté bien caliente.
2. Da la vuelta a la carne varias veces hasta que se dore por todas partes. Para los filetes de corte fino solo se necesitan unos minutos por cada lado. Las piezas gruesas requieren más tiempo para estar bien hechas. La carne de ave debe estar completamente cocinada antes de su consumo, al igual que la carne picada.

EMPANAR

El filete empanado es el clásico. Para empanar necesitas tres platos hondos: uno con harina, uno con huevo batido y otro con pan rallado. La carne se va empanando con cada uno de estos tres ingredientes.

- Comienza por la harina y dale vuelta a la carne hasta cubrirla con una capa fina.
- Luego ponla en el plato con el huevo batido y empapa ambas caras.
- El pan rallado es el último paso. Se adhiere muy bien al huevo.
- Cuando la carne esté empanada, ponla en una sartén con grasa caliente y fríela por ambas caras.

Receta: hamburguesas caseras

Les gustan tanto a grandes como a pequeños, tanto calientes como frías. Están ricas solas, en un bocadillo, con una ensalada de patatas, ensaladas o patatas asadas.

Ingredientes para 4 personas

- » 1 cebolla
- » 2 dientes de ajo
- » aceite o margarina para la sartén
- » 1 trozo de pan del día anterior
- » 500 g de carne picada mixta
- » ½ cucharadita de sal
- » ½ cucharadita de pimienta
- » 1 huevo

Preparación

1. Pela y trocea el ajo y la cebolla e introduce en primer lugar la cebolla en la sartén con la grasa ya calentada. Rehoga la cebolla hasta que tenga un aspecto vidrioso y a continuación añade el ajo. Rehoga ambos ingredientes mientras los remueves y retira la sartén del calor.
2. Mete el pan a remojo en un cuenco con agua hasta que se ablande. Escurre luego el agua y mete el pan reblandecido en un bol grande para mezclar.

   CONSEJO

   Si no tienes pan duro o piensas que tardarás mucho en reblandecerlo, puedes sustituirlo por dos cucharadas de pan rallado.
3. Añade la carne con las especias, la mezcla de cebolla y ajo, la mostaza, el huevo y amasa todo bien. Puedes hacerlo con las manos o con una batidora con gancho para amasar.
4. Con la masa, forma unos filetes planos o unas albóndigas pequeñas y luego fríelas a fuego medio con grasa caliente hasta que la carne esté hecha.

Hacer a la plancha / barbacoa

Hacer una barbacoa es un placer social y, normalmente, veraniego. Cocinar a altas temperaturas a la parrilla es muy popular a todas las edades y una actividad apta también para los que carecen de conocimientos básicos de cocina. Que te decantes por una barbacoa de carbón vegetal, electricidad o gas no alterará la preparación.

Muchos productos cárnicos como las hamburguesas o las salchichas pueden ponerse sobre la parrilla; la carne pobre en grasa, como el pavo, deberías marinarla antes para que no se reseque en la barbacoa.

» Los trozos de carne uniformes y gruesos son idóneos para la barbacoa. Pero si son finos por una parte y, por otra, gruesos, será imposible encontrar el punto de cocción correcto. La carne quedará demasiado seca o medio cruda.

» Las hamburguesas es mejor hacerlas en una bandeja de barbacoa. La carne picada tiende a deshacerse cuando se le da la vuelta y sería una lástima que parte de la carne terminara en las brasas o en las llamas.

» No des la vuelta a los alimentos con un tenedor; es más práctico usar siempre unas pinzas para barbacoa. No dañarás la carne y su jugo no se perderá.

» Es mejor que no salpimientes la carne hasta que esté hecha. De lo contrario, la sal seca la carne y la pimienta se quema al fuego fuerte, lo que da sabor amargo.

Receta: adobo de aceite y especias

Un buen adobo consigue que la carne se mantenga jugosa en la barbacoa y conserve su sabor. Prepara el adobo según la receta y mete la carne adobada en una bolsa para congelar. Cierra la bolsa y mezcla todos los ingredientes. La carne debe reposar en el adobo durante 2 horas en la nevera. A continuación, puedes hacerla en la barbacoa.

Ingredientes para 500 g de carne

» 1 cebolla pelada y picada

» 1 cucharadita de perejil

» 1 cucharadita de tomillo

» 1 cucharadita de pasta de tomate

» 4 cucharadas de aceite de oliva

» 1 pizca de sal

» 1 cucharada de azúcar

» pimienta negra recién molida

Preparación

1. Mezcla bien todos los ingredientes en un cuenco.
2. Mete la carne y el adobo en una bolsa para congelados.
3. Deja la carne marinando en el adobo durante 2 horas en la nevera.

Platos de pescado

El pescado puede comprarse por piezas enteras (por ejemplo, la sardina o la dorada), en filetes (como la perca o gallineta) o en rodajas (por ejemplo, el atún). Los productos frescos se pueden freír, rehogar o hacer directamente a la plancha.

CONSEJO

En principio, el pescado puede hacerse a la barbacoa, aunque se suele deshacer al darle la vuelta, ya que su carne es muy blanda. Por ello, es mejor que uses una bandeja de barbacoa en la que puedes meter y fijar pescados enteros, como sardinas o truchas. El papel de aluminio también es práctico: envuelve el pescado con él y añádele unas hierbas. Así envuelto, el pescado se cocinará en su propio jugo y adquirirá el aroma de los condimentos. Sirve el pescado en el papel de aluminio. Pese a su escaso tamaño, las gambas y los pescados pequeños también se pueden hacer a la barbacoa. No se caerán a través de las rejillas si los colocas en una bandeja de aluminio o insertados en unos pinchos.

Receta: mejillones al vino blanco

El otoño y el invierno son la época de los mejillones. Puedes comprar estos sabrosos crustáceos desde septiembre hasta febrero. Si te olvidas de lo que cuesta limpiarlos, su preparación es muy sencilla y la comida, de lo más entretenida y sin complicaciones. El pan y un vino blanco seco son perfectos para acompañar un plato de mejillones.

Ingredientes para 4 personas

- 2,5 kg de mejillones
- 4 dientes de ajo
- 1 cebolla
- 1 chile rojo
- 750 ml de vino blanco
- 1 hoja de laurel
- sal
- pimienta recién molida

Preparación

1. Lava bien los mejillones con un cepillo hasta que no queden restos de arena. Tira los que estén abiertos. No son comestibles.
2. Pela el ajo y la cebolla y córtalos en trozos pequeños.
3. Parte el chile por la mitad, quita las pepitas y pica ambas mitades.

   ADVERTENCIA

   No se te ocurra llevarte las manos a los ojos. ¡No te imaginas cómo escuece! Si te pones unos guantes de un solo uso antes de manipular el chile, lo evitarás.
4. Pon el vino a hervir con las especias y los ingredientes troceados y salpimienta el caldo.
5. Añade los mejillones y pon la tapa de la cazuela. Al cabo de 10 minutos debería haberse abierto la mayoría de las conchas. Las que sigan cerradas después de hervir 2 minutos más, tíralas. No son comestibles. El resto se sirve de inmediato.

CONSEJO

Los mejillones se comen sin cubiertos. Saca el primer mejillón de la concha con los dedos (cuidado, ¡quema!). Para los demás, utiliza la primera concha como cubierto. Con ella puedes extraer la carne del mejillón de la concha como si fueran unas tenazas.

Receta: brochetas de tres tipos de pescado

Las brochetas de pescado son absolutamente deliciosas y rápidas de preparar. Para la barbacoa van bien los tipos de pescado que presentan una carne más consistente, igual que los crustáceos como las gambas. Puedes usar bacalao, salmón o atún y mezclar las clases de pescado o utilizar solo una. Las brochetas de esta receta se preparan con tres tipos de pescado.

Ingredientes para 4 personas

- 150 g de filetes de bacalao
- 150 g de salmón
- 1 limón
- 8 gambas o langostinos grandes y pelados (listos para comer)
- 1 pimiento rojo
- 1 cebolla
- ½ calabacín
- 40 ml de salsa *teriyaki* para el marinado
- 1 pizca de sal
- 4 brochetas de madera

Preparación

1. Lava el pescado y sécalo con papel de cocina. Corta cada filete en cuatro trozos del mismo tamaño y rocíalos con el zumo de medio limón.
2. Seca las gambas con cuidado y échales unas gotas de limón.
3. En un cuenco pequeño, mezcla todos los tipos de pescado con la salsa *teriyaki* y una pizca de sal, y déjalos marinando durante unos cinco minutos.
4. Ve lavando el pimiento, quítale las semillas y córtalo en trozos grandes. Pela y corta la cebolla en octavos. Lava el calabacín, córtalo a lo largo por la mitad y corta rodajas de 1 cm.
5. Ensarta en las brochetas los trozos alternando el pescado, las gambas y la verdura.
6. Las brochetas de pescado deberán estar unos 10 minutos en la barbacoa para hacerse. Ve girándolas cada poco tiempo.

Sirve las brochetas con una *baguette* crujiente o un poco de ensalada verde y fresca.

Platos vegetarianos

Hace ya mucho que pasaron aquellos tiempos en los que los vegetarianos tenían que contentarse en el restaurante con las guarniciones y eran considerados unos tristes "come-hierbas". Hoy día, hasta en la carta del pequeño restaurante del pueblo figura un plato vegetariano, y en las ciudades incluso disponen de toda una gama de platos a elegir si quieres comer en un restaurante vegetariano.

La verdura se puede asar, cocer, rehogar, estofar, freír y hornear. La cocina vegetariana es de lo más variada, saludable y sabrosa y ya no conoce límites, de modo que incluso a quienes no son vegetarianos también les puede apetecer comerse un plato vegetariano. El abanico de opciones vegetarianas va del guiso de verduras hasta las creaciones de los chefs de cocina. En las librerías también puedes encontrar una amplia variedad de lectura si quieres profundizar en la dieta vegetariana.

Así se preparan las verduras y las ensaladas:

- Lava bien tanto las verduras como la lechuga antes de manipularlas y elimina las partes dañadas.
- Utiliza un pelador para la verdura que haya que pelar como, por ejemplo, las zanahorias.
- No trocees la verdura hasta que vayas a preparar el plato y ya no la laves más. De esta manera conservará sus propiedades. Lo mismo vale para las ensaladas.

CONSEJO

Las verduras y las hortalizas son más sabrosas cuando son frescas, están crujientes y conservan su aroma. Por eso es mejor que las compres de temporada y que sean de la región. Si compras en el mercado, seguro que el tendero podrá recomendarte algo adecuado. En <`https://www.mapa.gob.es/es/alimentacion/temas/frutas-verduras-temporada/conocelas-fyv.aspx`> verás qué verduras y hortalizas son propias de cada temporada. Consume pronto los productos que compres, ya que hay muchos tipos que no aguantan demasiado como, por ejemplo, los tomates.

Receta: sopa clara de verduras

Esta sopa se puede preparar en un momento con picatostes, fideos, fideos chinos o tofu, aunque sin estos ingredientes también sabe de maravilla. Es ligera y de fácil digestión y por eso es muy popular en verano. No tienes que seguir la receta al pie de la letra por lo que se refiere a las verduras; usa las que estén de oferta en ese momento o las que tengas a mano. Acompaña la sopa con picatostes o pan blanco recién tostado.

Ingredientes para 4 personas

- 800 g de verdura (zanahorias, colinabo, coliflor, brócoli, guisantes...)
- 250 g de patatas para cocer
- 1 cebolla
- 3 tallos de perejil rizado
- 1 cucharada de aceite de oliva
- 1,25 l de caldo vegetal
- sal, pimienta y nuez moscada recién moscada al gusto

Preparación

1. Limpia, lava y corta todas las verduras en trozos que quepan bien en la boca.

   CONSEJO

   Si utilizas verdura congelada en lugar de fresca, te ahorrarás el trabajo previo. Están listas para cocinar y se pueden añadir directamente al agua hirviendo. En las indicaciones del envase verás el tiempo de cocción y cómo prepararlas.

2. Pela, lava y corta las patatas en dados.
3. Pela la cebolla y pícala.
4. Lava el perejil. Agita un poco los tallos para secarlos y seca las hojas con cuidado. Pica las hojas.
5. Calienta el aceite en una cazuela grande y rehoga la cebolla picada hasta que tenga un aspecto vidrioso.
6. Añade el caldo vegetal y déjalo hervir.
7. Añade a la cazuela en primer lugar las verduras que requieran un mayor tiempo de cocción. En este caso serían las zanahorias y las patatas. Déjalas hervir entre 5 y 8 minutos.
8. A continuación, añade el resto de las verduras. Deja la sopa cociendo a fuego lento entre 5 y 8 minutos más hasta que todas las verduras estén listas.

9. Mezcla el perejil picado con la sopa antes de servirla. Sazona el puchero con sal, pimienta y nuez moscada.

CONSEJO

No añadas las hierbas recién picadas hasta el final. No tienen que cocerse junto al resto de los ingredientes; basta con que se cuezan un poco. Las hierbas no solo pierden sabor al cocerse, sino que también suelen perder color.

Receta: patatas al horno con nata agria

Las patatas asadas te sacian por poco dinero, son sencillas de preparar y por ello son especialmente idóneas para fiestas o una tarde de barbacoa con amigos.

Ingredientes para 4 personas

- 8 patatas harinosas medianas o 4 grandes
- 2 cucharadas de aceite de oliva
- sal marina
- papel de aluminio

Para la salsa

- 1 manojo de cebollino
- 300 g de nata agria
- zumo de ½ limón
- 1 pizca de sal
- 1 pizca de azúcar
- pimienta recién molida al gusto

Preparación

1. Precalienta el horno a 200 °C con calor arriba y abajo.
2. Limpia bien las patatas frotándolas. Pincha la piel varias veces con el tenedor para que no revienten con el calor del horno. Pinta las patatas con un poco de aceite usando un pincel y échales un poco de sal marina antes de envolverlas en papel de aluminio.
3. Mete las patatas en el horno en una bandeja a media altura. Según el tamaño, necesitarán entre 60 y 90 minutos.
4. Lava el cebollino y córtalo en finas rodajitas. Mezcla todos los

ingredientes de la salsa en un cuenco y mete la masa cubierta en la nevera.

5. Cuando las patatas estén listas, abre el papel de aluminio, corta las patatas por la mitad y añádeles una porción generosa de la salsa.

CONSEJO

Si haces una barbacoa con amigos, puedes hacer las patatas en la parrilla o en las brasas. Controla el proceso de cocción para que las patatas no se quemen. Puedes acelerar el proceso si antes hierves las patatas en una cazuela durante 15 o 20 minutos y luego las envuelves en papel de aluminio.

Hacer conservas: mermelada casera

Hacer mermelada casera no es tan complicado y tampoco cuesta mucho, sobre todo si conoces a alguien que tenga un huerto y no le importe darte la fruta madura que le sobre. Sin embargo, hay algunas reglas básicas que debes respetar para que tu mermelada no se eche a perder antes de tiempo.

- Todos los utensilios que vayas a emplear tienen que estar absolutamente limpios. Lava botes y tapas con el agua lo más caliente posible: una vez con detergente lavavajillas y una vez más solo con agua. Coge un paño de cocina limpio y coloca los botes y las tapas bocabajo hasta que vayas a usarlos. Así los gérmenes no podrán acampar en su interior.
- Comprueba antes que las tapas encajen en los botes.
- Revisa que los bordes de los botes no estén dañados y desecha los que presenten algún desperfecto.
- Cocina solo fruta fresca y en perfecto estado.

Para hacer mermelada se cuece la fruta con azúcar hasta que se convierte en una masa gelatinosa. El tiempo de cocción de la fruta depende del porcentaje de pectina que tengan. Las grosellas y el membrillo tienen un porcentaje alto de pectina y por eso se convierten rápidamente en gelatina. Las fresas necesitan más tiempo, pues su proporción de pectina es escasa. Esto no debería preocuparte, ya que para la mermelada de fresa, una de las más populares, hay azúcar gelificante para fresas, que compensa su bajo contenido en pectina. Al resto de las frutas les puedes añadir pectina si es necesario. La encontrarás en pequeños envases en la sección de repostería del supermercado.

El ácido de la fruta también es importante para hacer mermelada, pues libera la pectina de la fruta. En el caso de la fruta baja en ácidos, deberás añadirle ácido cítrico o tartárico. Como alternativa, puedes usar zumo de limón. Encontrarás las indicaciones acerca de las proporciones y los ingredientes en la receta correspondiente.

Junto a la fruta, el azúcar es el ingrediente más importante. No solo endulza la mermelada, sino que es el responsable de su conservación. Un alto porcentaje de azúcar garantiza un mayor tiempo de conservación, mientras que uno bajo lo reduce. A cambio, la mermelada tendrá un sabor más afrutado.

INFORMACIÓN TÉCNICA

Para comprobar si la mermelada tiene la consistencia adecuada tras el proceso de cocción con el fin de que más tarde se solidifique, haz la prueba de la gelatina. Para ello, pon en un plato frío una pequeña cantidad de la masa caliente que has hecho con la fruta. Si puedes inclinar el plato sin que se escurra nada, tu mermelada estará lista para ser envasada.

Receta: mermelada de frambuesa

Ingredientes para 4 botes de 200 ml

- 500 g de frambuesa
- 250 g de azúcar gelificante (2:1)
- semillas de ½ vaina de vainilla en rama
- botes con tapa con cierre de rosca

Preparación

1. Limpia las frambuesas y desecha los frutos dañados. Mezcla las frambuesas en una cazuela con el azúcar gelificante.
2. Con una cuchara, extrae las semillas de la vaina de vainilla en rama y añádelas a la mezcla de fruta y azúcar. Mete también la vaina en la cazuela, pues dará sabor a la mezcla. Retira la vaina antes de envasar la mermelada.
3. Pon a hervir la fruta azucarada sin dejar de removerla. El azúcar debe disolverse por completo. Deja que la masa hierva durante

3 minutos y a continuación echa una pequeña cucharada de la mermelada en un plato para hacer la prueba de la gelatina. Si está solidificada, la mermelada de frambuesa estará lista.

4. Vierte la mermelada hasta el borde superior de los botes limpios y ciérralos de inmediato con sus tapas.
5. Pon los botes bocabajo durante 5 minutos. De este modo, si hubiera gérmenes en la zona superior del bote no tendrían nada que hacer.

Con esta receta puedes hacer también mermelada de fresa y de otras frutas.

Hornear: una receta, tres bizcochos

Hornear es un proceso igual de sencillo que hacer mermelada si comienzas con una masa sencilla. No tienes por qué ponerte a hacer desde el principio una tarta de lo más elaborada y artística con diferentes cremas para probar tus dotes de repostería. En lugar de eso, empieza con una masa sencilla que puedas transformar en diferentes bizcochos modificando algunos detalles de la receta.

Esto es lo que deberías saber sobre la masa de bizcocho

- Una masa de bizcocho está compuesta por cuatro ingredientes básicos: mantequilla, azúcar, huevos y harina.
- Trabaja con estos ingredientes a temperatura ambiente y así se unirán rápidamente para formar una masa cremosa.
- Trabaja deprisa e introduce la masa en el horno nada más terminar de hacerla. Así la levadura desarrollará toda su fuerza.

A menos que la receta diga otra cosa, añade en un recipiente la harina, la levadura, el azúcar y la mantequilla, así como el resto de los ingredientes que se mencionen y amásalo todo hasta que se convierta en una masa cremosa. Utiliza una batidora con varillas y comienza con la potencia más baja para que la harina no te empolve toda la cocina. Cuando ya hayas mezclado un poco todos los ingredientes, ve aumentando la velocidad. Vierte la masa cremosa en un molde ya preparado (engrasar y espolvorear harina), alisa la masa y hornéala según las indicaciones.

La masa de bizcocho es muy versátil. Si a los ingredientes básicos les añades otros, en un abrir y cerrar de ojos tendrás un bizcocho diferente. Con esta masa puedes preparar muchos tipos de bizcochos, desde el de mármol a la jugosa tarta de frutas. Da rienda suelta a tu creatividad y añade nueces, pasas o frutos secos , o prueba una variante achispada con ron y licor de huevo. Aquí tienes tres recetas con una masa.

Receta: bizcocho de limón

Ingredientes para la masa

- 200 g de mantequilla
- 250 g de harina
- 180 g de azúcar
- 4 huevos
- la ralladura de 2 limones biológicos
- ½ sobrecito de levadura
- 1 pizca de sal
- 125 g de maicena

Ingredientes para la cobertura

- 200 g de azúcar glas
- 2 cucharadas de zumo de limón

Preparación

1. Precalienta el horno a 180 °C con calor arriba y abajo. Engrasa un molde y, con un poco de harina, espolvorea la base y los bordes.
2. Remueve la mantequilla en un cuenco grande hasta que esté espumosa y vierte el azúcar. Añade los huevos y la piel de limón rallada.
3. Mezcla la harina, la levadura, la sal y la maicena en un cuenco. A continuación, ve añadiendo la mezcla de harina poco a poco

a la masa de mantequilla y huevo. Sigue removiendo hasta que se convierta en una masa cremosa.

4. Viértela en el molde preparado y hornéala durante 60 minutos a media altura.

5. Saca el bizcocho del horno cuando esté hecho y déjalo reposar 10 minutos en el molde antes de desmoldarlo y dejarlo enfriar por completo.

6. Mezcla el azúcar glas con el zumo de limón y pinta el bizcocho con la cobertura.

CONSEJO

El bizcocho estará más "alimonado" si, una vez lo hayas sacado del horno, pinchas la parte superior con una aguja y viertes unas gotas de zumo de limón en esos puntos. Déjalo reposar antes de cortarlo.

Receta: bizcocho de chocolate

Ingredientes

- 200 g de mantequilla
- 500 g de harina
- 150 g de chocolate amargo
- 2 cucharadas de cacao en polvo
- 1 sobrecito de levadura
- 150 g de azúcar
- 1 pizca de sal
- 4 huevos
- 200 ml de leche

Para la cobertura

- 1 sobre de cobertura de chocolate

Preparación

1. Precalienta el horno a 180 °C con calor arriba y abajo. Engrasa un molde y, con un poco de harina, espolvorea la base y los bordes.

2. Ralla el chocolate y mezcla el resultado con el cacao en polvo, la harina y la levadura.

3. Mezcla la mantequilla, el azúcar y la sal hasta que se conviertan en una masa espumosa y, a continuación, ve añadiendo los huevos. Mezcla los huevos con la masa de uno en uno.
4. Ahora ve añadiendo un poco de la mezcla de chocolate a la masa alternándola con leche (sigue removiendo para que no salgan grumos) hasta que hayas añadido todos los ingredientes y la masa tenga una consistencia limpia y libre de grumos.
5. Vierte la masa en el molde y hornea el bizcocho a media altura durante 60 minutos.
6. Saca el bizcocho del horno cuando esté hecho y déjalo reposar diez minutos en el molde antes de desmoldarlo y dejarlo enfriar por completo.
7. Calienta la cobertura según las indicaciones y pinta el bizcocho de manera uniforme.

Receta: bizcocho rápido de fruta

Ingredientes

- » ½ a 1 kg de la fruta que prefieras (manzanas, albaricoques...)
- » 250 g de mantequilla
- » 200 g de harina
- » 200 g de azúcar
- » 1 sobre de azúcar vainillado
- » 4 huevos
- » 1 pizca de sal
- » 125 g de maicena
- » ½ sobrecito de levadura
- » azúcar para espolvorear

Preparación

1. Lava y pela la fruta si es necesario y córtala en dados gruesos.
2. Engrasa una bandeja de horno, espolvoréala con un poco de harina y retira la sobrante.
3. Precalienta el horno a 200 °C con calor arriba y abajo.

4. Mezcla los ingredientes de la masa en un cuenco grande.
5. Pon la masa en el molde y añade la fruta troceada a la masa. Durante el proceso de horneado la fruta se hunde un poco, así que no debería quemarse en la parte superior. No obstante, no está de más echar un vistazo de vez en cuando para controlar que todo esté bien, pues cada horno es un mundo.

   CONSEJO

   Si ves que la tarta se oscurece demasiado por la parte superior, pero la masa todavía no está hecha, pon papel de aluminio sobre la tarta. Así no seguirá dorándose por la parte superior.
6. Hornea la tarta de frutas a media altura durante unos 25 o 30 minutos.
7. Espolvoréala con un poco de azúcar al sacarla del horno.

Alimentación especial

Alguna que otra invitación a comer termina convirtiéndose en un reto para el cocinero: unos no comen pescado, otros no comen huevos, nada de carne... Encontrar algo que acepten y guste a todos llega a ser una tarea titánica. Los tipos de alimentación son tan diversos que una comida familiar puede convertirse en un reto logístico y culinario.

Cada vez más personas se autoimponen límites por lo que a los alimentos se refiere, sea por motivos ecológicos, éticos o de salud, y la cifra de aquellos que (ya) no toleran determinados alimentos o que pueden sufrir reacciones alérgicas aumenta a diario.

Entonces ¿quién come qué? Para quien come de todo no es una pregunta fácil de responder, por eso a continuación vas a aprender las formas de alimentación más comunes en la actualidad, así como las intolerancias alimentarias más frecuentes.

Vegetarianos, veganos, frugívoros, flexitarianos

Cada vez hay más personas que siguen una dieta vegetariana, y los veganos hace ya tiempo que tampoco son un grupo marginal. La gente tiene una idea aproximada de lo que se sirve a la mesa de los seguidores de estas formas de alimentación. Pero ¿qué come un frugívoro o alguien que se autodenomina flexitariano?

- **Vegetarianos.** No comen ni carne ni pescado, pero sí otros productos de origen animal, como leche y huevos. Dentro del grupo de los vegetarianos hay dos subgrupos con una variedad de productos alimenticios todavía más reducida: los ovovegetarianos renuncian, además de a la carne y el pescado, a los productos lácteos, pero comen huevos; en el menú de los lactovegetarianos hay productos lácteos, pero no comen huevos.
- **Pescetarianos.** El término describe lo que comen, pescado, pero nada de carne. Tampoco son problemáticos los huevos, la leche y la miel, pese a su origen animal.
- **Veganos.** Para muchos veganos, el veganismo no se reduce solo a la alimentación, sino que refleja su concepción de la vida. Renuncian a todo alimento de origen animal: además del pescado y la carne, renuncian a los huevos, los productos lácteos, la miel y a aquellos alimentos que hayan sido producidos a partir de los anteriores. También rechazan el uso de productos animales, como zapatos de piel o dormir bajo un edredón de plumón. Los jabones hechos a partir de grasa animal, determinados cosméticos y los productos de lana también son tabú.
- **Frugívoros.** Si uno oye el nombre de esta forma de alimentación, frugivorismo o frutarianismo, pensará que los frugívoros comen sobre todo fruta. ¡Al contrario! Los frugívoros van un paso más allá que los veganos y no solo rechazan el uso y el consumo de productos de origen animal, sino también la alimentación vegetal si la planta resulta dañada. Si, por ejemplo, se extrae una zanahoria de la tierra, la planta ya no puede regenerarse. Está destruida. Por ello, los frugívoros solo aceptan como alimentos vegetales los frutos secos, las semillas y la fruta caída.
- **Flexitarianos.** Esta forma de alimentación no es estricta. Los flexitarianos, si bien rechazan la cría de ganado intensiva, de vez en cuando comen carne, siempre que provenga de la agricultura ecológica. Mantienen una alimentación saludable, pero no renuncian a determinados productos. Comen carne, pescado, huevos, productos lácteos y miel, pero la carne solo con moderación. Los vegetarianos convencidos los llaman, despectivamente, "vegetarianos a tiempo parcial".
- **Crudívoros.** No solo comen lechuga y verdura, sino también carne y pescado. La única condición es que el alimento no se cocine a más de 40 °C o que pueda ingerirse crudo, de modo que se conserven las vitaminas y las enzimas.

DIETA PALEOLÍTICA: COMER COMO EN LA EDAD DE PIEDRA

La dieta paleolítica incluye todos los alimentos de los que se disponía en la Edad de Piedra o aquellos que se cree que existían entonces. Esta forma de alimentación se basa en el criterio de que, por lo que concierne a la alimentación, nos parecemos al hombre de esa época, que basaba su existencia en aquellos alimentos. Por eso mucha carne. También permite la ingesta de pescado, huevos, verdura, fruta, semillas, frutos secos y algunas grasas. En cambio, se excluyen los productos lácteos, los cereales, las legumbres y el azúcar.

Un subgrupo dentro de la alimentación paleolítica está formado por los que se limitan a los alimentos veganos paleolíticos. Siendo claros: nada de carne, pescado, cereales ni productos lácteos. ¿Qué queda entonces? Frutos secos y verdura.

De la lactosa al gluten: intolerancias alimentarias

No todo el mundo renuncia voluntariamente a determinados alimentos. A algunas personas les gustaría, por ejemplo, comer cereales y productos lácteos, pero no los toleran. La histamina y la fructosa son conocidas, junto a otros alimentos como los cacahuetes, por no ser aptas para todo el mundo. Dolor de estómago, diarrea, cansancio, dolor de cabeza y migrañas pueden ser los síntomas a los que tienen que enfrentarse los afectados.

Antes, las personas con alguna intolerancia alimenticia solían pasar por un calvario antes de saber qué alimentos les causaban las molestias que padecían. Pero ahora, por lo que se refiere a los desencadenantes más frecuentes, existen pruebas muy certeras con las que rápidamente puede identificarse el tipo de intolerancia.

INFORMACIÓN TÉCNICA

A menudo se usan indistintamente las expresiones "intolerancia alimentaria" y "alergia alimentaria". Sin embargo, existen grandes diferencias entre ellas:

» Cuando se padece una intolerancia alimentaria, el organismo no puede digerir o aprovechar determinados alimentos.

» La alergia alimentaria es una reacción de hipersensibilidad. El sistema inmunológico reacciona ante sustancias concretas y forma anticuerpos. Se puede detectar mediante un análisis de sangre. Los productos lácteos, los huevos, los frutos secos, el pescado y el marisco suelen ser los desencadenantes más frecuentes. Los síntomas van de la erupción cutánea, ataques de estornudos, tos y asma hasta vómitos y diarrea. En el peor de los casos, una alergia puede provocar un *shock* anafiláctico y resultar mortal.

Mientras que son muchas las personas que padecen alguna intolerancia alimentaria, las alergias alimentarias, en cambio, son raras.

Las intolerancias alimentarias más frecuentes

» **Intolerancia a la lactosa.** Cada vez son más las personas que no toleran la lactosa o solo una dosis muy reducida (en España suponen entre un 20 y un 40 % y, a nivel mundial, alrededor de un tercio de la población adulta). Esto se debe a una carencia genética de la lactasa, la enzima encargada de descomponer la lactosa en sus componentes —galactosa y glucosa— en el intestino, con el fin de que puedan aprovecharse. Si el organismo solo produce una cantidad reducida de lactasa, solo podrá descomponer pequeñas cantidades de lactosa y esta pasará al intestino grueso sin procesar, por lo que nos provocará gases y dolor de estómago. La intolerancia a la lactosa se determina con una prueba del aliento. No obstante, los afectados ya no tienen por qué renunciar a los productos lácteos, pues en los supermercados pueden encontrar un sinfín de productos sin lactosa.

» **Intolerancia a la fructosa.** La fructosa se encuentra en la fruta y como edulcorante en algunos alimentos procesados. Lo normal es que la mayoría de las personas la toleren, siempre y cuando la ingieran moderadamente. Los excesos pueden sentarle mal a cualquiera. El vientre se hincha y hace ruidos; la diarrea puede ser otra de las consecuencias. Dichos síntomas pueden presentarse porque hay una serie de proteínas que no desarrollan su labor. Normalmente, pasan la fructosa a la sangre desde el intestino delgado. Pero si este traspaso no funciona, la fructosa termina sin digerir en el intestino grueso, donde es descompuesta por bacterias. Durante este proceso se forman gases que hacen que se nos hinche la tripa.

- **Intolerancia a la histamina.** Las personas que presentan intolerancia a la histamina pueden quejarse de diversas molestias. Las descripciones hablan de la diarrea al asma y de mareos a picores. Esto se debe a una enzima que no trabaja bien. Normalmente, descompone en el intestino delgado las histaminas presentes en los alimentos más diversos. Si este proceso no se realiza bien, surgen las molestias. Pero hasta ahora la ciencia no ha podido aclarar si las molestias surgen porque las personas afectadas no producen suficiente cantidad de esta enzima o porque la enzima no trabaja bien. No existe prueba alguna para comprobar la intolerancia a la histamina. Sin embargo, un alergólogo y un nutricionista pueden descubrir qué alimentos son los responsables de provocarnos el malestar corporal.
- **Intolerancia al gluten (celiaquía).** La mucosa del intestino delgado se inflama por la ingesta del gluten presente en alimentos como trigo, cebada, centeno y avena. Las consecuencias son desde pequeños problemas digestivos hasta enfermedades graves como el cáncer de intestino. No basta con limitar el consumo de estos alimentos, sino que esta intolerancia implica una renuncia completa a ellos. Por suerte, hoy día hay a la venta una gran variedad de productos sin gluten.

CONSEJO

Cada vez más personas se autoimponen límites en el consumo de alimentos sin que sea necesario porque piensan que padecen alguna intolerancia. La mayoría no lo sabe con certeza, pues son pocos los que acuden al médico o los que tienen un diagnóstico claro. Si tienes dudas con relación a un alimento concreto, acude al médico antes de dejar de comer algo.

Alergias alimentarias

En España, casi un 3,6 % de la población padece alergia a algún alimento y, en los menores de tres años, puede llegar a un 8 %. Una reacción alérgica a un alimento suele producirse justo después de ingerir el producto. Puede manifestarse con tos y mocos a través de las vías respiratorias, en forma de una erupción cutánea a través de la piel y en el aparato digestivo. Algunas de las consecuencias pueden ser dolor de estómago, diarrea o vómitos. En los casos más graves puede producirse una insuficiencia respiratoria, un fallo del sistema circulatorio o un *shock* anafiláctico y resultar mortal.

Las alergias alimentarias pueden diagnosticarse con una prueba cutánea o un análisis de sangre. Si sospechas que puedes padecer una alergia, ve al médico de inmediato. Con tu ayuda, podrá determinar a qué alimentos eres alérgico. Si se identifica un alimento como alérgeno, tendrás que evitarlo. Si es un alimento que consumes con frecuencia, verá si puede sustituirse por otro. Tu médico te orientará en este sentido.

Si tienes una alergia severa, seguramente te recetarán un medicamento para casos de emergencia que deberás llevar siempre contigo por si ingirieras un alimento alérgeno.

6 Los decálogos

EN ESTA PARTE . . .

Aquí se habla del nivel de orden necesario en cualquier hogar. Los diez consejos más importantes relativos al orden te ayudarán a no perder la perspectiva sobre tus cosas y a crear un hogar acogedor. ¡O al menos a dar esa impresión, si tienes que conseguirlo deprisa!

Además, se abordan diez puntos sobre la limpieza, o más bien sobre las manchas y los métodos, a veces un poco insólitos, que existen para combatirlas. ¡Aprende a mirar la levadura en polvo y la harina de fuerza con otros ojos y hazte amigo de los quitamanchas y el jabón de hiel!

Capítulo 22

Diez consejos para que todo parezca ordenado

Algunos de los siguientes consejos son tan simples que muchas personas se preguntarán por qué el tema del orden no termina de cuajar. Otros de los consejos les resultarán familiares desde la infancia. Cada uno de ellos funciona por sí solo y te acerca un poco más a tu sueño de una casa ordenada y acogedora. Todos juntos obrarán milagros y crearán unos espacios inesperadamente despejados: en el estante, en el bolsillo y en la agenda. Eso sí, solo si aplicas dichos consejos. ¡Por leer no se pone en orden la casa!

Todo tiene su lugar

La vajilla se coloca en el armario de la cocina; los cubiertos, en el cajón que hay debajo; los zapatos, en el mueble zapatero; las toallas, en la cómoda del cuarto de baño; los bolígrafos, en el bote sobre el escritorio; la ropa sucia, en el cesto, junto a la lavadora; las llaves, en el tablero para colgar las llaves, y así podríamos seguir un buen rato.

La mayoría de las cosas tendrán un lugar fijo en tu casa, y probablemente no se te ocurriría poner la colada limpia sobre la mesa del salón sin más, sino que la colocarás en el armario o la cómoda. Si actúas así con todas las cosas, tu casa estará más ordenada. No habrá nada fuera de sitio, ni andarás llevándolo todo de una habitación a otra solo para dejarlo allí tirado. Concede un lugar habitual a cada objeto y devuélvelo allí inmediatamente después de su uso. No es más complicado que colgar las llaves en el tablero de las llaves cuando llegas a casa. Es una costumbre que puede practicarse e interiorizarse al cabo de un tiempo.

Si aun así continúan apareciendo cosas fuera de su sitio, puede deberse a que el lugar al que las has destinado no es el correcto. Lo más práctico es que guardes las cosas cerca de donde suelen utilizarse: el paño de cocina junto al fregadero, la perforadora, en el cajón del escritorio y la bufanda, en el armario del recibidor.

Si aún hay cosas fuera de su sitio, plantéate si necesitas ese objeto y si lo quieres conservar. Si la respuesta a ambas preguntas es afirmativa, deshazte de otras cosas a las que no tengas tanto apego o cámbialas de sitio para encontrar un lugar adecuado para ese objeto.

¡Tíralo!

Tirar cosas puede ser liberador. Pruébalo y sepárate cada día de una o dos cosas que ya no necesites. Empieza por cosas pequeñas y tira los bolígrafos que ya no escriben, o desecha alguna revista vieja que ya no vayas a leer más. Si tirar cosas se convierte en una rutina, ya no habrá peligro de que las adquisiciones lleguen a ser demasiadas.

Haz que tirar cosas te resulte una tarea sencilla y dispón algunos “puntos de recogida de desechos” en tu casa:

» Coloca un recipiente cerca del buzón para desechar cualquier folleto y periódico no deseados, o tíralos en el contenedor del papel y cartón —si lo hay— antes de entrar en casa.

» Hazte con una papelera grande y tira todos los papeles que ya no necesites. Puede ser también alguna carta que no haya que archivar.

» Vacía regularmente las papeleras, ya que una papelera llena o pequeña indica que no cabe nada más. Esto lleva a que tires menos cosas y vuelvas a almacenarlas.

CONSEJO

Lo mismo debes hacer con la ropa que ya no te pongas. Guarda en una bolsa la ropa que ya no te sirva cuando llegue a tus manos, por ejemplo, tras hacer la colada o el cambio de ropa de temporada. Cuando la bolsa esté llena, llévala al contenedor de ropa usada. ¡No se te ocurra volver a mirar en su interior! ¡No vuelvas a sacar nada de la bolsa! La ropa rota irá directamente al cubo de la basura.

Valora más la calidad que la cantidad y compra solo las cosas que de verdad te parezcan bonitas y que funcionen o te encajen. Unos vaqueros que te aprieten en la tripa, pero baratos, los vas a usar tan poco como una maceta barata de un color que no armoniza con las otras macetas que ya tienes. Deshazte de estas malas compras y deja espacio para las cosas que de verdad utilizas y te gustan.

Un cuarto de hora diario

¿Te cansas solo al pensar en ponerte a recoger la casa? Esto puede deberse a que el esfuerzo que requiere poner orden en tu hogar te parece titánico. Para eso también hay un truco: reduce la tarea limitándola a 15 minutos diarios. Eso es mejor que no empezar, ¡y te sorprenderá todo lo que se puede hacer en tan poco tiempo! Al saber que solo son 15 minutos, uno transforma la flojera en un "venga, vale" y no se escaquea. Y la excusa esa de "¡No tengo tiempo!" ya no colará.

Escoge una zona abarcable para tu campaña de limpieza diaria, por ejemplo, el escritorio o la despensa. Puedes subdividir la zona elegida en un cajón o un estante si todavía te resulta demasiado grande. ¡El caso es que empieces!

Si el tiempo se ha terminado y no te quedan ganas de seguir ordenando, déjalo. Si, en cambio, se te ha despertado la fiebre del orden, sigue y disfruta del orden que estás creando.

Siempre de inmediato

Si resuelves inmediatamente las tareas de orden que te lleven menos de 5 minutos, evitarás una buena parte del desorden que se genera a diario. Un par de ejemplos:

» Cuelga el abrigo en el armario ropero en lugar de tirarlo sobre el sillón.

» Mete en el lavavajillas la taza de café que has utilizado en lugar de dejarla en el fregadero.

» Tira el periódico en el cubo destinado al papel cuando lo acabes de leer en lugar de dejarlo sobre el sofá.

» Archiva en el clasificador oportuno las notificaciones del banco que no tengas que responder de inmediato y ahórrate el camino hasta el escritorio.

Son pequeños quehaceres con los que uno puede mantener el orden o conseguir que no llegue a producirse un desorden mayor.

RECUERDA

Las cosas que se apilan forman pequeñas montañas de objetos en un santiamén y lo hacen allí donde ya había otra cosa. Si cuelgas el abrigo en el armario evitarás que haga las veces de célula germinal de varias prendas más que otros o tú mismo terminaréis arrojando allí. También la taza de café en el fregadero y la carta sobre el estante son imanes para otros objetos similares.

¡Bye-bye, posponeritis!

"Los platos los lavaré luego, que para tres que hay no merece la pena." "Con el tiempo tan bueno que hace, prefiero salir a la calle en lugar de planchar, que lo puedo hacer cuando llueva." Si te suenan estas frases, probablemente eres de los que tienden a posponer las actividades que les parecen molestas. Lamentablemente, las fastidiosas tareas del hogar no se resuelven solas. Dos camisas arrugadas en un visto y no visto se convierten en una montaña de ropa por planchar, y esos tres insignificantes platos pasan a ser un fregadero rebosante de vajilla sucia. Y entonces te da más pereza...

Posponer las cosas consume los nervios y mina la energía. Por supuesto, sabes que el fregar y la plancha llevan tiempo esperando a que te pongas a ello, y quizá tu voz interior te susurre cosas como “Siempre has sido un poco vago” y entonces tengas mala conciencia.

Piensa que, en un primer momento, posponer las cosas puede que te conceda algo de tiempo libre, pero a largo plazo estas tareas se impondrán (y rara vez resultarán más agradables que al principio). Por ello debes tratar de resolver las tareas incómodas lo antes posible. Así acabarás con los deberes, tendrás tiempo para divertirte y, además, te sentirás bien por haber trabajado un poco. Si alguna vez realmente no tienes tiempo para ocuparte de inmediato de alguna tarea, acuerda contigo mismo en qué momento lo vas a hacer. ¡Y hazlo!

Sistemas de almacenaje

Archivadores normales, archivadores con carpetas colgantes, cajas, cestos y cajitas serán tus aliados para combatir el caos.

- » Guarda en el archivador todo lo que deba archivarse o guardarse un tiempo.
- » Los archivadores con carpetas colgantes son prácticos para guardar documentos relacionados con algún proyecto (ideas para tu próxima charla o instrucciones de juegos para celebrar un cumpleaños infantil), hojas sueltas con recetas de cocina o manuales de instrucciones. Etiqueta las carpetas con descripciones claras y revisa periódicamente el contenido para actualizarlo.
- » Las cajas, cestos y cajitas son prácticos allí donde se acumulen objetos pequeños: tubos y cepillos en el baño, la colada en el sótano, velas y fotos en el salón. Si utilizas sistemas de almacenaje del mismo color, la estancia resultará más armoniosa que si empleas cajas de distintos colores o materiales.

Lista de tareas

Si el desorden te llega hasta los hombros y no sabes por dónde empezar, haz una lista. Anota todas las tareas pendientes y táchalas cuando las resuelvas. Si quieres, completa la lista anotando tiempos y plazos como, por ejemplo, el día de la semana o la hora a la que quieras realizar una tarea, o apunta quién es el responsable de cada tarea en tu casa.

Puedes hacer una lista para un día concreto, para la semana, el mes o el año. Pero sé realista, ya que no vas a poder hacer toda la casa en un día. Si este punto lo anotas en la lista semanal o mensual (en función del tiempo y del tamaño de la casa), la probabilidad de que la experiencia tenga éxito será mejor. Haz las listas de cada día a diario (lo que no hayas resuelto el día previo apúntalo en la hoja nueva), las listas semanales debes rehacerlas al cabo de cada semana y las listas mensuales, cada mes. Todas las tareas que queden sin resolver se volverán a apuntar en la siguiente lista.

Si anotas una tarea por tercera vez y sigue pendiente, resuélvela antes que las demás o delégala en otra persona. Las tareas pendientes que pasan de una lista a otra acaban siendo frustrantes. Asegúrate de si tienes que ocuparte tú de esa tarea o de si es necesaria. Si la respuesta es que sí a ambas, motívate con un premio si consigues tachar eso de la lista de una maldita vez. ¡Eso a veces obra milagros!

En lugar de distribuir las tareas en función de los tiempos, puedes hacerlo según las estancias de la casa. En este caso, haz una lista para el sótano, la habitación de los niños o el cuarto de baño. Como norma general, cada vez que se te ocurra algo nuevo, anótalo en tu lista / tus listas.

CONSEJO

Una lista de la compra no deja de ser una lista de tareas para el supermercado. Si sueles hacer la compra en la misma tienda, apúntate las cosas en el orden en el que las encontrarás en ese supermercado. En primer lugar la fruta y la verdura, luego el café y el té, los cereales y similares, los alimentos de la nevera y, para acabar, las conservas y las bebidas. Así pasarás solo por los pasillos necesarios y la tentación de comprar cosas que no están en la lista se acallará.

El papel es impaciente

Papeles que no pueden esperar eternamente a que te ocupes de ellos. Son, en primer lugar, facturas pendientes de pago y comunicados oficiales sujetos a plazos, como el comunicado de cambio de residencia para el Registro Civil tras una mudanza. Si el papeleo te resulta molesto y amontonas todos los escritos, es probable que pierdas la noción de lo que hay en ese montón. ¡Esto puede ser desagradable y salirte muy caro! Proveedores enfadados, reclamaciones e intereses por demora en el pago podrían ser algunas de las consecuencias a las que tendrías que enfrentarte. Ordena tus papeles y correspondencia, y que no se te vuelva a pasar otro plazo. Estos objetos te ayudarán:

» **Bandejas para cartas.** Son prácticas para preclasificar el tráfico de papel, siempre y cuando estén bien etiquetadas. Utiliza, por ejemplo, una bandeja para las facturas por pagar. Otras bandejas podrían llamarse "citas" (invitaciones a celebraciones, citas médicas), "consultas" (solicitudes de información sobre un tema concreto, posible colaboración en comités...) o "para guardar" (todo lo que ya esté resuelto y ya pueda archivarse). De la extensión de tus actividades y de la cantidad de escritos que te lleguen a casa dependerá el número de bandejas.

» **Preclasificador, carpeta clasificadora.** Quizá conozcas estas carpetas de acordeón de la oficina. Existen en diferentes acabados, por ejemplo, con 31 apartados (un apartado para cada día del mes, etiquetados del 1 al 31), con 12 apartados (para cada mes, etiquetados con del 1 al 12) o una combinación de ambas. Organizar en estas carpetas es sencillo, pero hay que ser consecuente. Mete el correo al que debes atender en el apartado destinado para el día o el mes que tengas que resolver esa tarea. Controla a diario o mensualmente qué papeles hay en cada apartado y resuelve los documentos. Todo lo resuelto guárdalo en el apartado final, es decir, en su archivador correspondiente o en la papelera.

INFORMACIÓN TÉCNICA

Organiza el correo electrónico como el correo en papel. Visualizar, clasificar, procesar y borrar o archivar. Organiza carpetas en tu gestor de correo donde guardes el correo que llegue a la bandeja de entrada (facturas, citas, etc.). Ocúpate de los emails en dichas carpetas y, para acabar, borra o archiva los mensajes. Procura que en la bandeja de entrada no se acumulen demasiados correos. Todos lo que haya allí deben verse de un vistazo sin desplazar el *scroll*.

Solución provisional: escondites

Es una estrategia infantil a la que uno tenía que recurrir en casos de emergencia. ¿Te acuerdas de cómo era eso de recoger tu habitación cuando eras pequeño? Cuando los amigos te estaban esperando en la puerta de tu casa, a veces recogías a toda velocidad: puerta del armario abierta, todo dentro, puerta del armario cerrada. ¡Listos! Cuando los padres descubrían nuestra astucia, podíamos recoger de verdad, pero para entonces ya habíamos salido a jugar.

Si alguna vez tienes que actuar con rapidez porque tu pareja se ha presentado de repente en casa, mete todo lo que esté fuera de su sitio en armarios, baúles y cajones y, en un abrir y cerrar de ojos, todo parecerá más ordenado. Lo único es que entonces no puedes abrir por descuido el armario que acabas de llenar hasta arriba.

Cuando tenemos visita

La situación puede ser parecida cuando alguien nos avisa de que nos viene a visitar de improviso. Si tus suegros te llaman el domingo por la mañana y se autoinvitan en 10 minutos a tomar un café en tu casa, tendrás que darte prisa. Para hacer una limpieza en profundidad no hay tiempo, pero para causar buena impresión debería bastar. Emprende así la acción relámpago:

- Si tienes una habitación en la que tu visita seguro que no entrará, mete allí todas las cosas que estén desperdigadas por la casa, como la bolsa de deporte, la bolsa del vidrio que sigue a la espera de que la lleves al contenedor, la ropa, etcétera.
- Amontona ordenadamente las revistas, los periódicos y los libros que haya por ahí.
- Mete los platos sucios en el lavavajillas. ¿No tienes? Ponlos en un barreño y escóndelo bajo el fregadero o en el trastero. ¡Ahí seguro que no mira nadie!
- Limpia las encimeras de la cocina con un paño o una toallita multiusos.
- Limpia el lavabo del baño y comprueba que el váter esté limpio. Si es necesario, pasa la escobilla con detergente por la taza.
- Pasa el aspirador o la escoba para eliminar las migas y la suciedad visibles.
- Coloca bien tus zapatos.
- Cierra la puerta de todas las habitaciones a las que no vaya a entrar nadie.

¡Conseguido! Ahora sonríe y abre la puerta. ¡Bienvenidos!

Capítulo 23

Diez productos mágicos para combatir las manchas

Acetona (quitaesmalte de uñas)

La acetona es un disolvente orgánico-químico presente en muchos quitaesmaltes de uñas. Este líquido transparente es llamado propanona o dimetilcetona en química. La acetona tiene múltiples aplicaciones. Se emplea, por ejemplo, en la producción de vidrio acrílico, construcción de placas de circuitos impresos, odontología y, claro, como disolvente.

La acetona disuelve la laca nitrocelulósica, la pintura acrílica y el tinte para cuero, las manchas de aceite y grasa, el esmalte de uñas, las manchas de bolígrafo y el pegamento. Para limpiar las zonas sucias, da unos toquecitos suaves con un algodón empapado en acetona o con un paño de algodón rociado con este producto.

ADVERTENCIA

Procura aplicar el producto solo en tejidos de algodón, lana o lino, ya que la acetona daña las fibras sintéticas y las disuelve. Previamente, comprueba la solidez del color en una zona poco visible del tejido que vayas a tratar.

La acetona sirve, además, para eliminar el moho y limpiar las pistolas de espuma de poliuretano. Presta atención a las advertencias, ya que este disolvente no solo es inflamable, sino que también irrita las vías respiratorias y reseca la piel en caso de contacto. Si quieres tratar con acetona unas manchas de moho de una superficie grande, hazlo al aire libre o en una habitación bien ventilada. ¡Protégete los ojos y evita el contacto prolongado con la piel!

ADVERTENCIA

Si utilizas acetona o quitaesmalte de uñas con frecuencia, ponte crema en las manos después de usarlo, ya que la acetona tiene un fuerte efecto desengrasante. La piel se reseca, se vuelve áspera y a veces incluso se agrieta.

Levadura en polvo

La levadura en polvo o levadura química se utiliza para la repostería. Pero también puedes emplear para eliminar las manchas estos polvos blancos que se venden en pequeños sobrecitos en la sección de repostería del supermercado. Funcionan contra la grasa y disuelven la suciedad reseca y resistente del horno o la sartén. Usa así la levadura en polvo como producto de limpieza:

- **Restos de comida requemados en las cazuelas.** Llena la cazuela con un poco de agua y disuelve en ella media cucharadita de levadura en polvo. Déjala actuar un rato y lava la cazuela como de costumbre.
- **Manchas de tinta.** Espolvorea un poco de levadura en polvo sobre una esponja húmeda y frótala sobre la mancha. Aclara con agua los restos de levadura.
- **Cubertería de plata deslucida.** Mezcla la levadura en polvo

con un poco de agua para formar una pasta. Frota los cubiertos con ella y acláralos con agua.

» **Manchas de grasa.** Si las manchas están en una prenda de ropa, espolvorea un poco de levadura en polvo sobre las mismas, déjala actuar y luego cepilla o aspira la levadura. Para eliminar las manchas de grasa de la pared o de superficies lisas (por ejemplo, de los armarios de cocina), forma una pasta con la levadura y un poco de agua y úntala sobre la mancha. Déjala secar y luego ráscala o pásale el paño si es una superficie que pueda mojarse.

» **Depósitos en el termo.** El café y el té dejan unos depósitos oscuros en los termos. Estos pueden eliminarse sin esfuerzo llenando el termo con agua y disolviendo en su interior dos sobrecitos de levadura en polvo. Déjala actuar durante unas horas: los posos habrán desaparecido y el termo volverá a relucir como nuevo.

» **Manchas de cal.** Puedes declarar la guerra a esas manchas e incrustaciones tan poco vistosas con una pasta de levadura en polvo y agua.

» **Juntas de baldosas desteñidas.** Las juntas blancas se vuelven grisáceas y, pasado un tiempo, tienen un aspecto desagradable. Con un cepillo de dientes y un poco de levadura en polvo volverán a estar blancas. Espolvorea un poco de levadura sobre el cepillo humedecido y frota las juntas. Elimina los polvos sobrantes y demás restos de suciedad con un paño húmedo.

INFORMACIÓN TÉCNICA

El inventor de la levadura en polvo fue el químico alemán Justus Liebig (1803-1873). Su intención era sustituir la levadura como ingrediente para hacer pan, ya que es muy perecedera. En América se comercializó el *baking powder* gracias a su discípulo Eben Norton Horsford y allí alcanzó un gran éxito financiero. En Alemania, dicho éxito se hizo esperar debido al tamaño de los envases que se comercializaban y a las balanzas de los hogares familiares, que eran inexactas, de modo que el pan no quedaba bien del todo. Hasta que, en 1892, el empresario alemán August Oetker (1862-1918) no comercializó estos polvos como levadura de panadería en proporciones para 500 g de harina no comenzó la carrera estelar de este producto.

Lejía

Hoy, la lejía se usa menos que antes porque existen muchos quitamanchas que ofrecen buenos resultados y pueden manipularse sin tomar tantas precauciones. Sin embargo, la lejía es capaz de eliminar las manchas amarillentas de los tejidos. Este producto no distingue entre el color y la mancha, por lo que no es apto para los tejidos de color, a no ser que le quieras aplicar a tu camiseta la técnica de teñido *batik*. Por eso, antes de aplicar el producto sobre toda la superficie, debes comprobar cómo reacciona el tejido al producto en una zona poco visible. La lejía puede aplicarse:

- » Para eliminar el color grisáceo de los visillos, manteles o las batas de color claro o blanco.
- » Para eliminar las decoloraciones de las juntas.

ADVERTENCIA

La lejía forma parte de los productos de limpieza agresivos, de modo que debes aplicarla con moderación y respetando las indicaciones de uso. Trabaja en estancias bien ventiladas o ponte una mascarilla.

Jabón de hiel

El jabón de hiel es la alternativa respetuosa con el medio ambiente a los quitamanchas químicos. Su aplicación es sencilla: humedece la mancha, aplica jabón de hiel (en formato líquido o sólido), lavar la prenda de ropa a mano o en la lavadora como de costumbre y la mancha habrá desaparecido, al menos en la mayoría de los casos. El jabón de hiel sirve para eliminar manchas de fruta, grasa, almidón y proteína de huevo, por lo que se considera una superarma en la lucha contra las manchas (capítulo 18). Por eso, merece la pena usar jabón de hiel antes de recurrir a productos químicos.

Ácido acético y ácido cítrico

En prácticamente todos los hogares se puede encontrar vinagre (o esencia de vinagre) y zumo de limón, así como detergentes con base de ácido acético o cítrico. Son potentes para combatir la cal, pero también pueden aplicarse en las manchas de óxido y de moho. A continuación, algunos ejemplos de sus posibles usos:

- **Manchas de cereza, frambuesa y zumo de fruta recientes.** Aplica un poco de zumo de limón, deja que el zumo actúe durante 5 minutos y a continuación lava bien la prenda.
- **Té.** Da unos toquecitos suaves con esencia de vinagre sobre la mancha y lava la prenda como de costumbre.
- **Óxido.** Diluye zumo de limón con agua y aplica el líquido sobre la mancha. Después aplica vapor de agua sobre la mancha antes de lavarla en la lavadora.
- **Moho.** Aplica una mezcla de zumo de limón y sal sobre la mancha y déjala actuar un rato. Después enjuaga bien la prenda o lávala como de costumbre.
- **Sudor.** Da unos toquecitos suaves sobre la mancha con esencia de vinagre y, al cabo de un rato, lava la prenda como de costumbre.
- **Orina.** Rocía la mancha con zumo de limón y déjalo actuar unos minutos. Lava la prenda a continuación, siguiendo las indicaciones de lavado.

Quitamanchas (aguarrás mineral)

Se trata de un disolvente, por lo que quita manchas que no son solubles, como las de aceite, grasa o pintura, y puede aplicarse tanto en tejidos como en superficies resistentes al agua. Con este producto puedes limpiar, por ejemplo, la tapicería de los vehículos o retirar los restos de las etiquetas. Para ello, empapa con el quitamanchas un paño que no suelte pelusas y da unos toquecitos sobre la mancha hasta que desaparezca. A continuación, para secar la zona tratada, frótala con otro paño desde la zona exterior hacia la interior. El quitamanchas también puede aplicarse si las manchas se han originado por los siguientes productos:

- Asfalto, alquitrán.
- Aceite para coches, aceite lubricante.
- Cera para suelos.
- Mantequilla.

- Grasa (alimentos grasos, mayonesa, salsa para ensaladas, grasa vegetal, salsa del asado, aceite de mesa).
- Resina.
- Cacao, chocolate.
- Productos cosméticos (loción capilar, pintalabios, crema, pomada).
- Hollín, tinta de imprenta, papel carbón.
- Betún.

Talco y harina de fuerza

Quizá conozcas el talco del recubrimiento interior de los guantes desechables. Se trata del mineral más blando (hidrosilicato de magnesio). Tras su extracción, se tritura y se muele hasta convertirlo en polvos blancos. Tiene un tacto algo jabonoso y ligeramente graso y es hidrófugo. Como la harina de fuerza (fécula de patata y de maíz), que suele usarse en la cocina para espesar platos, así como en la repostería y la panadería, el talco liga la grasa y la absorbe con eficacia de los tejidos. Así ha de aplicarse:

- Cuando son manchas grasas —de mayonesa, por ejemplo— retira toda la grasa que puedas del tejido y espolvorea el talco o la harina en la mancha. Déjalo actuar varias horas o durante la noche y cepíllalo para retirarlo. Si la mancha no ha desaparecido por completo, repite el proceso.
- Cuando los guantes o los zapatos de piel destiñen, espolvorea un poco de talco y evitarás que destiñan las manos o los calcetines.
- Si te parece que tu cinturón de piel de color claro está algo deslucido y descolorido, mezcla unas gotas de aguarrás mineral y un poco de talco hasta formar una pasta. Frota el cinturón con la mezcla y púlelo con un paño suave.

ADVERTENCIA

¡No inspires los polvos de talco! Podrían inflamarte las vías respiratorias. Úsalos siempre con moderación y solo sobre la mancha. Mantenlos fuera del alcance de los niños.

- Haz una pasta de harina y agua para quitar las manchas de grasa, así como las de tinta y sangre. Una vez seca, cepilla los restos para eliminarlos y lava la prenda como de costumbre.

- Para eliminar manchas sobre una alfombra, espolvorea harina, frótala con un paño limpio y al cabo de unos 20 minutos vuelve a aspirarla.
- Las manchas de grasa presentes en paredes y superficies duras se tratan con una pasta de harina y agua. Se aplica, se deja actuar y se retira con un paño húmedo.

Aguarrás

El aguarrás es un líquido producido por la destilación de la resina de las coníferas, como los pinos y alerces. También se le llama aceite de trementina o aceite de pino. En medicina se aplica en pomadas; en pintura, para diluir pinturas al óleo. Si el aguarrás se destila, se obtiene aceite de trementina y colofonia. En cambio, el disolvente que se vende en los comercios a precios inferiores se obtiene del petróleo.

Ambos productos pueden usarse para eliminar las manchas de pintura y aceite de los tejidos. Para ello, aplica el líquido en un paño limpio y da unos toquecitos suaves sobre la mancha. Si la mancha de grasa se encuentra en un tejido delicado, hazlo del mismo modo. A continuación, lava la ropa como de costumbre. ¡Procura que esté todo bien ventilado mientras trabajas con aguarrás!

Con aguarrás también puedes quitar manchas de resina y los restos que a veces dejan las etiquetas, lavar pinceles, quitarte la pintura al óleo de las manos y eliminar las manchas de grasa del parqué (aplica a continuación cera para suelos de madera).

ADVERTENCIA

El aguarrás y el disolvente son inflamables y nocivos para la salud. No inspires sus vapores, no trabajes cerca del fuego y no fumes mientras manipulas estos productos. Mantenlos siempre fuera del alcance de los niños.

Espray congelante

El espray congelante es el producto más adecuado cuando se trata de eliminar los restos de chicle de una prenda de ropa o una alfombra. Hay algunos fabricantes que lo comercializan directamente como espray para chicles. Su aplicación es de lo más sencilla: rocía el chicle con el espray. El chicle se congela y entonces puedes desmenuzarlo y retirarlo del tejido, pues se habrá endurecido como una piedra. En el caso de los tejidos de lana, hay que tener especial cuidado para no dañarlos. Las manchas de cera también pueden eliminarse bien de esta manera.

CONSEJO

Si no tienes a mano un espray congelante y la prenda en la que está el chicle es "solo" una camisa o un pantalón, puedes meterla un rato en el congelador (dentro de una bolsa). El efecto es el mismo que produce el espray. Solo necesitas un poco más de paciencia hasta que el chicle se endurezca.

Bicarbonato sódico

El bicarbonato sódico, conocido en química como hidrogenocarbonato de sodio o bicarbonato de soda, tiene múltiples usos. Ayuda a ablandar la masa de bizcocho y la de pan, elimina los olores y suaviza el agua. También es muy práctico para combatir las manchas. Aquí tienes algunas de sus posibilidades de uso:

- Podrás limpiar las tablas de cortar desteñidas si aplicas un poco de bicarbonato sódico en un estropajo húmedo y frotas la tabla con ello.
- Los restos de comida y las incrustaciones en cazuelas y sartenes, en la encimera de la cocina y en la placa pueden disolverse con una pasta de bicarbonato sódico y agua. Para ello, mezcla 2-3 cucharadas de bicarbonato sódico con 100 ml de agua. Aplica la pasta, déjala actuar 2 minutos y limpia la suciedad con un paño húmedo.
- Los restos de comida requemada se disuelven con una mezcla de bicarbonato sódico y agua (1 cucharada de bicarbonato y 1 de agua). Deja que la mezcla actúe en el horno durante 30 minutos antes de limpiarlo con un paño húmedo.
- Limpia las baldosas de gres porcelánico que estén muy sucias con bicarbonato sódico y agua. Disuelve 1 cucharada de bicarbonato sódico en 3 l de agua y limpia las baldosas con esta mezcla.
- Puedes eliminar esas manchas tan feas de té de los bordes de las tazas si aplicas un poco de bicarbonato sódico en un estropajo y las limpias con ello.
- Puedes librarte de las manchas de moho aplicando un poco de bicarbonato sódico en un estropajo humedecido y tratando la mancha con ello. Para acabar, pasa un paño con agua caliente.

Índice

A

B

C

D

E

F

G

H

I

J

K

L

M

N

O

P

Q

R

S

T

U

V

W

Y

Z